JN133184

ソーシャルメディアの生態系

The Social Organism
Oliver Luckett and Michael J. Casey

オリバー・ラケット／マイケル・ケーシー［著］
森内薫［訳］

東洋経済新報社

スコットに　　　　——OL
ピートに　　　　　——MC

宇宙には、あなたが改善できると確信できる領域が
ひとつだけある。
それはほかならぬあなた自身だ。
——オルダス・ハスクリー

THE SOCIAL ORGANISM
by Michael J. Casey & Oliver Luckett
Copyright © 2016 by ReviloPark, Inc. and Michael Casey

Japanese translation published by arrangement with
Michael J. Casey & Oliver Luckett c/o The Marsh Agency
Ltd., acting in conjunction with Gillian MacKenzie LLC
through The English Agency (Japan) Ltd.

はじめに　180度の転換

2015年6月17日、サウスカロライナ州チャールストンの歴史ある黒人教会で聖書の勉強会が開かれていた。反動的思想をもつ21歳の白人の男がその場に押し入り、グロック銃を発砲し、9人を殺害した。銃撃犯の名前はディラン・ルーフ。アメリカで頻発するこうした殺人事件の例にもれず、事後には犯人のおぞましい写真がどこかから掘り出され、ソーシャルメディアじゅうにまたたくまにばらまかれた。その中に、彼が南部連合国旗（訳注：アメリカ南部諸州が建国したアメリカ連合国の旗。南北戦争中に使用される）を手にしている写真が何枚かあった。ミシシッピ・デルタ育ちの私は、それらの画像にとりわけ強い嫌悪を感じた。「今は2015年なのに……**いったいなんでこんなものが、いまだに受け入れられたり、見逃されたりしているんだ?**」と私は思った。

何世紀にも及ぶ社会正義の戦いを経てなお、南部の文化の象徴としてこの旗が存続する事実は、人種差別、南北戦争、人権侵害、そして暴力がこの地でなお是認されていることを象徴的に物語っていた。銃乱射事件の発生と、「人種戦争を引き起こそうと思っていた」という犯人の言葉は、なぜこの旗が現代のアメリカに居場所をもたないのかを人々につきつけることになった。

サザンクロスを降ろせ

その後に起きた現象は、目を見張るものだった。人々の激しい怒りが明快かつ具体的な形で表にあらわれたのだ。その現象はまず、「#TakeItDown(それを降ろせ)」という3語の命令文のハッシュタグによって、ツイッターやインスタグラムやフェイスブックに広まった。数日のうちにウォルマートやアマゾンやシアーズやイーベイが、南部連合国旗に関連する商品の販売中止を宣言した。アラバマとサウスカロライナの州政府は、州議事堂から南部連合国旗を降ろすよう要請した。ヴァージニアとノースカロライナでは、南部連合国旗のマークをつけたナンバープレートの発行が停止された。ケーブルテレビ局のTVランドは80年代初期のアクションドラマ「爆発！　デューク」の再放送を取りやめまでした。ドラマの登場人物らの愛車「リー将軍」こと１９６９年製のダッジ・チャージャーの屋根に、件《くだん》の南部連合国旗がペイントされていたのがその原因だ。

　なぜ、時代の空気はいきなり変化したのだろう？　私の父ビル・ラケットはミシシッピ州で弁護士兼政治家をしており、友人でありビジネスパートナーでもある俳優のモーガン・フリーマンとともに数十年にわたり、南部連合国旗に戦いを挑んできた。私はそれをずっと目の当たりにしてきた。父は、住民の大半を黒人が占めるミシシッピ州クラークスデールの市長に当選したあと、ようやく町の庁舎からその旗をはずすことに成功した。だが、同じミシシッピ州のほかの町では――そして古き南部のおおかたの町でも――人々はあいかわらず南部連合国旗を掲げ続けていた。それが、南北戦争から１５０年を経たこのとき、ほとんど一夜にして、あらゆる場所で南部連合国旗が降ろされたのだ。

　何がこの１８０度の転換をもたらしたのだろう？　なぜ突然人々はそろって南部連合国旗と憎悪《ヘイト》とを結びつけ、その旗を支持するのをやめたのだろう？　答えは、ソーシャルメディアという言葉にある。誕生からまだ10年余のこの新しい、動的なマスコミュニケーション・システムは、いまや21世紀の社会を強力に支配している。ソーシャルメディアは、人々が情報をいかに共有し、情報をいかに使うかを恒久的に変化させた。いかに私たちがコミュニティやビジネスを組織するかを変え、どんな政治的決断をするかを変え、どんなふうにきずなを結び、どんなふうにたがいの関係を保つかを変えた。さらにソーシャルメディアは、いかにしてアイデアが生まれ、反復され、新しくイメージされるか、そして文化がいかに形成されるかをつかさどるランダムで進化的なアルゴリズムを発動させた。ソーシャルメディアは、人間であるとはいかなることかの本質を完璧につくりかえつつあるのだ。

ソーシャルメディアによってつくられた新しいコミュニケーション構造の中で進化のプロセスがどのように進むのかを、チャールストンの銃撃事件後の展開は垣間見せている。前述の#TakeItDownはもともと#BlackLivesMatter（黒人の命が大切だ）というハッシュタグから突然変異的に生まれたものだ。#BlackLivesMatterは黒人に対する警官の暴行とそれに対する抗議デモから生まれた市民運動のハッシュタグであり、#BlackLivesMatterの女性活動家ブリー・ニューサムはチャールストンの事件を受けて社会に怒りが広がる中、サウスカロライナ州議事堂の旗竿にのぼって南部連合国旗を降ろすという行動に出た。その一部始終はスマートフォンによって撮影され、ツイートで共有され、ほどなく#JeSuisBree（私はブリー）という新たなハッシュタグで拡散されることになった。

これは、それより数か月前にパリで、イスラム過激派が12人のジャーナリストを殺害した事件のあとフランス社会に広まった#JeSuisCharlie（私はシャルリ）という連帯運動の変種とも言える。#JeSuisCharlieはさらに、2015年11月13日にもっと大規模なテロ事件がパリで起きたあと、#JeSuisParis（私はパリ）というシンプルなハッシュタグに変容した。

このミーム（訳注：模倣によって人から人へと伝達し、増殖していく文化情報。文化の〝遺伝子〟）はさらにあちこちに飛び火した。ソーシャルメディアの英雄になったブリー・ニューサムは、「ワンダー・ウーマン」として芸術作品に登場するようになった。そしてブリーの事件から数日後、男性同士の婚姻禁止の法律を廃止するという司法判断が最高裁で下されると――これ自体、ソーシャルメディアが主導した法的な運動の結果だったのだが――芸術家たちは、認知度が急上昇した二つのシンボルをさっそく一つの強烈なアイデアの中に盛り込んだ。それはたとえば、南部連合国旗が降ろされるそばで、ゲイの権利をあらわすレインボー・フラッグが揚げられるのを描いた漫画であったり、屋根のペイントを南部連合国旗柄からレインボー・フラッグ柄に変えたスポーツカー「リー将軍」を写した「爆発！　デューク」のポスターだったりした。

コミュニケーションを加速させる感情的なトリガー

ソーシャルメディアの時代におけるアイデアの広がり方や価値体系の発展の仕方を、これらの例は示している。アイデアや価値体系は、ハッシュタグや写真を通じて、あるいは漫画や動画の共有によって変容する。一連のコミュニケーションを加速させるのは感情的なトリガーだ。それにより、情報の切れ端にしか見えなかったものが突然巨大な力をもつこともある。

心に残るトリガーは喜びや悲しみや怒りなどの感情を引き起こし、人々を何らかの反応へと促す。この新しい情報の構図においては、もっとも強烈で〝エモい〟アイデアは、ほんの数日や数週間で世論を一挙に変える力をもつ。それまで何十年も変わることのなかった人々の態度やものごとの重要度に突然の変化をもたらす可能性もある。良きにつけ悪しきにつけ、ソーシャルメディアは人間の文化の堅牢度を下げ、文化をより動的かつ、より予測のつかないものに変容させ、より速い進化に適応させつつあるのだ。

ソーシャルメディアに対する人々の意見は往々にして非常に強烈で、しかも両極端だ。多くの人々はこうしたネットワークを、自由のための強力な道具として受けとめている。ツイッターの創業者ビズ・ストーンは回想録の中で、[1]〝アラブの春〟を起こした人々がネットワーク・サービスをいかに活用したかを論考している。ビズ・ストーンは言う。「僕らは世界を変えたわけではない。しかし僕らはそれよりもっと深いことを行い、意義深い教訓を得た。それは、正しい人々に可能性を差し出せば、彼らは素晴らしい何かをするということだ」。良き時代だった当時、人々の多くはツイッターに対してこうした楽観的な見方をしていた。

だが、私がこの文章を書いている今、ソーシャルメディアに対する新聞の記事は、インターネット上のいじめや、有名人のゴシップに人々が無駄に時間を費やしていることや、こうしたプラットフォームがＩＳＩＳやその他のヘイト・モンガー（訳注：偏見や憎悪をかきたてる人）のツールになっていることなど、不安をさそうネガティブな内容がポジティブなものと同じほど多い。どちらの意見を読者がもっているかはともかく、ソーシャルメディアが社会に深い影響を与えていることを否定できる人はいないだろう。この、明確な形をもたず、波のようにつねに揺れ動いている新しいコミュニケーションの構造は、いまやデジタル経済の中心的メカニズムになり、それをもとに政策や組織やイノベーションが創造され、形づくられている。

根源的に異なる社会的ダイナミクス

だが、ソーシャルメディアが生活に溶け込むいっぽうで、人々の大半はそれがどのように機能しているのかをほとんど理解せずにいる。これはとても困ったことではないだろうか。ソーシャルメディアの形も機能も可能性も、人々はまったく理解していない。フェイスブックのあるユニークな投稿がまたたくまに100万回も読まれるいっぽうで、同じほど面白そうなほかの投稿はどうしてさほどの読者を集められないのだろうか？　なぜ一部の政治的論客は、一夜にして大衆ヒステリーのような圧倒的現象を引き起こしておきながら、わずか数日後には人々の意識のレーダーから消えてしまったりするのだろうか？

ソーシャルメディアはたとえて言えば、思わぬところで波が高くなったり潮の流れが変わったり、どこからともなくハリケーンが発生したりする巨大な海のようなものなのかもしれない。この巨大な複合体が現実にどのように機能しているのか、人々はそろそろ理解すべきだろう。それこそが、私が本書を著した目的でもある。

現代では著名人やインフルエンサーだけでなく、営業部長も政治家も、ビジネス・リーダーも物書きも、アスリートも高校生でさえも、ほとんど誰もがデジタルな別人格を所持し、それにより、この比類なきネットワークに欠かせない一部になっている。私たちはそれを受け入れ、自分がそこから何を欲しているのかを理解すべきだろう。ネットワークをいかに民主化するかを学ぶのならば、そしてより良い世界を築く建設的なコミュニケーションを生み出すすべや、無慈悲に襲いかかる情報と平和的に付き合うすべを学ぶのならば、何がこのシステムを動かしているかをまず理解しなくてはならない。

何を行うか、誰とセックスするか、何を買うかなどにまつわる私たちの選択は、こうしたピアトゥピアのシステムを通じてなされる。いわゆるシェアリング経済や「ギグ・エコノミー」など現代の新しい経済的文脈の中では、本職のビジネスマンだけでなくふつうの人々も、つねに自分自身を〝売り〟続けている。そしてこの新しいコミュニケーション構造に適合できない人は、そこから取り残されていく。企業レベルにおいても、たとえば営業部長らが頼りにしているコンサルタントや組織が、この新しいシステムに潜むそれまでと根源的に異なる社会的ダイナミクスを理解できずにいたり、古いメディア戦略のリメイクを新しいソーシャルメディア戦略として用いていたりしたら、その企業は莫大な無駄づかいをすることになる。専門用語を多用しただけの見当はずれな戦略をふりかざすソーシャルメディアの自称「第一人者」たちに任せていたら、かつては力も信用もあったブランドの評判や財政は将来ガタ落ちになる可能性もある。そして、この新しいコミュニケーション・モデルを制御するすべを私たちがずっと見つけ出せずにいれば、最後は社会全体が不利益を被ることになる。こうしたものごとを、誰よりも声が大きく、誰よりも排他的な――ひとことで言えば、トランプのような――人間の手に任せてはならない。

私たちがまずしなければならないのは、本来アイデアを広めるためのものだったこの無秩序でかつ強力な新しいシステムが、いまやすべてのためのシステムになったという事実を、そしてそれが過去のシステムとは全面的に異なるという事実を、きちんと認識することだ。その認識ができれば、新しいシステムがじっさいにどのように機能しているかを、子細に観察できる。そうして初めてソーシャルメディアを、提案や討論をしたり新しい政策のアイデアを伝えたりするための建設的かつ民主的なフォーラムに変える戦略づくりができる。

有機体のように機能するプラットフォーム

そのためには指針が、そしてソーシャルメディアを包括する理論が不可欠だ。そうした理論をつくるのはけっして容易ではない。私たちが今語っているのは、つまるところ、地球社会と同じほど複雑な何かの機能なのだから。けれど、大胆不敵な熱血漢を自任する私は、自分ならそれがやれると自信をもっている。本書の共著者のマイケルも、オーストラリアふうに、「そいつは素敵だ《リッパー》」と同意してくれるはずだ。

私にとってのヒーローであり、師でもあるノーマン・リアは偉大なテレビプロデューサーであり社会活動家でもあるが、彼はつねづね私に「人生のセレンディピティ（訳注：思いがけないものの発見）を追いかけろ」と言っていた。つまり、自分の出会った経験の紆余曲折を愛し、そこから学べということだ。リアのもう一つの口癖は「二人の人間や二つの場所をいちばん速く結ぶには、まっすぐ結びつけることだ」というものだ。このメッセージに力を得た私は以来、さまざまな分野を渡り歩き、そして機会があればそれらを結びつけたり提示したりすることに積極的に取り組んできた。そんなわけで私のこれまでのキャリアは、微生物学の研究、システムエンジニアリング、美術品収集、才能マネジメント、音楽や映像の制作、そしていちばん最近では、世界最大級のメディア会社のイノベーターやソーシャルメディア・パブリッシングの先駆者など、多種多様な要素の混合によって形成されてきた。ロサンゼルス・タイムズ紙はかつて私について、「過剰という芸術の達人」と書いた。(2)

記者の真意はともかくその文章は、世界に対して私の抱く純粋な好奇心について言及しているのだと受けとめたい。世界がいかに動いているのか、万物がたがいにいかに結びついているのかに、私は強い関心をもっている。私は、微生物の核について知りたいのと同じほど、人間というコミュニケーターの行動について、そして、人間同士のつながりから生まれる巨大な社会的・経済的ネットワークについて知りたいと思っている。こうした多様な興味を追究するうち、私は偶然に――それこそ「セレンディピティ」的に――我流の「万物の理論」にぶちあたることになった。それは、この宇宙の無限に多様な構成物がいかに相互に結びつき、カオスの中から秩序や意味をつくりあげているかを説明する理論であり、「生きること」と呼ばれる素晴らしい経験を定義するものでもある。

私の理論が提示する存在の地図からは、生物学とテクノロジーと文化が文字通りの意味でともに進化してきたことが示されている。このプロセスはすでにある収束点に達しており、それを表徴するのがソーシャルメディアという技術的プラットフォームだ。ソーシャルメディアによって築かれる有機的なつながりを通じて、私たち人間は芸術や言葉やアイデアを共有する。生物学的な枠組みの視点から見ると、このソーシャルメディアという新しいシステムの構造や内部の働きが、自然界の法則および私たち人間の生物学的・生態学的なルーツによって定義可能なことが理解できるはずだ。もっと単純に言えば、ソーシャルメディアはあらゆるレベルにおいて、生きている有機体のように機能しているのだ。

ソーシャルメディアについてあなたは理解したいだろうか？　あるいはもっと正確に言えば、このデジタル時代に人間の社会がいかに機能するかを知りたいだろうか？

そのためには、生きていることそのものの本質を見直す必要がある。

私がそれを発見するには、荒れ地での覚醒が必要だった。

目次――ソーシャルメディアの生態系

はじめに

180度の転換

プロローグ

生物と無生物の「動的平衡」

ソーシャルメディアの世界における七つの法則

第1章 生命のアルゴリズム

いかにして私たちは情報を処理し、社会として進化するのか

第2章 プラットフォームの生存競争

メディアのダーウィン的行進

第3章 つねにつながらなければならない

プラットフォーマー・インフルエンサー・フォロワー

第4章 ミームの暗号を破る

アイデアはいかにしてウィルスのように広まるのか

第5章 「荒らし」にエサを与えてはいけない

有機体には最高級の有機質肥料「コンテンツ」を

第6章 アルゴリズムの犯した「罪と罰」

招かざる脅威にいかに対応するか

第7章 「共感」で文化の免疫系統を強化する
病原体に立ち向かう

第8章 プラットフォーム「検閲」からの脱却

——特権的階層構造と中立性

第9章 巨大生物化するソーシャルメディア

「脳」もまた進化する

注記にあるURLについては原書通りに記載している。

プロローグ
生物と無生物の「動的平衡」
ソーシャルメディアの世界における七つの法則

2013年3月、私とボーイフレンドのスコットはロサンゼルスの住まいからカリフォルニア州南東部のジョシュア・ツリー国立公園に向かった。この国立公園には「ウィーケア」と呼ばれる一風変わったスパがある。デジタル・デトックスと断食リトリート（訳注：リトリートとは、仕事や家庭生活などの日常から一時的に離れることをさす）のために、私たちはこの地を毎年訪れていた。その時の私たちは、例年のごとく休息を強く必要としていた。

少し前に雑誌『ディテールズ』は、私をはじめとする数人の起業家に「デジタル・マーベリック」という御大層な称号を授け、そして「ソーシャルメディアの未来」をグラフィック的に表現せよという任務を与えた。[1] 示唆に富むイメージを『ディテールズ』に提示しようとリトリートを始めたものの、皆目アイデアが浮かばず私は困り果てていた。今まさに人々の眼前で起きている、巨大だが明確な形をもたないテクノロジーという海の変化をどうすれば的確に図像化できるのだろう？　それはいったい何に似ているのだろう？　ソーシャルメディアのユーザーたちの相互の結びつきを、どんな図に移しかえればいいのだろう？

ネットワークをつくりあげる人間という「細胞」

私は昔から視覚的な人間で、模様や絵に深い愛情を抱いてきた。20年前にクウェスト・コミュニケーションズ社を皮切りにデジタル業界で働き始めて以来、数多くのフローチャートを作成してきた。だが、リトリートのあいだ毎朝砂漠に向かい、それらの図を片端から頭に思い浮かべても、いっこうに出口は見えてこなかった。初期のＩＰ電話のシステムを説明するスタックの図や樹木のような図では、人間が一人ひとり結びついているニュアンスを表現できない。「いいね」や「共有」や「リツイート」の複雑性も説明できない。

私の心はさらに過去へとさかのぼり、高校時代に血液学のラボで描いたスケッチを思い出した。その昔、私は微生物学に夢中だった。傷口の血が凝固するまでの「滝のような《カスケード》」と表現される代謝作用の鮮やかなイメージは、記憶の中に刻まれていた。進化によってつくられた、血小板凝固因子や血小板や、形を変える無核の巨核球やクモの巣のようなフィブリンのシステムに当時の私は心を奪われ、16歳のときには、ディズニー・エプコット・センターで開かれた世界科学技術祭の研究発表で第二位に輝いた。研究のタイトルは「ヒトの血小板の主要フィブリノゲン受容体であるグリコプロテイン（糖蛋白質）ⅡbーⅢAの特徴について」というものだ。そう、当時の私はガリ勉男子だったのだ。

高校に入ってからは、ハーバード大学の夏期講座で人間生理学と海洋生物学、分子生物学について学んだのを最後に、生物学的な現象への興味は薄れていった。豊かな文化的遺産と文学の講座で知られるヴァンダービルト大学に入学してからは、さらに生物学の世界から離れることになった。ここではルネサンス期のフランス文学を専攻し、その後、当時のカトリック教会による情報統制の成功と失敗にも興味をもった。さらに、グーテンベルクによる印刷技術の誕生や幼稚園という制度の導入が、文字の読める中産階級の確立にいかに貢献したかに興味をもち、これらすべてが私の生まれた20世紀のマスメディアの概念にどのようにつながっているかに強い関心を抱くようになった。さらに、トーキング・ヘッズの音楽に心酔し、ニール・ポストマンやセオドア・ローザックやジェームス・トウィッチェルや60年代のバークレーのカウンターカルチャーの運動などの破壊的なアイデアにも影響を受けた。いっぽうで、当時の新しいタイプの企業経営者には軽蔑じみた感情を抱いていた。

砂漠を見渡すうち私は、昔の自分と今の自分とのつながりのなさは、目の前に広がる風景と同じほど巨大だと感じた。ミシシッピに生まれ、自然を愛し、同性愛を隠していたオタク少年が、今は、ハリウッドの最高にカラフルな人物2人と共同で輝かしいメディア会社を興し、その実権を握っている。そして、トップクラスの数百人の著名人を億単位で相互に関連しあう人々と結びつける仕事をしているのだ。だが、リトリートで飢餓状態にあった私の頭に、そのとき突然何かが閃き、過去の自分と現在の自分をつなぐ橋がはっきり見えた。生物学のラボとコミュニケーション史の授業で蓄積した知識が突然一つになり、その昔ペトリ皿(シャーレ)の中に見ていた細胞やウィルスやそれを取り巻く微細な世界の鮮やかなイメージが、頭の中に一挙に流れ込んできた。

これだ!と私は思った。ソーシャルメディアがよく似ている何かとは、有機体だ。私たちのコミュニケーション・ネットワークは、いわば「息づいている」生命体に進化し、そしてその生命体から私は今、食い扶持を得ているのだ。私は推論した。もしそれが生命体のようなものであるなら、生命にあてはまるのと同じ法則が適用できるのではないか? 実験室に入りびたりの〝ネズミ〟から〝デジタル・マーベリック〟に進化したこの私とて、その大きな生命体の中の、分化した無数の細胞の一つにすぎない。私たちは同じ生命体の細胞同士であり、時間と場所を超えて人々を結びつけるインターネットのネットワークは、言うなれば、この新しい生命を形づくる培養基だ。(※)

これは、暑さと飢えという極限的状況がもたらした幻覚のような、還元主義的発想にすぎないのだろうか？　私は続く数週間と数か月のあいだ、ソーシャルメディアと生物学の相似点を片端から検証し、さまざまなシナリオにそれをあてはめた。生物学的なメタファーがいちばんぴったりくるように思えたのは、3年前、ハリウッドの辣腕エージェント、アリ・エマニュエルおよびナップスター創設者ショーン・パーカーと共同設立した「ジオーディエンス」の仕事だった。ジオーディエンスが発信したものは一種の生態系に入り、その中でアーチストやブランドやイベントやファンが有機的に結びつき、繁栄する。毎月10億余の顧客のもとに届くインフルエンサーのネットワークを通じて、人々はそうした有機的なつながりを享受する。ジオーディエンスが発信するコンテンツは、ネットワークをつくりあげる人間という「細胞」のパターンや鍵を見つけるように設計されている。そうした鍵が見つかればコンテンツは、生物学的ウィルスが人間の細胞の内部の仕組みを利用して増殖するのとよく似た仕組みで広ま

※これについての最適なメタファーは、大きな生態系の中で相互に関連しあう「単一有機体（シングル・オーガニズム）」であるべきか、あるいは何らかの種類の「超有機体（スーパー・オーガニズム）」であるべきかを私はずっと考えていた。結局、単体の「ソーシャル・オーガニズム」という名称を一貫して使うことにしたが、この中にはこうしたすべての概念が含まれている。もしこの定義を少しばかり曖昧に感じる人がいたら、自然界はそれ自体、私たちが引用した法則に必ず沿うわけではないことを思い出してほしい。たとえば、とりわけ分類するのが困難なのがウィルスだ。科学者は普通、細胞構造をもたないウィルスを生命形態とは見なさない。だがウィルスは独自の遺伝情報をもち、それによって宿主を変化させ、自己増殖する。生命とはそれ自体がきわめて複雑であり、必ずしも容易に分類できない。それはソーシャル・オーガニズムにもあてはまるのだ。

っていく。コンテンツやアイデアを広める公式を私たちが発見できたのは、誇ってよいことだろう。

メタファーについてさらに模索するうち、私は徐々に、世界中の15億余のソーシャルメディア・ユーザーについてこんなふうに考えるようになった。個々に自律した有機体である彼らは、感情を共有する機械を手に、たがいに結びつき、時空を超えたつながりを形成している。流動的に相互作用するそれらの人々の総体が、ソーシャル・オーガニズムという単体なのだ。遍在的な生命体、ソーシャル・オーガニズムは、つねに自分で自分を育て、成長し、進化する。ソーシャル・オーガニズムの細胞にあたる私たち一人ひとりの人間は、情報の塊をミームとして共有したり増殖したりすることで（フェイスブックで動画を共有するのもその一形態だ）、ソーシャル・オーガニズムの進化を手助けしている。それはちょうど、生きているものの内部で、あるいは生きているもの同士のあいだで、遺伝的情報が移動するのと似ている。

ソーシャルメディアと生物学を結ぶもの

まもなく私は、ソーシャルメディアをとりまく環境全体をこの新しいレンズを通して見るようになった。ハッシュタグ#BlackLivesMatterや#TakeItDownをはじめとするきわめて強力なソーシャルメディアのコミュニケーションは、変化の力をもつミームであり、進化しつつある文化のＤＮＡを築くブロックだ（ミームと遺伝子を結びつけたのは、１９７６年に「ミーム」という言葉を初めて紹介したリチャード・ドーキンスだ[2]）。

数年前から「バイラル」という生物学的用語は、オンライン・コンテンツが広範囲に共有されたり閲覧されたりする現象をあらわすのに使われるようになった。ソーシャル・オーガニズムの概念の中に私は、このバイラルという概念にまつわる新しい局面を発見した。生物学的なウィルスはヒトの細胞質の中に入り込むために、細胞膜の表面にある受容体を探し出す。そしてひとたび中に入り込んだら情報を追加して、細胞のＤＮＡを変化させ始める。このプロセスは遺伝的変異を誘発するが、この変異は人の体内で、たいていは本人の気づかぬまま進行する。その結果、ひどい病気が起きることも時にはある。だが、ウィルスの攻撃は長期的には、それまでになかった新たな強靭さを有機体にもたらし、生物学的進化に貢献することもある。

それと同じく、バイラルなコンテンツは私のイメージによれば、個々の人間の「親和力の受容体」とでも呼ぶべきものに付着する。ネットワークの「細胞」の中にひとたび入り込んだら、魅力的なコンテンツは、私たちの思考を形づくるミームの暗号を徐々に変容させ始める。その作用はたいていの場合、さして重要でなかったり（猫の他愛ない動画の共有は、笑いを誘うか、もっと猫の動画を見たいという欲望を生むのがせいぜいだ）、あるいはポジティブなものだったりする。だが時には深刻な結果や災厄をもたらすこともあるし、ソーシャル・オーガニズム全体にとっての脅威にすらなる場合もある（たとえばＩＳＩＳは人々に暴力行為を呼びかけるためにソーシャルメディアを用いた）。

ソーシャルメディアという生き物は成長するにつれ、アメーバなどの単細胞生物が人体のような複雑な多細胞生物に進化するのと同様に、複雑な生命体に進化していく。相互に作用する人間同士を結ぶこの巨大化しつつあるネットワークも、最初の一歩は、誰かが誰かにＥメールを送るというきわめて静的なものだった。そこにもっと幅広い読者を巻き込むブログ投稿のような、より相互性の高い活動が徐々に加わり、ソーシャルメディアの活動は驚くほどたくさんの相互関係を包含するようになった。この高度に進化した新しい生命体の中では、たった一本のユーチューブ動画が１００万人もの人々に共有され、無数の模倣やパロディやオマージュ動画やミームやハッシュタグや会話を派生的に生み出し、それらすべてが合わさって、そもそもの動画の文化的影響力を増幅する。

この自動的に再分割される情報の流れは、より多くの受け手を目ざして外へと向かういっぽう、つくり手本人のもとに、自動補正や修正をされた新しいアイデアとして再帰的に流入もできる。こうした無数のインタラクションやリアクションやカウンター・リアクションを、私たち人間が頭の中でマッピングするのは不可能だ。人間の脳がつい求めがちな直線的で因果的な説明をそれらは拒絶しており、結果的に私たちは情報に圧倒されるばかりになる。だが、強力なコンピュータのおかげで科学者が、かつては見通せなかった人体の複雑さを研究で

図表1　ソーシャルメディアと生物学

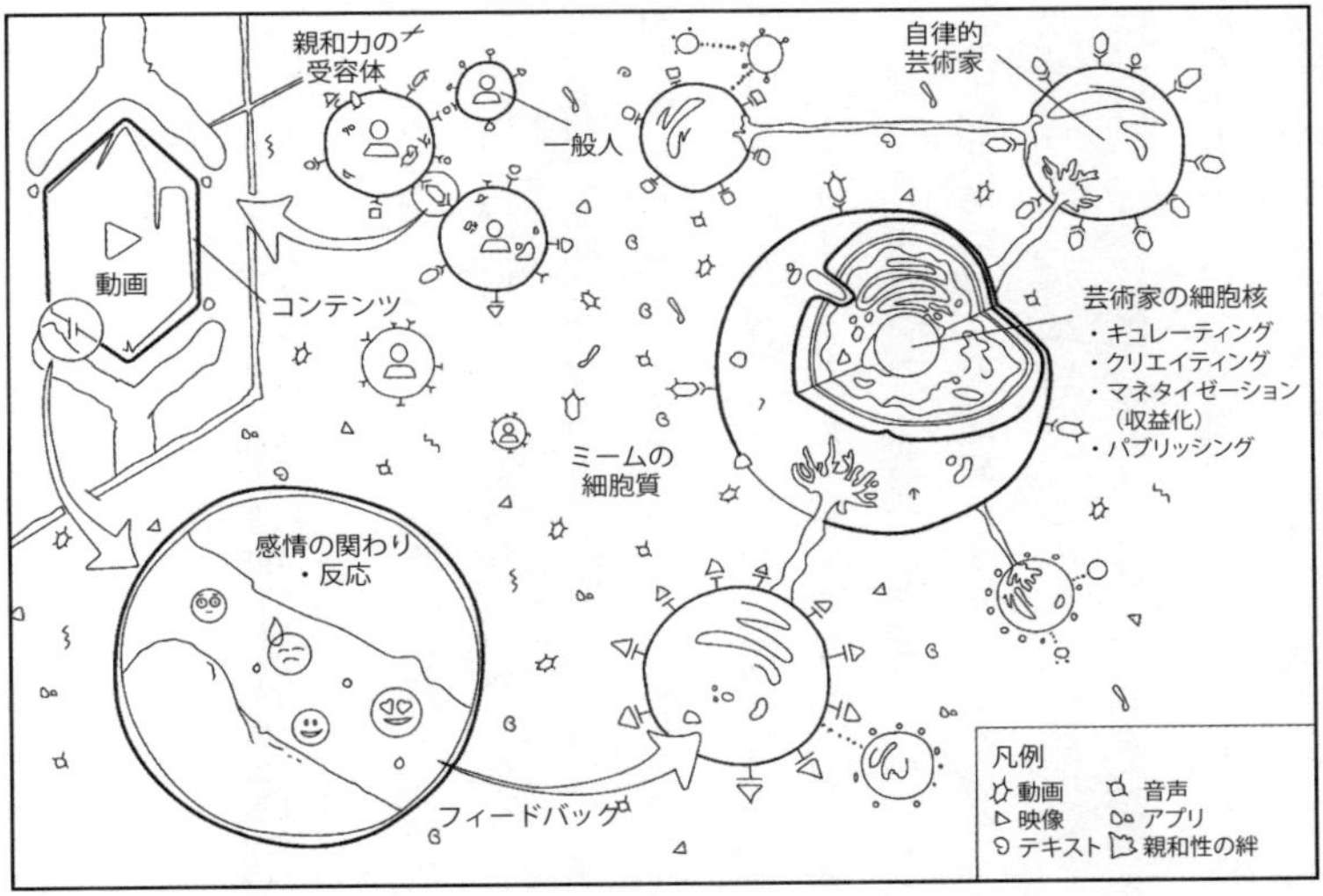

きるようになったのと同じように、このソーシャル・オーガニズムの働きを調べるためのツールは今、主にビッグデータ分析の分野で出現しつつある。

　そうした成果のおかげで——中でも、ソーシャルメディアにまつわるデータ分析から生まれたグラフィック・イラストレーションのおかげで——私がジョシュア・ツリー国立公園でひらめいた微生物学とソーシャルメディアの類似性はより明確になったように思われた。そうであるなら、生物学的経路の働きをたどることで、このソーシャルメディアという不可解な、新しい有機的構築物をいかに御するべきかを学べるかもしれない。そうして私の心には、『ディテールズ』に提出する絵についてのはっきりしたヴィジョンが浮かんできた（図表1）。

生物と無生物を区別する七つの法則

高校時代の生物の授業を覚えているだろうか？　私にとってそれは、その後に続く旅の始まりだった。私は騒々しい子どもだった。だが、ありがたいことに、生物のＡＰ（訳注：大学の一般教養科目を高校で修得できる制度）のフランチェスケッティ先生は、そんな私の中に何かを見出してくれた（フェイスブックでの最近のやり取りで、先生は当時の私について「それまで出会った中でいちばん手に負えない、でもいちばん知的な子だった」と言ってくれた）。フランチェスケッティ先生は私のために、週に何回か半日だけ、テネシー大学医療科学センターのリサ・Ｋ・ジェニングス血液学ラボで勉強できるように計らってくれた。これは、素晴らしい経験だった。

生物学の授業で誰もが最初に学ぶことの一つが、生き物には重要な特質が七つあるということだろう。明快で本質的なこの七つの法則こそが、物質界において生物と無生物を区別している。

それらをおさらいしてみよう。

1. **細胞による構造**：生物は細胞を中心に組織されている。単細胞生物のアメーバのような単純なものもあれば、人体のように、個々の役目を負った無数の細胞を収容する複雑なものもある。

2. **代謝**：生物は栄養を必要とする。そして代謝によって化学物質（栄養素）とエネルギーを細胞物質に転換するいっぽう、副産物として分解有機物をつくり出す。簡単に言うと生き物は、栄養を欲するいっぽうで不要物を体から追い出している。

3. **成長と複雑性**：生物は、分解有機物を上回る細胞物質を生産することによって成長し、より複雑になっていく。

4. **ホメオスタシス**：生物は、己の内的環境をバランスのとれた安定した状態に保つためにアクションを起こし、内的環境を整える。

5. **刺激への反応**：生物は外的環境の変化に反応し、己を守るために自身の性質や行動に修正を行う。

6. **繁殖**：生物は、子孫をつくる。

7. **適応／進化**：生物は環境の恒久的変化に適応する。そして長期的には、生き残った者《サバイバー》の遺伝子を子孫に譲り渡すことで、進化を遂げる。

2013年に砂漠へのリトリートをして以来、私はこの七つの法則について検証し、今の文化やソーシャルメディアの中で起きている現象とそれらがどう関連しているのか、そしてディズニーからジオーディエンスに至るまでの私の過去の仕事にこの法則があてはまるかどうかを考えてきた。私は自分のこれまでの仕事を、いわゆるOSIネットワークの階層《スタック》を登るようなものだと時々表現する。それはファイバーや波長から始まり、データシステムやアプリやソーシャル・ネットワークへ、さらにそうしたネットワークの頂上にあるコンテンツへ、そして究極的にはそうした創造的表出の向こうにいる人々へとつながっている。こうした枠組みの中でどんな種類のマーケティングやバイラル・センセーションや広報の努力が成功したり失敗したりするかを見てきた私は、前述した生物の七つの法則がソーシャルメディアにもほぼあてはまることを確信している。

適応と進化をもたらす「試練」

一番目の法則である「細胞による構造」について考えよう。ソーシャル・オーガニズムにとっての細胞とは、感情によって動かされる人間という無数の行為者だ。複雑な細胞生物の組織化された構造――その極致が人体だが、アリやハチの巣など、コミュニティ様の自然現象も含む――とちょうど同じように、ソーシャル・オーガニズムの細胞は一種の「ホラーキー（訳注：全体を司る一部でありながらも独立した一部であるという双方の機能を保持すること）」を形成する。ネットワークの中で個々の人間というユニットが構築するものを、オーストリアの知識人アーサー・ケストラーは「ホロン」と表現する。(3)「ホロン」とは、自律していると同時にもっと大きな何かの一部であり、その活動は自律的でありながら、同時に、もっと大きな集団のルールや活動によって制限され、かつそれらに影響を及ぼしている。

この細胞たちのコミュニティは、皮肉やコメントや自撮り写真や記事や新しいアイデアなど、テキストや動画や画像の形でデジタルに伝わるあらゆる情報をたえずむさぼり食う。アップロードされるコンテンツはこうしたシステムにとって、栄養分というわけだ。それを取り入れることで、ソーシャル・オーガニズムは細胞同士の連結においてもネットワークの広がりにおいても、幅広さと複雑さを増す。ここで登場するのが二番目と三番目の法則だ。ソーシャル・

オーガニズムという生命体においては、人間の感情的反応が代謝機能を果たし、コンテンツを処理したり吸収したり、共有したり再形成したりしながら全体として成長するいっぽう、不要なものを自分の中から排除する。多くの聴衆を得られなかった不遇なコンテンツや虚空に消えていく無数のツイート、視聴回数が3桁にすら届かないまま忘れられていくユーチューブ動画。監視者の手でシステムから排除されていく、ソーシャルメディアの掟を破ったユーザーたち。細胞同士の連結やコンテンツにどんな運命が降りかかるかを左右するのは、それらの情報をソーシャル・オーガニズムが健康的な栄養素と見なすか否かだ。

コンテンツ制作者らの失敗と成功をメディアの内外からつぶさに見てきた私は、どんなタイプのコンテンツがソーシャルメディア・ネットワークにとっての養分となるか――つまり吸収され、複製されるか――を、そしてどんなコンテンツがそうならないかを理解するようになった。この先のページで、そうした考えについて探究していきたい。

四つ目の法則であるホメオスタシス――つまり生き物が体内の環境を、恒常性を第一に調整すること――について考えるには、代謝経路を思い浮かべてほしい。生物学的組織の代謝とは一連の化学反応であり、それとともに分子成分が細胞内あるいは細胞間で何らかのアクションを起こすことだ。それは細胞にとってのコミュニケーション・ラインであり、それが壊れれば、システムの中の各部分は、たがいが何をしているのかわからなくなる。もしも生き物のホメオスタシスが失われたら、外気温が高い日に体温が急上昇したり、何かの食べ物を摂取したときに体の酸性度が限度を超えて上昇したりしてしまう。木の枝の一部が損傷したら何が起きるか考えてみよう。損傷した部分の先にある小枝や葉は、光合成を正しく行うのに必要な水分や養分を受けとれなくなり、枯死していく。それと同じようにソーシャルメディアにおいても、人々が感情を交換しあうコミュニケーション・ラインはつねに開かれていなくてはならない。さもなければ均衡をとる力が失われる。ソーシャルメディアというシステムは、そうした事態を許容できない。

こうした状況を、こんにちのオンライン・メッセージの管理者たちはなかなか穏やかに受け入れようとしない。著名人やトップ企業やアーチストなどのブランドビルダーらの第一の直感は往々にして、所有主がコントロールを握って情報の「独占権」を守るべく、情報の流れを遮断するというものだ。だが、これは誤った選択だ。成功をおさめ、利益を上げていたコンテンツが、ラインを閉められたり、特定のサービスだけに公開を限定されたりした途端、それまでの勢いを突然失う例を私はいくつも見てきた。生物学の法則が教えるところによれば、情報（や著作権）を取り仕切る人間は――アーチストであれ、ジャーナリストであれ、広告主であれ、営業部長であれ、出版社であれ、政府であれ――人々に手を届かせ、人々とつながりたいと望むのなら、もっとずっと自由放任的なアプローチをとる必要がある。

五つ目の法則である外的刺激への反応について考えるには、もう一度前出のチャールストンの銃撃事件を思い出してほしい。多くの人々――とりわけアフリカ系のアメリカ人――にとって、虐殺と銃撃犯ディラン・ルーフの写真は耐え難いものだった。そして、アメリカの多様で多民族的な社会を包含するソーシャルメディアというコミュニティは、不寛容と分裂の象徴である南部連合国旗をそれ以上甘受できなくなった。チャールストンの事件では、断続的なハッシュタグの「ムーブメント」が一種の免疫反応として機能したのだと私は考える。銃撃事件は言うなれば刺激物や抗原であり、それにより感情的・機能的な反応が起こり、認識された病原体からの攻撃と戦うことになったのだ。

六つ目の法則である「繁殖」、そして七つ目の法則である「適応／進化」について考えるには、ソーシャル・オーガニズムが私たちの文化に与えている永続的な影響を見てみよう。文化を形づくる情報を積んだ「ミーム」によって社会のＤＮＡは構成されるが、このミームが別のミームや別のアイデアを生むプロセスはまさに「繁殖」だ。いっぽう、新しいミームがもたらすアイデアは往々にして、対立する意見をもつ人々から反発を招くため、ソーシャル・オーガニズムはいつも何かの争いに直面している。だが、人間の肉体が細菌にさらされることで強くなるように、生命体の適応および進化のために争いは不可欠だ。何にも検閲されていないソーシャルメディアという騒がしい世界を容れたペトリ皿は、不快や不安をもたらすかもしれないが、文化の進化を何よりも強くけん引する。

進化とは完全無欠ではない。そして進化のプロセスが必ず「進歩」につながるわけではない。少なくとも、「進歩」という言葉の字義通りの意味においては――。現在の私たちには、地理的にどんなに離れた人とも通信できるという、昔ならとても考えられなかったことが可能になっているが、それでもなお、価値観の相違は人間同士のあいだに厳然と存在しているし、コンセンサスを見つけるのは容易ではない。ソーシャルメディアの誕生によって、きわめて進歩的な人々もきわめて保守的な人々もどちらも今は、かつて中央集権的なメディアに独占されていたメガホンを自身が手にすることができた。そして対立が起きたときには、メッセージとコンテンツの内容次第でどちらが勝者になっても不思議がないようになった。

このたえまない衝突は、生物の世界の複雑さにおいても一貫して認められる現象だ。生命体の中での、あるいは生命体同士の衝突は、生きているものの特質であると言ってもいい。生き物の細胞構造は成長や生存を容易にするいっぽうで、病気や死などの力のいわば宿主にもなる。癌細胞は人体の中で増殖し、時には免疫系を圧倒してしまうこともあるし、そうならないこともある。ウィルスはたえまなく細胞に入り込み、DNAの遺伝情報を操作し、ウィルスを複製するように仕向ける。だが、良い知らせもある。免疫系が日々従事している戦いは、時間をかけて、重要な変化をもたらす。ウィルスや疾患によって遺伝子の変異が引き起こされるいっぽうで、持続的な強さが生まれてくるのだ。こうした試練を通じて種は適応と進化をなしとげる。同じことはソーシャル・オーガニズムにも通じるし、ソーシャル・オーガニズムから生まれる人間の文化にもそれは通じるはずだ。

20世紀の組織理論は終わった

ソーシャルメディアの図像化と七つの法則を見出した私は、こうしたテーマを公の場で話してみようという勇気を得た。それまでずっとビジネス・スピーカーとして各地で話をしてきたが、有名人や自分の仕事について話をするのにはそろそろうんざりしてきていた。そうして私は、ここで述べたような考えをあちこちで語り始めた。聴衆からの反応は圧倒的にポジティブで、私は大いに驚かされ、そして「この大きな変化の幅広い意味合いを、もっと広い聴衆に訴えかける時が来ているのではないか」と実感した。そのためには相棒が必要だった。思考がどのように広まるかについて、あるいはネットワーク技術やグローバルなつながりがいかにして既存の権力構造を破壊できるかについて、明確に理解している誰かと組む必要があった。

だから、マイケル・ケーシーと出会えたのは私にとってこのうえない幸運だった。彼と出会ったのは、リチャード・ブランソンが所有するネッカー島で開かれた、ビットコインをテーマにした起業家サミットの席だった。マイケルは稀有な人物だ。ビジネス・ジャーナリストとして高い評価を得ているいっぽう、チェ・ゲバラの有名なポートレートをテーマにしたきわめて独創的な本を書き（チェ・ゲバラのポートレートはおそらく、現代文化にもっとも広く拡散したミームの一つと言ってよい）、さらにグローバル経済についての本や、ビットコインの背後にある革命的なピアトゥピア技術であるブロックチェーンについての本も著している。ソーシャル・オーガニズムという概念について私とマイケルは文字通り意気投合した。健全な皮肉やユーモアを好む点も共通している。カリブ海の楽園で、私とマイケルとのパートナーシップは生まれた。

私とマイケルは本書でともに、急速に変化しつつあるメディア環境の有機的性質を明らかにするのに加え、そうした環境下で成功をおさめる方法をも紹介していきたい。ＣＥＯから軍の指導者や幼稚園の先生に至るまで、現代人はみなすべて、このソーシャル・オーガニズムの機能を理解する必要がある。それをしなかった場合のつけは大きい。分子の行動や代謝経路、酵素、生化学的な反応、そして遺伝子など生物の世界から私たちが引き出せる教訓は、政治家や活動家や企業や、デジタルな人格やブランドをつくろうとしているすべての組織や個人にとって非常に重要なものになるはずだ。この新しいコミュニケーション構造の中でマーケティング戦略をつくり、それを成功させるには、その中でメッセンジャーとして機能している人々――たとえばアーチストやインフルエンサーなど、ネットワークの有機的形成の中心にある人々――と感情でつながるすべを見つけなければならない。

ここにはまた、教育者にとっての教訓もある。ソーシャルメディアが知識の移動にまつわる重要なメカニズムになりつつあることや、子どもたちをこの新しい世界に送り出す準備として従来のトップダウン式のやり方が根本的に不適切であることを、教育者は理解するべきだ。さらに、ビジネス・マネージャーにとっても考慮すべき重要な点がある。それは、ソーシャルメディアの広範なつながりが、20世紀の組織理論における階層的な命令体系を廃れさせてきたことだ。本書を通して未来のアーチストやリーダーや広報担当者に奨励したいいちばん重要なことは、それぞれの「ミームの差異」を打ち出し、ソーシャルメディアのプラットフォームを信頼して消費者と直接結びつく長期的なつながりを確立すること、そして今なお人々の生活に過度のコントロールを及ぼしている門番《ゲートキーパー》たちを排除することだ。

ソーシャルメディアに「門番」はいらない

このように心のもち方を変化させる必要があるのは、私たちをこの新しい生物学的コミュニケーション・モデルに導いた進化のステップが、生物の進化の世界で起きた劇的な転換に匹敵するほどきわめて大きなものだからだ。カンブリア紀の沼地から初めて生物が這い出した瞬間、あるいはヒト科の祖先が初めて木から降りてきた瞬間と同じほど大きな変化が今の世界には起きつつある。

社会にこの変化が起きるまでの数千年間、情報はトップダウン式に伝えられてきた。情報をつかさどるのは教会や放送局や新聞など、強力で中央集権的な組織だった。そうした組織には編集的ヒエラルキーがあり、印刷機や電波塔などの物理的機器でどんなメッセージを配信するかはそれらによって決定されていた。このモデルのもとでは、ＣＥＯなどの権威者が発した命令が、労働者のチームと彼らの機器に永続的な指示を与え、指示を与えられた者はその素材を、それが新聞であれ放送による報道であれ、定められたとおりに配信していた。いっぽう現在のマスメディアのインフラを定義するのは、非中央集権的で予測が難しく、昔よりずっと有機的な構造の何かを通じて結ばれた、ゆるやかな仕掛け《デバイス》だ。この情報配信のネットワークは、ハードウェアや、上司の命令に従属する労働者によってではなく、無数の自律した個人の脳によって構成されている。無数の脳を結びつけるのは時空を超えたデジタルな個人のつながりであり、それらが結びつくことによって認識や感情の経路がまた新たに形成される。それぞれの脳は、一種の生物学的なスイッチング技術として機能する。どんなメッセージが大衆に耳を傾けられ、どんなメッセージが埋没するかを決定するのは、ＣＥＯや編集長ではなく、こうした自律的なユニットの集合体なのだ。

この、ニューロンやシナプスに満ちたネットワークの中で、人目を引くハッシュタグや強いインパクトのあるＧＩＦ動画に封じ込められたアイデアは、高速で広範囲に拡散する。ある形態の中に凝縮されたアイデアは他者の心の琴線に触れ、共有されたり再共有されたり変更されたり増殖したりしながら、ますます広い範囲に影響を及ぼしていく。心に残るアイデアは有益なミームとなり、社会のＤＮＡ――と私が考えているもの――を形成する。言うなればそれは、文化の進化の土台にある暗号化された礎石のようなものだ。強力なミームは人々に行動を呼びかけ、切迫感を抱かせ、リアルタイムで展開している出来事の中へ入り込ませる。しかし、そうしたミームの下にはソーシャルメディアの過去の記憶があり、先行するアイデアの蓄積がある。ミームごとに、人々はものごとの意味についての文化的な枠組みを築く。それは反復と改変をたえず繰り返しながら、社会的相互作用のデジタルな軌跡の中に記録されていく。人間の社会はこれまでに、そんなものを経験したことがなかった。

マイケルと私がこれから述べていきたいのは、現代のソーシャルメディアが人間のコミュニケーションの歴史において最高に進化した状態にあるということだ。この先の2章では、人間がいかにしてこの重要な地点までたどりついたかを説明していく。ただ、本書で私がぜったいに行うまいと決めているのは、ソーシャルメディアは完全無欠だと主張することだ。ソーシャルメディアがこの先も、社会にとって有益な方向へ発展していく保証はない。もうすでに、ネットワークのプラットフォームを牛耳る新手のプレイヤーたちは、情報をコントロールしたり検閲したりするためのステップを踏み出しつつある。そうした動きはソーシャル・オーガニズムの発展にとって有害であるし、活気ある開かれた社会を築くうえで障害にもなる。そういうことを行いながら、この新しい門番たちが自分自身の市場をも損ねているのは言うまでもない。それはたとえば、ミレニアル世代（訳注：アメリカで、2000年代に成人あるいは社会人になった世代）の人々がフェイスブックを見捨てたり、Z世代（訳注：1990年代半ばから

2000年代初めに生まれた人々）の人々がスナップチャットなどの、より多くの自由とコントロールをユーザーに与えるプラットフォームに引きつけられたりしている事実からも明白だ。自然に均衡をとるこうした自己修正メカニズムは、ソーシャルメディアがより分散的な構造に移行する手段になりうる。その他の技術も、このプロセスを加速する可能性がある。

そうではあっても、フェイスブックやツイッターやグーグルのような企業はこれまでにもうすでに、人々の生活への膨大なコントロールを積み重ねてきた。そして今やそれらの企業は、アイデンティティを管理している人口で言えば、中国やインドなどの国家と並び立つほどになっている。もしそれらの企業がそれだけの力をもつのであれば、彼らのプラットフォームを情報の自由な流れに対して開放することや、そのインフラストラクチュアやアルゴリズムを透明にすることが重要だ。そして、それらが確実に行われるように目を光らせたり、自身の意思を表明したりする責任は私たちにある。

生物学から考える

私たちの足もとで大地は変化し始めている。ソーシャルメディアの未来はこの先、人類にとって最大の関心事の一つになるはずだ。ソーシャルメディアという形態が21世紀の社会の中央に座を占めるようになったのは、たかだかこの10年のことだ。この新しい世界の中では、対人関係からマーケティング、そして企業や政治の構造にいたるまですべてが一変しつつある。この新しい現実の中で、人間はいかに存在していくのだろうか？　私たちは何とか、この流れについていこうとしている。そして、この新しい現象のとりこになると同時に、それを恐怖してもいる。

こうした現象を単純に表現しようという試みは今のところ、相反するさまざまなメタファーの誕生に終始している。たとえば、「ソーシャルメディアはマーケティングのツールである」とか、「冗談好きなミレニアル世代がそれぞれの機知を戦わせるためのフォーラムである」とか、「遠く離れた友だちや家族ときずなを保つための手段である」とか、あるいは、「罵詈雑言をぶつけあう激昂した人々のひしめく、巨大で騒々しい町の広場がソーシャルメディアなのだ」とか――。だが、これらの比喩はいずれも、ソーシャルメディアの全体としての複雑性をとらえてはいない。だから人々はただ困惑している。

ソーシャルメディアが猛スピードで前進していくときも、私たち人間はただその端っこにぶら下がっているだけでなく、そのただ中で自信をもって活動するべきだ。だが、そのためにはまず相手のことを理解しなくてはならない。そしてそれには、基準枠をきちんともつ手引きが必要だ。この見慣れない、そして道しるべの一見ない新しい概念を、もっと非常に深く確立され、認められている調査の分野に結びつける枠組みが必要なのだ。生命そのものを研究する生物学こそが、その枠組みになる。

第1章 生命のアルゴリズム

いかにして私たちは情報を処理し、社会として進化するのか

私の生まれ育ったミシシッピ北部とテネシー東部では毎年春にコットンカーニバルという祭りが開かれ、裕福な人々は、カーニバルにつきものの一連のパーティーに娘や息子をデビューさせる準備に追われる。それぞれのパーティーを組織するのはエジプト風の名前をもつグランドクルー（訳注：パレードを組む団体）で、それぞれのクルーには王と女王が任命されている。私はいつもこれらの催しを、いかにも芝居がかった懐古趣味として見てきた。こうした行事はもともと、綿花が王だった過去の時代に、そして白いものはあくまで白く、黒いものはあくまで黒かった時代に由来する。パーティーでは、美しく着飾った女性たちが、上質の木綿

の服に身を包んだ南部上流社会の紳士らにお目見えする。

だが、このコットンカーニバルについて私がいつも興味を引かれるのは、わざとらしい秩序や特権などからは大きく外れた側面だ。それは、一連のパーティーとともに1週間続くパレードのしんがりをつとめる「ボル・ウィーヴィル団」という乱痴気集団にまつわる出来事だ。ボル・ウィーヴィル団は酒に酔った荒くれ男たちで構成され、毎年、奇天烈な緑の衣装を着て緑色のバスに乗り、パーティーの会場に乱入する。ボル・ウィーヴィルの秘密命令には、子どもにおもちゃを渡すといった慈善的なものもある。だがいちばん有名なのは、美しく演出されていたクルーのパーティーをぶち壊しにすることだ。秘密とも言えないこの「秘密」指令は、グランドクルーのように表向きに認められてこそいないが、南部の父権制に対する象徴的反抗と、それに関連するなかば伝説化したきわどい悪戯やおふざけによって、たしかにコットンカーニバルの伝統の一部となっている。

人類学者らは、ラテンアメリカのカーニバルやマルディグラのパレードにも、混沌を引き起こす同様の要素があることに以前から着目してきた。これらは、清廉な四旬節に入る前に、既定の社会秩序が儀式的に転覆させられる行事だ。だが、シリコンバレーの力学とソーシャル・ネットワークの進化的発展から学んできた技術起業家の私にとってボル・ウィーヴィルは、予期せぬ変化が社会にもたらす長期的な混乱を象徴しているように思われた。

「ボル・ウィーヴィル」がもたらす混沌

南部の男性団の名前になったこの「ボル・ウィーヴィル」は、ただの愉快な名前ではけっしてない。ボル・ウィーヴィルは綿の実を食べるワタミハナゾウムシという昆虫の名で、19世紀末にメキシコからリオグランデを経由してアメリカに渡り、以来、綿花農家を悩ませ続けてきた。アメリカ南部だけでなく北部をも含む経済と人口統計を劇的に変化させたという意味で、この虫は、南北戦争と同じほど強い影響力をもった。奴隷労働の上に築かれ、かつてはアメリカ経済全体を牛耳っていた南部の大農園は、ボル・ウィーヴィルという虫のせいで弱体化した。当時、北部嫌いの南部人たちは、たとえ連邦脱退に追い込まれても綿花経済があれば自分たちは大丈夫だと主張するときに「キング・コットン」という合言葉を用いたが、このスローガンは、ボル・ウィーヴィルという小さな虫によって骨抜きにされた。

私の故郷コアホマ郡は、綿花経済の絶頂期にはアメリカの中でもっとも裕福な地域の一つだった。だが、現在では最貧困地域の一つだ。奴隷解放後に誕生した、自分の小さな土地で綿花を栽培する黒人の小作農や分益小作人の生活をも、ボル・ウィーヴィルは壊滅させ、そして、新たに貧困に陥った黒人たちがニューヨークやシカゴ、ボルティモア、セントルイスなどの北部の工業都市になだれ込むいわゆる大《グレート》ディアスポラの発生を誘発した。移住者たちはこれらの都市でコミュニティをつくり、さらに1世紀を経た現在、#BlackLivesMatterなどの活動によってアメリカの市民運動の新たな一時代を築くことになった。この#BlackLivesMatterという強力なソーシャルメディアの現象については、本書でこの先、折にふれて言及していく。

農夫や化学者や昆虫学者やアメリカ農務省の役人らはボル・ウィーヴィルを根絶やしにしようと1世紀にわたって奮闘を重ねてきた。にもかかわらず、この虫は今なお根絶にはほど遠い状態にある。それはまさに、進化や突然変異や自然選択が働いたからにほかならない。1920年代に綿花の栽培地域一帯でボル・ウィーヴィルが大発生したとき、農家はヒ酸カルシウムの粉末をまくことで虫を除去しようとした。が、この試みは部分的には成功をおさめたものの、むしろ他の生物に甚大な被害をもたらしてしまった。その後1950年代には、DDTなどの新型の合成殺虫剤が用いられた。これはボル・ウィーヴィルという虫の分子的構造に的を絞った薬だったが、やはり初めこそ成功をおさめたが、数年後には薬に耐性をもつ虫が生まれていることが昆虫学者たちによって発見された。そしてほどなく、すべてのボル・ウィーヴィルがDDTへの耐性を備えるようになった。

同じパターンは20世紀の間じゅう、新しい殺虫剤が導入されるたび何度も繰り返された。新薬が開発されても、じきそれが効かない虫があらわれて、薬はゴミ箱行きになるというイタチごっこだった。今、農家が期待をかけているのはモンサント社が開発した、虫を殺すバチルス・チューリンゲンシスと呼ばれる毒素を分泌するよう遺伝子組み換えされた綿花だ。だが、バチルス・チューリンゲンシスへの耐性をもつボル・ウィーヴィルが出現するのは時間の問題だと多くの人々は見ている。

適者生存の法則

ターゲットとしていたはずの病に薬が効かなくなるときには、必ずこれと同様の原理が働いている。この過程は、生物学の知識が若干でもある人には不思議でも何でもない。新種の殺虫剤は標的としている害虫の大部分を殺すことはできるかもしれない。だが遺伝子の突然変異によって、普通はもちあわせていない特性を備えている個体が少数とはいえ存在する。そうした遺伝子を保持する幸運な少数派には、殺虫剤も効果をもたない。ラッキーな彼らは生き残り、その遺伝子とそれにともなうサバイバル能力を子孫に受け渡す。そうしてほどなく、殺虫剤に耐性をもつ新種があたりをぶんぶん飛び回ることになるのだ。

ボル・ウィーヴィルとアメリカ農務省おかかえの昆虫学者との今なお継続中のバトルは、古典的な「適者生存の法則」を地で行くものだ。多くの事例と同じようにこのケースも、ダーウィンの進化論の核心にある論理を裏打ちしている（皮肉にも綿花農家とボル・ウィーヴィルとの戦いは、当のテキサス州の教育機関では、インテリジェントデザイン〔訳注：何らかの知的な存在が生物進化を引き起こしたという主張」寄りの教科書やカリキュラムのおかげで、骨抜きにされている可能性がある)。ダーウィンの「危険思想」は哲学者ダニエル・デネットに言わせれば、「基礎《ベーシック》アルゴリズム」の構成要素にほかならない[1](ここで「アルゴリズム」という言葉が出てきて、読者は目を丸くしたかもしれない。だが、コンピューティングの核であるこの概念を今ここで基礎的論理として据えるのは非常に重要だ)。

むろんダーウィンの時代にはコンピュータなど存在しなかったが、この19世紀の自然科学者の理論は、現代における数学主導のデジタルワールドを支配する一種の等式構造――たとえば「XかつYならば、Zになる」というような――によって表現が可能なのだ。もっと正確に言えば、ダーウィンのアルゴリズムは次のような形に煮詰めることができる。すなわち「**もしも**種の中に多様性が存在し、**かつ**有限な資源の配分を巡って個体が争うという選択のプロセスが生じれば、**ひいては**、その資源獲得に最適な資質を備えた個体が生き残り、その資質を子孫に伝える」わけだ。

この等式は単純に見えるかもしれないが、ここから因果の複雑な連鎖が始まり、さまざまな方面に予測もできなかったような結果が果てしなく引き起こされていく。読者は「バタフライ効果」という言葉を聞いたことがあるだろうか? これは、アマゾンの森で蝶が翅をはばたかせれば、巡り巡ってフロリダの海岸でハリケーンが起きるという比喩を用いたカオス理論だ。進化というものは、こうした相互に関連しあう複雑性という観点から理解するべきだ。

人間の脳には複雑性を避け、直線的な説明を追う傾向がある。そうした直線的な説明からは、究極的に結果を形づくるはずの、第二の、第三の、第四の派生的効果が抜け落ちている。生物学においても社会においても、進化というものを十全に理解するためには、限定的な思考のプロセスから自由にならなければいけない。

もしもあなたがこの本から何も得るところがなかったとしても、一つだけ心にとめてほしいのは、この世界が――人間によってつくられたソーシャル・ネットワークも含め――信じがたいほど複雑なシステムだということだ。ごく単純なアルゴリズムから予測不可能な結果がもたらされる進化という現象は、その究極的な結果だ。そして人間の社会はそれらのダイナミズムから、より単純な生命体以上にとは言わないまでも、同じほど影響を受けやすい。

ある一つの種の中で適応や変化が起きると、その種を襲うものや襲われるものや食べ物を奪いあうものまで、**他の**さまざまな種の生存性にも影響が起きる。そして捕食者や被捕食者、そして競争者はみな、適応と変化の同じアルゴリズムの過程にさらされることになる。そして彼らと競合関係にある**別の**種にも、影響が起きる。綿花の大農園がアメリカ南部に広がるにつれ、故郷のメキシコで少ない食べ物を奪いあっていたボル・ウィーヴィルたちは、北へと移動した。その後、ボル・ウィーヴィルの数は新しい農薬への耐性が生まれるたびに増減し、その都度、ボル・ウィーヴィルの捕食者であるアルゼンチン・ヒアリの生存状況も変化した。やはり南から渡ってきたこれらの虫はボル・ウィーヴィルの増減に呼応するように、突然変異的な変化を遂げた。エサであるボル・ウィーヴィルが減少すると、ヒアリの中でもより強力な性質をもつものが出現したのだ。1匹の女王からなる単女王コロニーを形成していたアリたちは、複数の女王からなる複女王コロニーを形成するようになり、困難な環境でも集団として生存し、繁殖していく能力を強めた。そしてある時点で、こうした卓越した特性を兼ね備えた新しい種が誕生することになった。

その究極的な結果まで推測すると、このプロセスは人間の文明の組織や文化を含め、あらゆるものごとを説明できる。ダーウィンの無慈悲なアルゴリズムは人間社会の中で、ランダムに相違する分子構造間で起きる感情主導の数億、数兆、数京の相互作用を経ながら、たえず変化をつくり出し、それが現在あるような驚くほど多様性に満ちた世界につながった。デネットの言葉を借りればそれは、(2)「心の助けを借りずに、混沌から形をつくり出す仕組み《スキーム》」なのだ。

「進化」を良い方向へ導く

ミシシッピで育った私は、人々が「私は猿から進化したのではない」と豪語するのをたびたび耳にしてきた。人間が霊長類から「進歩した」という理解は、祖先の劣等性をいささかなりとも認めることになり、聖書の否定につながる。だが、支持的証拠の存在にもかかわらず

図表2　進化の行進

進化論が一部には受け入れられなかった理由の一つはおそらく、それが「進歩」の意味で誤って表現されていたことだ。「進化とは、以前あったものよりすぐれたものに発展すること」というあまりに単純な概念から、私たちは距離を置かなくてはならない。これは、ダーウィンの理論が誕生した当時から根強く残っている誤解だ。私たちの時代には、１９６５年に初めて出版され、その後さまざまな形で再生産された「進化の行進」という象徴的な図が、その誤解を助長する役目を負った。図表2がそれだ。

だが本当は、進化のアルゴリズムを発動させるランダムな相互作用は、何か特定の方向にものごとを導くように前もって調整されているわけではない。スティーヴン・ジェイ・グールドが述べたように、[3]「生命とは言うなれば、たくさんの枝のある灌木《かんぼく》のようなもので、絶滅という死神によってたえず小枝を切り落とされている。それはけっして、予測通りに上へとあがる梯子のようなものではない」。ソーシャル・オーガニズムの進化について議論するさいも、ぜひこの教えを頭に入れておいてほしい。ソーシャルメディアが私たちの社会に進歩をもたらしたことは疑いようがないが、それは同時にたくさんの問題をつくり出してきたし、多くの問題を顕在化もさせた。重要なのは、生物的進化にせよ社会的進化にせよ、進化によって新しい形態が生まれること、そしてそれは、背後に何の目的ももたぬまま形づくられることだ。それはただ単に、出現する。いっぽうで、人間が進化の力に影響を及ぼすことができる点も私たちは認識すべきだろう。結局のところ、アメリカ南部に綿花栽培を導入したのは人間なのだから――。人間は進化の力の前に、まったくの無力だと感じる必要はない。生物的事象や社会的事象がどのように進化するかを正しく理解すれば、そうした変化がより良い世界を形成する方向に進むよう、後押しをすることは可能になる。では私たちは、より良い世界をどのように**育てて**いけばいいのだろう？

多くの科学者は長きにわたり、ダーウィンの強力な理論を生物学以外の分野に用いるのに難色を示してきた。たとえば、ナチズムやアーリア人優生思想や白人至上主義者のイデオロギーや、その他の「社会ダーウィニズム」と呼ばれる哲学に対して科学者は、自然な嫌悪を抱いてきた。そして、がちがちの自由主義を信奉する経済学者を別にすれば、ダーウィンの無慈悲な「適者生存の法則」を経済に適用し自由放任主義で万事を計画するという考えは、それが貧者に与えるだろう苦しみゆえ、人々からは「理解しがたいもの」と見なされてきた

（多くの人々はいまだに当然ながら――比喩の正確さはともかく――「ダーウィン的な」経済によってアメリカの極端な収入格差がもたらされたと不満を訴えている）。だが、進化の法則が社会政治学的には大きな傷のあるテンプレートだからといって、進化論的アルゴリズムが社会を形づくらないことにはならない。結局のところ、人間関係においても生物界と同じだけの多様性が――そして、乏しい資源を巡る争いが――存在するのは事実なのだ。

人間社会における「進化のアルゴリズム」

近年、人間の活動が自然に与えた損害が徐々に認識され、地球上の生命の持続可能性が懸念されるようになるにつれ、バイオミミクリー（生物模倣）という新しい分野が誕生した。これは、より資源効率的な経済や組織のモデルを社会のために考案するのを目的に、自然の中で進化したシステムから教訓を得るという考えだ。このバイオミミクリーという分野が誕生したおかげで、社会科学の中で進化論のいわばルネサンスが起きた。〝進化〟はすでに、コンピュータサイエンスやネットワーク理論の分野はもちろん、イギリスの知識人マット・リドレーなどのいう「文化の進化」においても、重要な位置を占めるようになっている。これらの考えは、本書で述べるさまざまな概念を組み立てる助けになってくれた。

社会科学的な文脈に自然界の法則や進化論を応用するという考えを強く推し進めている一

人が、MITメディアラボにおけるマイケルの同僚セザー・ヒダルゴだ。経済の進化についてのヒダルゴの理論は、次のような考えを土台にしている。通常ならエントロピーの増大および無秩序に向かいがちな世界の中で、情報はつねに「成長」し、事物に秩序を与え、統合する。私たち自身を含め、万物は情報によって構成されている。[※] 未来学者アンドリュー・ヘッセルの言葉を借りれば、遺伝暗号は、ハードウェアの指示書であると同時に私たちの体を動かすソフトウェアでもある。それらは究極的には遺伝子上のメモリと意識に集約される。

　重要なのは、万物には情報を処理し、情報をつくり出すコンピュータ的な能力が備わっていることだ。ヒダルゴは樹木を「太陽光で動くコンピュータ」と表現する。[4] 木は、水のある方へいかに根を伸ばすか、病原菌をいかに探知し、病原菌に対抗する免疫系をいかに起動するか、エネルギー源である太陽に向かっていかに葉を伸ばすかを、シグナル経路へと組織化されたタンパク質の助けを得て理解する。それを積み重ねるうちに木はそれ自体が情報の化身となり、分子の組織体になっていく――それを私たちは「木」と分類している。無機化学の反応は、コンピュータのようなものだとも考えられる。それらはインプットに秩序を与え、そこからどんどん複雑な分子化合物をつくり出していく。

　だが、既知の世界におけるすべてのものの中でもっとも複雑なコンピュータ的能力を発展させたのは、ほかならぬ人間であり、人間社会だ。私たち人間は、ヒダルゴいわく「イマジネーションの結晶」という形で情報をつくり出してきた。イマジネーションの結晶は、人間という種がこれまでエントロピーに対して果たしてきたすべての勝利の中に、物理的な形であらわれる。それはたとえば家であり、家具であり、車であり、コンピュータであり、メカニックツールであり、そのほか、人間がその手でつくり出したすべてのものである。では、そうしたつねに新しい独創的なやり方で情報を組織するよう人間を動かしてきた力は何なのだろう？それはおそらく、けっして止まることのない進化のアルゴリズムだ。

経済組織として整えられた人間社会の中で、この傾向は、より高度なコンピュータ的能力を獲得するためのたえざる争いとしてあらわれる。個人や企業や経済組織は、情報を処理し、より価値の高い製品をつくり出すために、ますます複雑なコンピュータ・システムとネットワーク・システムに向かって進化していく。ネットワークの中のノード（中継点）や複雑性が増すほど、コンピュータ的能力の総合的プールは大きくなる。これはけっして新しい現象ではない。たとえば人間の歴史の初めのころにあった小さな部族や初期の遊牧民のコミュニティが、

※ここでいう情報とは、メッセージ内容やコミュニケーションという考えにまつわる日常的な用法よりも、もっと広く定義されている。それは、物質の物理的配列やものごとの体系化などを定義する、一種の力とも考えられる。情報は、「宇宙のエントロピーは増大に向かう」という熱力学の第二の法則の対極に位置している。つまり情報は、存在におけるアンチ・エントロピー的要素の鍵であるのだ。分子は拡散した、多様でたがいに関連のない状態へと向かうものだが、情報はまったく逆の方向に向かう。情報はつねに何かと何かを関連させ、つながりを確立し、たがいを強く結びつける。熱力学の力は物質を気化しようとするが、情報の力は固めようとする。

現在あるような、コンピュータによって地球規模で結ばれた巨大なネットワークにまで成長したこともそうだ。

もっと狭く言えば、巨大な情報を効率よく処理するという需要が社会の変化を導くという概念は、コンピュータ・システムの世界が今、分散型ネットワーク構造へ進化しつつあることをも説明できる。情報技術の歴史において、新しい時代はそれぞれ前の時代よりも必ず大きな情報処理能力を利用していた。メインフレーム・コンピュータはネットワーク化されたデスクトップに敗れ、デスクトップはインターネットやクラウド・コンピューティングに負かされた。次なるフロンティアはおそらく、トーアやビットコインやその他の、管理者をもたず、オープンソースでかつピアトゥピアのシステムから予想される分散型のシステムだろう。

これと同様の思考は、マスメディアの構造にもあてはめることができる。この分野において進化のアルゴリズムは、情報の共有や創造や処理の能力に関して、それまですべてのマス・コミュニケーション・システムが反復してきたことを現在のソーシャルメディアが凌駕するという瞬間まで私たちを連れてきた。ソーシャルメディアを進化上の「進歩」として考えることは、ソーシャルメディアのいちばん表面的で人目を引くアウトプットばかりに——たとえばペットの他愛ない動画や、「荒らし」と呼ばれる人々の蛮行や、そしてもちろんキム・カーダシアンの有名な「ブレイク・ザ・インターネット」のヌード画像ばかりに——目を奪われていたら、ずいぶん無茶な話に感じられるかもしれない。

何度も言うようだが、すべての進化イコール進歩ではないのだ。だがそれでも、ソーシャルメディアの利点について議論することは、そのハイパーネットワーク構造が巨大な情報処理システムとして社会に役立っている事実を減じるものではけっしてない。ソーシャルメディアの時代において、アイデアの創造や行動への呼びかけは、昔の中央集権的なメディアの時代にはありえなかったほど効率的に行われるようになっている。そしてその透明性と開放性は、私たちの文化にはびこる悪質で破壊的なイデオロギーを暴く力をおそらくもっているはずだ。

「サンダース現象」が起こした偶然

現代において、政治的行動がいかに迅速に組織化されるかを考えてみよう。私がこれを個人的に目撃したのは、ジオーディエンスが2012年にオバマ大統領の再選キャンペーンの裏方としてソーシャルメディア戦略に関わったときだ。個人のアイデンティティをもとに、さまざまなコミュニティに支持者らを集結させられることに、私たちはじきに気づいた。たとえば、オバマを支持するペット愛好者らのコミュニティ。オバマを支持する退役軍人のコミュニティ。LGBTのコミュニティの中でオバマを支持する組織。オバマを支持する「Obamaha」や「Coloradans」などの地域のグループ。この分散型アプローチによって私たちチームは、正しい人々に正しいメッセージを効率的に届けることができた。

その結果、複数のコミュニティはまるで連結されたノードのように働き、オンラインで友人たちとコミュニケートすることによって選挙のメッセージを増幅させてくれた。私たちは選挙戦の最後の1週間で、2億2000万を超える人々につながることができたが、そのためにとった手法は、重要なコンテンツをつくり、そのコンテンツをいちばん重要視するだろう人々に提示するというやり方だった。

2016年の大統領選のとき、バーニー・サンダース候補はこれと似たことを——最初のころは、まったく無計画に——経験した。2013年、ヴァーモントで葡萄摘みの仕事をしていたエイダン・キング青年（当時23歳）は、[5]人気ソーシャルニュースサイトのレディットで「サンダースを大統領に」というサブレディット（訳注：レディットのオンラインチャットフォーラム）を始めた。それは単に、彼がサンダース上院議員を崇拝していたからだ。その16か月後、サンダース議員のスタッフらは、このエイダン・キングの趣味のサイトを使って立候補を正式に表明しようと決定した。

その後、このサブレディットへの入会者数は急増し、熱狂的な盛り上がりが起きた結果、サンダースは2015年の第3四半期だけで130万人から合計2600万ドル余の記録的な額の寄付金を集めることに成功した。選挙戦のあいだ人々が叫んだ「Feel the Bern（バーニーの情熱を感じろ）」というスローガンはそもそも、この巨大なサポーターのグループから出たものであって、高給をとっているマーケティングの専門家が考え出したのではなかった。予備選のあいだ、ハッシュタグ#FeelTheBern（バーニーの情熱を感じろ）が#Hillary2016（ヒラリー2016）よりも非常に強い反響を呼んでいたのは明らかだ。じっさい、この動きによって活気づいたオンライン・コミュニティがあまりに強大になったせいでサンダースは、クリントン候補が必要な代理人数を確保したあとも、なかなか民主党の候補の座をクリントンに譲りたがらなかったと言われている。

スマートフォンやコンピュータが手近にあれば誰でも容易かつ安価に、情報配信と情報消費のノードになれるこの水平的構造のネットワークの中では、知識をクラウドソース化することが可能だ。このようなシェアの能力は、ニュース組織といういわば門番付きチャンネルを通じて大量の情報が操縦されていた時代には存在しなかった。ニュース組織の高価かつ資本集約型の情報配信システムは自然のバリアとして機能し、十分な資金をもたない小規模な競争者らを追い払い、そうした競争者たちから組織を守ってきた。だが、無数の人々がネットワーク・システムに接続している今、人はみな、たいしてお金をかけずに自分で何かを発信することができる。そして情報は、以前よりもずっと力強いやり方で活用されることが可能になった。

ソーシャルメディアは非常に幅広いアイデアをずらりと私たちの前に提示し、そして昔なら容易に手に入らなかった解決策を与えてくれる。この世界においては、本来、新しいアイデアを着想したり具体化したりするのに欠かせないはずの「セレンディピティ」つまり偶然に何かを発見するという現象が、情報収集のプロセスにおけるきわめて大きな要素になっている。

ここで私が何を言いたいかというと――たとえば、こんなふうに想像してみてほしい。あなたのフェイスブック上の友人が、飲料水の不足に苦しんでいる太平洋上の島について、気がかりな記事を投稿した。記事を読んだあなたは、つい最近見たツイートのことを思い出す。それは、従来の100分の1の値段で海水を脱塩する最新技術に関するツイートだった。次にあなたは、こうした新しいアイデアに焦点を当てたリンクトインのディスカッション・グループに加入する。そしてそのグループの中で、あなたと同じような情熱をもち、あなたにないスキルをもった誰かと個人的なチャットをやり取りするようになる。そしてほどなくスタートアップが誕生する。こうしてあなたは、世界を救うために動き出すことになる。

有機体同士が結びついたネットワークを頼ることによって、私たちは人間社会のコンピュータ的能力を新しい未踏の領域へと向かわせ、外在化した集合的意識をつくりあげられる。そして、先ほど綿花の大農園とボル・ウィーヴィルと殺虫剤とヒアリの関係に見たように、古典的な進化のフィードバック・ループにおいては、こうした変化は巡り巡って進化の力を増大させる。それは私たちの経済や社会の進化を加速させ、そして――あとでもっと深く議論するように――私たちの文化の進化をも加速させる。

本書を読み進むうちにあなたは、この強大な力を自分自身の経済的・個人的利益のためにどう利用するべきなのか、そして社会全体はいかにそれに対処すべきなのかを学ぶことになる。だが、過去は未来にとっての最良の教師だという精神にのっとり、まず見直さなくてはならないのは、基礎的な通信インフラが何千年もの時間をかけて、いかにして今日まで発展してきたかだ。ソーシャル・オーガニズムの進化は長い間ずっと待たれていた。歴史の長い弧は、そのＤＮＡの奥深くに存在している。

第2章

プラットフォームの生存競争

メディアのダーウィン的行進

「ソーシャル・オーガニズム（社会的有機体）」という言葉は、19世紀フランスの社会学者、エミール・デュルケームの造語だ。デュルケームは社会を一種の生き物としてとらえ、経済や政治や文化のそれぞれの核の相互作用によって社会の健康が決まると考えていた。それからかなり時代が下ってからデュルケームのこの概念は、生物学者にして人類学者でもあるデイヴィッド・スローン・ウィルソンによって再生させられた。社会と文明の進化に宗教がどんな役目を果たすかをテーマにしたウィルソンの画期的な作品『Darwin's Cathedral（ダーウィンのカテドラル）』の中に、この概念が登場している。

ウィルソンは言う。社会を有機体として考えるなら、宗教とは、個人よりも社会の利益を優先する向社会的行動をもたらす重要な媒介手段としてとらえることができる。[1] ウィルソンは宗教を一種の「適応信念体系」と表現し、宗教はコミュニティの生存、成長、繁栄の鍵であり続けてきたと主張する。古代においては気まぐれな神々の物語が、社会の定める掟を人々が破らないように戒めたし、ヒンドゥー教の水の寺の儀式は、バリの社会で稲作のための灌漑システムが発達するのを手助けした。宗教の実践は、コミュニティを一つにまとめる効果をもっていた。宗教は、社会の進化を手助けした。社会が、きずなによって結ばれたコミュニティへと進化し、コンピュータ的な能力を高めるのに宗教は一役買ってきたのだ。

ルネサンス以前のミーム

ルネサンスによって科学の探究が盛んになり、それが究極的には啓蒙思想や近代社会の形成につながるのだが、ルネサンスが興るまで人々をたがいに結びつけていた最大の〝接着剤〟は、宗教の教義上の思想だった。宗教的な考えは神話やミームという形をとり、親しみやすい物語構造の中に詰め込まれて人々のもとに届けられた。物語のパターンや比喩の一貫性——これは、主要な宗教の創造神話が驚くほど似通っていることからも明らかだろう——ゆえに、人々はそれを理解し、究極的には行動の指針にすることができた。

ここには、知識の形成における重要なポイントが映し出されている。つまり、何かを認識する技術は、そこにパターンを認識できるかどうかの能力にかかっているのだ。何かのアイデアは、それがまったく見知らぬものだったり、とっかかりになるような先行するアイデアや関連するアイデアがまるでなかったりしたら、人の心をつかむことはできない。コペルニクスやガリレオやダーウィンやその他の人々の理論にしても、学問的好奇心や経験主義の重みによって磨かれ、より広く受け入れられるようになるまで、人々はそこにパターンを認識することができなかった。いうなれば、人々の中に埋め込まれていた「コンピュータ」はまだ、そのとき受信していたデータのパターンを理解し吸収する段階まで進化していなかったのだ。万有引力も物理の法則も、気象学も免疫学もその昔存在していなかったのは、もっともシンプルな不思議を理解する土台を人々がまだ兼ね備えていなかったからだ。

こうした環境において、宗教的な神話は富み栄えた。それは大衆の心に影響を及ぼす道具だった。聖職者の語る物語は、概念化の理想的なパッケージになっていた。それらはミームであり、いいかえれば、アイデアを伝えるための基礎的な構成要素だった（これについては第4章でもっと深く探究する）。そしてその目的のために、宗教の物語はきわめて効果的だった。宗教がもとで流血を伴う数々の争いが起きた事実はともかく、宗教は歴史の中でおおむね、社会を一つに結びつけてきた。だが、その一見頑丈なシステムの時代は、永続しなかった。やがて、印刷技術をはじめとする新しいコミュニケーション技術が登場し、また、中産階級の教育によって人々の読み書き能力が高まった結果、社会が情報を共有したり処理したりする能力は拡大した。つまり、より科学的な考えが人々に吸収されるようになったということだ。いいかえれば、人間の文化が進化したのだ。

ソーシャル・オーガニズムがいかにして思考の領域において、宗教の支配というくびきから解放されたかを掘り下げる前に、歴史をいったんさかのぼり、マス・コミュニケーションというレンズから初期のカトリック教会を見つめてみるのはおそらく有意義だろう。子どものころ私がカトリック教会といってまず連想していたのは、故郷のミシシッピ州クラークスデールの町にひときわ高くそびえたつ巨大な教会建築だった。だが、ジョシュア・ツリーの砂漠でひらめきを得てから幾度も体験した「目からうろこが落ちるような」瞬間の中で、私は教会を、世界でもっとも古く、もっとも成功をおさめた通信ネットワークの一つとして見るようになった。さながらテレビ塔のような教会の鐘楼は、神の言葉に耳を傾けよと民衆に告げる役目を果たす。鐘は毎朝8時に鳴らされる。会衆は不動の真実と教義に耳を傾けるために教会に集まってくる。教会の建物の中には、宗教的かつ**ミーム的**な図像があふれている。聖職者はまるでテレビのキャスターのように、神と交信できる唯一の個人として神の言葉を人々に広める権限をもつ。

そうしたことが可能だったのは、啓蒙時代より昔は、たいていの村で唯一文字が読める人間が聖職者であり、さらには手書きの聖書の供給がきわめて少ないという事情があったからだ。聖職者が配信するのは、ローマによって認可された唯一のメッセージだった。それはちょうど、巨大な報道機関が言語の様式や情報の価値やブランド確立や、そして程度の差はあれ、メディア会社の編集方針についての共通ルールを守ろうとするのに似ている。

思想の伝え手としての教会の手腕は、天才的だった。彼らはイメージの力を正しく把握していた。司祭のまとう金色のレースのついた法衣から演壇における高い立ち位置まで、すべてがローマ・カトリック教会の力を補強し、キリスト教のさまざまな図像はきわめて持続性の高いミームとして人々に作用した。現代における「グランピー・キャット」の写真も、オバマ大統領の「希望《ホープ》」のポスターもアノニマスのガイ・フォークスの仮面も、キリストの磔刑やクリスチャン・フィッシュや聖母マリアの図像にはとても太刀打ちができない。キリスト教のこうした図像は数世紀にわたって複製され、反復されてきた。芸術家らはこうしたミームを微調整や再解釈はしたが、核となるメッセージにはいつも忠実だった。この巨大なメッセージ・マネジメントの過程に参加できたのは著名な芸術家だけで、一般的な信者の大半はコンテンツ制作に関与することはほとんどできなかった。そして何世紀ものあいだ、彼らは――身の危険をおかさずには――教義に挑戦することさえできなかった。これらすべてがあわさってマス・コミュニケーションの構造が築きあげられ、それは数世紀のあいだ、ほぼゆらぐことがなかった。

グーテンベルクが生み出した「マスメディア」

そうした中にあらわれたのが、ヨハネス・グーテンベルクだ。彼が自身の発明品を使って最初に印刷した本は、聖書だった。これは非常に賢い選択だった。読者となる人々の大部分のパターン認識能力と、聖書というテーマはぴったり合致していたからだ。だが印刷技術が生まれたおかげで人々は、それまでローマ教会から押しつけられてきたのとは大きく異なる強烈な思想にも近づけるようになった。口頭によるコミュニケーションには当事者が距離的にも時間的にも接近していることが不可欠だったが、印刷技術はより広く速い情報の拡散を可能にし、口頭でのコミュニケーションにつきものの時間と距離の制約を徐々に崩していった。当時の社会における他の大きな発展的変化とともに――その一つが、最初は私立の、さらには公立の教育が導入されたことによる識字率の向上だ――印刷技術は、それまで教会がつくりあげてきた階級構造を壊す働きをした。印刷技術は中産階級に道を開き、教育を受けた新しい階層である彼らは、社会をいかに組織するか、そして世界をいかに理解するかについての、それまでになかった新しい考えへと通じることができるようになった。

そして、そうした考えを求める人々に情報を提供するために、また別の強烈なアイデアが登場した。それはグーテンベルクによって解き放たれた強大で新しい出版の力を利用した、私たちが「マスメディア」と呼ぶ概念だった。皮肉にも、当時あらわれた最初の文学は消費や性愛や喜劇などの世俗的な喜びを扱ったものだった――そしてそのパターンは、インターネットの勃興期にも繰り返されることになる。

社会のコミュニケーション構造の進化において訪れたこの新しい時代は、教会の唯一の教義から人々を解放し、情報共有の世俗的モデルをつくる手助けをした。文字の読める人々が増え、権威とは別に配信される情報が求められるにともない、新しい種類の書き手や編集者が登場するようになった。こうして誕生したのがジャーナリストだ。ヴォルテール、モンテスキュー、ロック、ジョン・スチュアート・ミルなどの進歩的な哲学者たちに触発された彼らは、権力者の世界観に沿っているかどうかに頓着せず、政治や文化についての新鮮な見解を自由に発表した。

そしてメディアの組織は19世紀中ごろには、広告枠を製造者に売れば自分たちの事業の資金を得られることに気づいた。成長しつつある中産階級の消費者市場に手を伸ばしていた製造者は、そのために広告枠を必要としていた。こうして報道組織の規模や影響力は増大し、常駐の執筆者たちが非常に広範囲のテーマをカバーし、「スクープ」を書くようになった。イギリスでは、産業革命以降、出版物の数は急増した。アメリカでは19世紀に各地で新聞が誕生した。それらの新聞のアプローチは政治哲学的にも倫理的にも多様だったが、全般的にこのメディアという産業はジェファーソンの言う「自由な人間、自由な財産、自由な思想」の原則を体現していた。

20世紀になると、情報を獲得したり配布したりする新しいシステムが生まれ、メディア産業は進化の新局面に突入した。写真や無線、映画やテレビ放送、そしてのちにはケーブルテレビなどの技術が、大衆により広く、より効率的にメッセージを送ったり思想を広めたりする新しいツールを提供した。20世紀を通じて西洋の文化を形成してきたのはこうした技術――つまり新聞、雑誌、書籍、ラジオやテレビなど――にほかならない。それらは20世紀のあいだ、人々の生活の中心に座を占めていた。アメリカ人がラジオで大統領の演説に耳を傾けたり、CBSテレビでウォルター・クロンカイトが「今日はこんなところで」という決まり文句を口にするのを見たりするとき、そこには目に見えないきずながたしかに生まれ、ともに番組に耳を傾ける人々は西海岸から東海岸まで一つに結ばれていた。共同体をつくりあげるうえで、放送メディアは過去のどんな技術もかなわない力をもった。

そして、教会にも当局にも指図を受けることのないメディア業界は、大衆の思考形成に大きな力をふるうようになった。それは、露骨に行われることもあれば、ひそかに行われることもあった。たとえば、テレビ音声の調節のおかげで、間大西洋アクセントと呼ばれる話し方（訳注：アメリカ英語とイギリス英語の発音を混ぜ合わせて「標準的」にしたアクセント）が非公式にではあるが権威の座を得たことも、その一つだ。私のようなミシシッピ風のゆっくりした話し方が権威から遠ざかったのは、あるいはそのせいであるのかもしれない――。

マスメディアからソーシャルメディアへの「進化」

だが、影響力を拡大したとは言ってもマスメディアは依然、一つのクラブのような存在だった。メディア業界のオーナーの多くは配下の記者の仕事に干渉するのを控えたし、バランスの取れた報道原則を少なくともリップサービスとして口にしたりはしたが、それでも、こうした組織が行使する中央集権的な力を手放そうとはけっしてしなかった。編集委員会や番組プロデューサーは、いわばニュースの門番だった。大衆が何について知り、何について知るべきでないかを決めるのは、こうした人々だった。彼らはいわゆる「オヴァートンの窓」を定義した。(2)「オヴァートンの窓」とはジョゼフ・P・オヴァートンの提唱した、政治家が自分たちにとって政治的に容認可能とする思想はごく限られているという考えだ。こうした組織が中央集権的に「メッセージング」を統制するとはつまり、ニュースのネタ元と書き手のあいだに緊密な関係が生じるということだ。

ちょっと想像してみよう。ソーシャルメディアがより開放的になった時代でも、ホワイトハウスのジャーナリストたちは、フランクリン・デラノ・ルーズベルト大統領の身体障がいについて、あるいはJ・F・ケネディの性的奔放さについてはレポートで言及しないと同意していた。それは、「公衆の利益」を損なわないためだとされた。そのおかげでわれわれの暮らし向きが果たして良くなったかどうかはともかく、今やそうしたやりかたは競争原理からいって不可能になっていくだろう。

ソーシャルメディアによって、メディアという産業は飛躍的な進化を遂げた。私の考えによればそれはこの先、グーテンベルクの印刷技術発明と同じほど大きな影響を社会にもたらすはずだ。だが、ここでもう一度言っておきたいのは、ソーシャルメディアの進化が必ず前向きな利益をもたらすわけではないことだ。しつこいようだが、もう一度言っておこう。進化と進歩はイコールではない。私たちが今ここで言っているのは、ソーシャルメディアとは社会の情報通信構造における、より進化した状態だということだ。そして、進化を逆戻りすることはできない。現在のソーシャル・オーガニズムをもたらしたのは進化のアルゴリズムであり、その中でいま私たちは、水平的に分散された巨大なネットワークで結ばれている。それによって私たちはかつてない高い情報処理能力を与えられ、以前よりもずっと速く何かを考えついたり、思考を複製したり解釈したりできるようになり、またそれらをずっと広範囲に広げることもできるようになった。

変容するネットワーク構造

「インターネットの父」としてしばしば名を挙げられるのはドナルド・デービス、ヴィント

図表3　ネットワークの構造

集中型　　分権型　　分散型

ン・サーフ、ボブ・カーンの３人だが、それを言うならば「インターネットの祖父」はポール・バランという人物だと述べておくのが筋だろう。ポール・バランは１９５０年代後半に、本人が「分散型適応メッセージブロック・スウィッチング」と呼ぶものを考えついた。読者はバランの名前を聞いたことはないかもしれないが、ネットワークのさまざまな構造についてのバランのスケッチはよく引用されるので、どこかで目にしているかもしれない（図表３）。

一つ目のモデル（図左）は、歴史を通して数多くの人間の組織を支えてきたコミュニケーションの関係をあらわしている。この図でとくに、線が集中している部分は、インターネット時代以前におおかたの国々に存在していた電気通信システムを表現している。その当時、すべてのトラフィックは国営の電話会社という中心的ハブを通過しなければならなかった。二つ目のモデル（図中央）があらわしているのは、ハブアンドスポーク形式で連結されたシステムであり、複数の中枢が協調しながら、特定の目的のためのもっと大きなシステムの中でノードとして機能している。このモデルもまた、広く普及している。インターネットのハードウェアおよび商業的な構造は、このような形で表現できる。インターネットとは、多数の顧客にサービスを提供する複数のインターネットサービス・プロバイダを中心に形成されるからだ。しかし、バランの関心は、ユーザーが物理的に自身のパソコンをネットワークにつなげたり、アクセスのために料金を支払ったりする方法よりも、情報の流れ方のほうにあった。そこで彼はもう一つの、三番目のモデルを考えた。これが分散型モデル（図右）だ。

分散型ネットワークは、現在のコミュニケーション構造全体に浸透している。じっさい、この水平的で中心をもたない分散型の構造こそが、ソーシャルメディアに巨大な力をもたらす枠組みなのだ。ポール・バランは冷戦時代、ランド研究所でアメリカ国防総省の資金援助を得たプロジェクトに関わっており、そのさいにこの分散型ネットワークを提唱した。その本来の目的は安全性の獲得であり、情報の流れを高めることではなかった。バランがめざしたのは、攻撃や故障によって一つのノードが駄目になっても、ネットワーク全体を壊滅させないことだ。すべてが中心のハブを、あるいは複数のハブを経由するモデルの場合、一つのノードの破たんが全体の崩壊につながりかねない。そうならないための新しい構造をつくるには、情報そのものをどんな塊にするかをイメージしなおす必要があるとバランは理解していた。分散型の構造においては、データをブロックに分け、それを複数のノードが同時に読めるようにしなければならない。

あとでわかったことだが、これは本来期待されていた安全性の向上だけにとどまらない、非常に大きな躍進をもたらす発明だった。この新しいシステムは、人間のコミュニケーションに終始つきまとってきた「時間と距離」という二つの制約を克服したからだ。これはその後、インターネット時代のビッグ・バンにつながり、それまでのコミュニケーションの世界に存在していた秩序を粉砕することになった。そこから爆発的な革新が起こり、それまで想像もできなかったような新しいオンライン・ライフの形が生まれることになった。

バラン自身が「ホットポテト・ルーティング（訳注：ゆでたてのじゃがいも［＝ホットポテト］は手でもつと熱いので、すぐに他人に渡してしまうことからこの名前がついたと言われる）」と呼んだこのアイデアは、当時としては斬新すぎるものだった。当時のアメリカの電気通信システムの中央には、AT&Tの強大な「ベル・システム」が座を占めていた。そしてシステム全体は一連のハブで構成され、それぞれのハブが地方の長距離電話の線をつないでいた。ハブは配電盤によって連携され、二つの電話のあいだで2地点間通信を成立させていた。その土台にあるのはそれぞれの電話番号のコードだった。このモデルの遺産は今も、NPA－NXXの電話番号フォーマットの中に残っている。それは「＋1（xxx）xxx-xxxx」という形で、国番号に続いて3桁の市外局番、さらに3桁の地方局番、そして4桁の回線保有者の番号という構成になっている。このモデルが前提としている地理的な依存は、バランの構想では不要だった。

1対1から1対多へ

それから10年後の1960年代後半、ウェールズ出身のコンピュータ科学者、ドナルド・デービスは、バランのモデルを用いればネットワークを通過する情報量が激増することに気がついた。デービスが考えた「パケット・スウィッチング」という言葉は、バランの「ホットポテト」に比べるといささかカラフルさに欠けてはいるが、ともかくその意味するところは、情報をもはや、どこかで滞る可能性のあるポイント・トゥ・ポイントのやりかたで動かす必要がないということだ。データはいまや、関連するラインに「ビジー信号」が出ていようがいなかろうが、配信できるようになった。デービスは、バランの技術の1ヴァージョンをイギリス国立物理学研究所が管理する内部通信網と合体させた。

さらにデービスは、アメリカ国防総省との契約で「Advanced Research Projects Agency Network（高等研究計画局ネットワーク：以下アーパネット）」設立の仕事をしていたアメリカ人に会ったさい、自分と同じ手法を採用するよう相手を説得した。こうして1969年にアーパネットは、パケット・スイッチングモデルとして起動した。そして4年後、ヴィントン・サーフ、ボブ・カーンの二人はこうしたパケットのフローを管理する基本原則を完成させた。それがトランスミッション・コントロール・プロトコル（TCP）とインターネット・プロトコル（IP）の二つで、これは通常まとめてTCP／IPと呼ばれる。このシステムによって、その他のほぼすべてのネットワークはアーパネットにリンクできるようになった。インターネットの概念はこの瞬間に生まれた。

インターネットの基盤が整ったおかげで、ソーシャルメディアは進化のスタートを切ることができた。当時まだ「ソーシャルメディア」という名前はなかったが、Eメールやインスタント・メッセージとともにその動きはすでに始まり、まず手紙を送ることが不要になり、テキストベースの通信にかける時間が大幅に削減された。次に会話の「スレッド」を中心にオンライン・メーリングリストやユースネットなどのグループがつくられるようになり、社会的な奥行きが付与された。本来コミュニケーションは一対一のものだったが、こうした革新を通じて、一対多でいっせいにメッセージを送ることも可能になった。その後、ボランティアが運営する電子掲示板（BBS）というシステムが誕生し、共通のトピックに関心をもつ人々がアイデアを共有するだけでなく、個々人の創作したソフトウェア・コードをダウンロードし、共有することも可能になった。こうしたフォーラムは人気を集めたが、フォーラムの運営にはテクノロジーに詳しいコーディネーターの関与がなくてはならなかった。

最大の躍進は、イギリスのエンジニアであるティム・バーナーズ＝リーが1989年に開発したワールドワイド・ウェブだと言っても過言ではない。バーナーズ＝リーはハイパーテキスト（哲学者にして情報技術のパイオニアでもあったテッド・ネルソンが1963年につくった造語）の概念を土台に、ハイパーテキスト・マークアップ・ランゲージ（以下HTML）というコンピュータ言語を考案した。これはオンラインでドキュメントを作成するための言語であり、埋め込まれた特定のコードの断片を通じてネットワークじゅうにリンクを形成できる。それをクリックすれば、読み手は、「ウェブサイト」の連結でできた無限大のウェブ上を「サーフィン」し、あるドキュメントから別のドキュメントへとジャンプできる。その後、1993年にはマーク・アンドリーセンによるモザイク・ブラウザのリリースがあった。モザイク・ブラウザは大量販売型ブラウザ「ネットスケープ」の先駆的存在であり、その開発によってバーナーズ＝リーの素晴らしいアイデアの現実化が可能になった。ネットスケープのブラウザは、変化に富んだ、そして簡単に操縦可能なウェブサイトを併せもつワールドワイド・ウェブを何億人もの人々に紹介した。

その結果、大勢の人々が今度は、自分自身のサイトをつくりたいという願望を抱き、そのために、基本的なHTMLのプログラミング技術を必要とするようになった。あるいは、そうした技術をもっている誰かのサービスを獲得したいと望むようになった。時とともに、こうしたサイトはオンラインの相互交信の基本的な手段を提供するようになり、21世紀のソーシャルメディアの基礎を築くことになった。

ネットワーク生態系が動き出す

分散型コミュニケーション構造の形成に関するもう一つの画期的な出来事は、1996年の電気通信法制定（訳注：アメリカの情報通信市場の競争促進と規制緩和を図るもの。本法の制定により、アメリカ情報通信市場は、地域通信業者と長距離通信業者との相互参入などが可能になった）とともに起きた。インターネットのアクセスを開放し、経済規制の緩和を正式に許可したことにより、デジタルな生態系における急速な進化は一挙に推し進められた。インターネット・プロトコルを用いたパケット・スウィッチング通信は、政府が推進するオープンイノベーションの環境にも存在するようになった。つまり、コミュニケーションに参加するすべてのアメリカ人にとって、距離と時間の重要度が激減したということだ。それはさらに、情報の発行と消費のコストを下げるためのあらゆる種類のアプリケーションの開発へと拍車をかけた。

コミュニケーションの複数の方式へのアクセスはこうして民主化され、それによってユーザーたちは、さらに幅広いネットワークへの参加を望むようになった。こうして「ネットワーク効果」という概念が、この産業の経済モデルを定義することになった。つまり、単にネットワークをつくるよう命じるのではなく、いかに**有機的**にネットワークを成長させられるかに成功が左右されるようになったわけだ。もっと広く言えばこれは、組織の構造やこの巨大な産業を支えるシステムやプラットフォームの発展が、自然界や生き物の世界に見られるパターンをなぞり始めたことを意味する。意図的な戦略だったのかどうかはともかく、バイオミミクリーはこうして、シリコンバレーを組織するDNAの中に入り込むようになった。

垂直的に組織された会社などにおける指揮統制システムとは異なり、シロアリのコロニーでは上に立つ誰かがみなに「一緒に働け」と命令しているわけではない。あなたの細胞の中では、誰かの命令でタンパク質やその他の分子が相互に作用しているわけではないし、菌を育てるように誰かが命令しているわけでもない。有機的な組織を構成する要素は、自律的に動いている。分散型通信ネットワークの中で個々の人間は、まさにそのようにしながら、ともに機能している。この水平的で自律的かつ有機的なシステムは、たとえばブログの発明から新しい形態の市民ジャーナリズムが生まれることによって、あるいはソーシャルメディアのメッセージング・プラットフォームから「パブリック・ヴォイス」というアイデアが生まれ、新しい有機的な配信システムがつくられることによって、さらに意義を増してきた。現在私たちが知っているソーシャル・オーガニズムは、それらを土台に出現した。

その話に入る前に、IT産業の経済学についてここで考えてみたい。IT産業はこの時期ずっと、物理と数学の法則をもとに動いてきた。とりわけ重要なのは、ムーアの法則とメトカーフの法則の強力な組みあわせだ。インテルのCEOだったゴードン・ムーアが述べた「ムーアの法則」は、現在ではシリコンバレーの揺るぎない信条の一つになっているが、その内容は、「コンピュータの性能は2年ごとに倍増する」というものだ。ここでのコンピュータの性能とは、マイクロチップに対するトランジスタの集積密度によって計測される。

いっぽう、イーサネットの共同設立者、ロバート・メトカーフの提唱した「メトカーフの法則」は、「ネットワークの価値は、ノード数の2乗に比例する」というものだ。こうした数学的成長関数の理論からたえず圧力を受けた結果、インターネット上で情報を発表したりアクセスしたりするコストは下がり続け、そのいっぽうで、コンピュータのメモリやウェブホスティングやオンラインの周波数帯域やアクセスの速度はさらに効率性を増した。そして、壊滅的な遅さだったダイアルアップ式のモデムから、現在のほぼ一瞬で作動するブロードバンドへと技術が進歩するとともに、ネットを検索する能力もまた進歩した。検索エンジンは、アルタビスタやヤフーの初期の目録（カタログ）機能や問い合わせ（クエリ）機能から、グーグルの万能のアルゴリズムに至るまで進化した。

テクノロジーの進歩とともに視聴者数も飛躍的に増え、オンラインに情報を発表することが経済に与える潜在的インパクトは大きく高まった。そして、技術の改善やネットワーク効果などによる強力なフィードバック・ループが定着するとともに、より多くの人々がログオンし、より豊かなコンテンツにアクセスできるようになり、結果的にソーシャル・オーガニズムに、さらに多くのコンテンツが供給されるようになった。こうしてじきにウェブサイトは相互作用的になり、読者はコメントを投じることで、あるいは特別に設立された公式のチャットルームやフォーラムに投稿をすることで、それらに関与できるようになった。これは新しいパラダイムだった。人々は、権威による出版物への管理を飛び越えて、世界全体と自由に考えを共有できるようになったのだ。

報道機関対ブロガー

この新しい時代を定義するコンテンツ形式は、最初のころは少なくとも、現在「ブログ」と呼ばれているウェブブログだった。動的なウェブサイトを利用することで、書き手は読者に、自分の生活や考えについての文章を、つねに更新しながらクロノロジカルに提示できるようになった。このブログという概念はまもなく、一種の自称ジャーナリズムに変容することになるが、おおかたのブロガーはジャーナリストというより論説コラムニストに近かった。そしてRSS（Rich Site Summary）というフィード・フォーマットの登場により、市民ジャーナリズムという一つの産業が、「ワードプレス」やグーグルの「ブロガー」などの低コストで使いやすい発行サービスを中心に大量に出現するようになった。自分のコンテンツで小遣い稼ぎができるというグーグルの宣伝文句にさらに多くの人々が引き寄せられたおかげで、大量のブロガーがインターネットの世界に舞い降りてきた。

今日に至るまで大半のブロガーの投稿は、読者を――ただの一人でも！――求めて虚空の中をさまよい続けている。そのいっぽうで、一部のスーパー・ブロガーたちのグループは大量のフォロワーを集め、伝統的なメディアのモデルを単独で揺さぶるほどの力をもっている。その先駆けが、たとえばビデオゲームのエキスパートであるジャスティン・ホールや、政治的ブログのパイオニアであるアンドリュー・サリバンや、ゴシップの達人であるペレス・ヒルトンことマリオ・アルマンド・ラヴァンデイラ・ジュニアなどだ。彼らは伝統的ジャーナリズムの形式のルールや倫理とは関係なく、自由な形の表現を行い、読者を引きつけた。こうしたすべてから従来の報道組織は大きな挑戦を突きつけられ、「読者による注目時間」という有限の資源を巡る厳しい争いや、それに伴う広告料を巡る戦いを強いられることになった。

こうして収入が減少した結果、伝統的な報道組織は、ニュースの収集にかかる膨大なコストを捻出するのに苦労するようになった。そして彼らが高いコストをかけて集めたニュースは、いささか理不尽なことに、ブロガーたちに無料で読まれ、リサイクルされ、コメントされるようになった。

多くの報道組織は火に火で対抗しようと決断し、自社のウェブサイトのスペースを削って社内ブログをつくり、少しでもカラフルな書き方ができるライターに記事の執筆を任せた。だが、ハフィントンポストやゴーカーなど独立系ブログの帝王らの登場とともに、伝統的な新聞は労働コストと配達コストを担いきれなくなってきた。新聞のジャーナリストは、より少ないコストでより多くの仕事をすることを強いられた。彼らは印刷用とオンライン用の両方の記事を書き、付随するブログに記事を投稿し、オンラインテレビのコマーシャルまで行った。深く掘り下げた質の高いジャーナリズムのための時間は縮小された。一時解雇が多くなり、事務所は畳まれ、印刷版の作成が取りやめになったりした。そうして多くの新聞は、単純に消えていった。オンラインの広告業界はもっとスマートで的を絞った広告を打てるような革命を約束していたが、人々の「目玉」を巡る激烈な争いは、広告掲載料金の費用対効果を示す「インプレッション単価（CPM）」を大幅に引き下げた。

同じ効果は、広告がクリックされた率を示す「クリック率（CTR）」からも生まれた。広告会社は、各メディアのリーチがどれだけ効果的かそうでないかを明示することによって、交渉力を強めた。「競争の増大」と「透明性の増大」という市場経済における二大デフレ圧力に、新聞は激しく打たれたわけだ。

これらすべては、次のような衝撃的な数字にあらわれている。イアン・リングが初めてオンライン上に電子新聞を出した1997年当時から2011年までにブログの数は、NM．Inciteの調べによれば1億8250万まで急上昇した。[3]現在はタンブラー社が調べただけでも2億7790のブログが存在するとされており、[4]実数はさらにもっと多いはずだ。いっぽうで、新聞社の収入は10年前と比べて半分以下まで落ち込んでおり、[5]全米の新聞社の報道編集室で働く人間の数は2000年の5万6400人から3万6700人以下まで落ち込んだ。現在のコミュニケーション構造がさらに高速で進化を遂げたら、何がどんなふうに絶滅していくかがそこからは読み取れる。

ニューロンやシナプスがメッセージを運ぶ

古いメディアの秩序を崩壊させたのはブロガーたちのコンテンツだが、彼らにそのための**手段**を与えたのは、インターネットを土台にした新しい技術だ。それはちょうど、グーテンベルクの印刷技術がルネサンスの思想家たちに、古い封建的秩序に異議を唱えるために必要な道具を与えたのと似ている。世紀の変わり目とともに、コンテンツ配信に関してさらに新しい革新が訪れ、それが私たちのマス・コミュニケーションシステムにさらに大きな衝撃を与えたのはまちがいない。そのうえ、メディアの権威の外にいる人間も、自分の声を誰かに聞いてもらう機会をより多く手にできるようになった。ソーシャルメディア・プラットフォームの到来とともにソーシャル・オーガニズムは、デジタル化社会の形を定義するのに必要な配信システムをついに手に入れたのだ。

ソーシャルメディア・プラットフォームの増加とともに活気ある市場が誕生し、パブリッシャーたちは視聴者の関心を巡って、以前よりもさらに過酷な競争の場に放り込まれた。集合的・共有的なやりかたによってほんの小さなコミュニケーションをも人々が共有できるようになったことで、この新しい構造は私たちを20世紀的な中央管理型のマスメディアシステムから、ヴァーチャル・コミュニティを土台に築かれるソーシャルシステムへと移行させた。それが意味するのはつまり、メッセージを運ぶ装置はもはや、印刷機やテレビ塔によって規定されるのではなく、デジタルに連結された無数の脳の感情的トリガーが発火させるニューロンやシナプスによって規定されるということだ。情報配信は今や、バイオや心理学や社会学と関わりを深めているのだ。

この新しいモデルは、オンライン・ネットワークの有機的な成長に依存している。そしてオンライン・ネットワークの有機的成長は、人々の個人的なつながりを活用して、さらに大きな結びつきの輪をつくっていく。こうした人と人とのつながりはいわばソーシャル・オーガニズムの代謝経路として、進化しつつあるコミュニケーション経路の形成を助けてきた。これが意味するのは、今や出版に関してもっとも利益を上げられるビジネスは、コンテンツ制作そのものではなく――なぜなら現在は誰もが、以前よりも非常に低いコストでコンテンツをつくれるようになったから――発信の簡易化に移行したということだ。それは主に、専用のプラットフォームを通じてソーシャル・ネットワークを広げることで行われる。ある意味、こうしたプラットフォームはケーブルテレビのサービスに似ている。フェイスブックのマーク・ザッカーバーグやツイッターのジャック・ドーシーのような起業家は究極的にはそうしたプラットフォームを通じて、高度に成功したビジネスモデルを打ち立てることができたわけだが、ザッカーバーグらの「装置」は同軸ケーブルではなく、人と人のつながりによって形成されていたのだ。

人と人を結ぶ網《ウェブ》の拡大を推し進めるのは、あらゆるソーシャルメディア・プラットフォーム会社の定石になった。メトカーフの法則にあるように、ネットワークが拡大するほど、より大量の情報がプラットフォームを通過し、その結果、広告料やデータの分析料という形で収入が発生するようになる。これは、プラットフォーム予備軍のあいだで激しい争いやイノベーションを引き起こした。パラダイムシフトにつながるような躍進的なイノベーションはおしなべて、スタートアップやその挫折者による流動的な市場を形成する傾向があるが、このケースにおいては生成と消滅のサイクルはきわめて短かった。本書の目的のためにはこれはたいへん好都合だ――というのも、そうした初期のモデルの栄枯盛衰を観察することで、何がソーシャル・オーガニズムを成長させるかについて多くを学ぶことができるからだ。

生まれては消えてゆく

いちばん初期のソーシャルメディアのサイトの一つが、1997年に設立されたシックス・ディグリーズだ。この名前は「ケヴィン・ベーコンの六次の隔たり《シックス・ディグリーズ》」という室内ゲームによって有名になった「すべての人間は知り合いを6人たどれば、世界中の人々とつながる」という概念をもとにつけられた（ついでながら、最近のフェイスブックの調査によると、フェイスブックのプラットフォームでは現在、すべての人間は知り合いを平均でわずか3・5人たどればすべての人とつながるのだという。ソーシャルメディアはたしかに世界を小さくしたのだ）。シックス・ディグリーズのユーザーは自分の知り合いをリストアップし、そしてリストが長くなると、メッセージや掲示板のようなアイテムを、一次と二次と三次のつながりの人にまで送ることができた。シックス・ディグリーズは１００人の社員と３００万人近いユーザーを抱える企業に成長し、１９９９年に大学キャンパスメディア兼広告会社のユースストリーム・メディア・ネットワークスに１億２０００万ドルで買われた[6]。

だが、２００１年、シックス・ディグリーズはいわゆるドットコム・バブルの奔流の犠牲者になった。ゴールドラッシュのときと同じように熱狂した人々は、薄っぺらなビジネスモデルをもとにした新興のインターネット企業にやみくもに金を注ぎ込み、その後は一転、出口へと突進した。シックス・ディグリーズの価値が新興の有象無象の企業と同じだったかどうかはともかく、甘い目算の資金の流れが止まれば、ビジネスはそこで終わりになった。シックス・ディグリーズを傘下に収めたユースストリームはその翌年、わずか７００万ドルで売却を余儀なくされた[7]。

シックス・ディグリーズの運命を左右したのは、ドットコム・バブルだけではなかった。ダイアルアップ式モデムの限界やＢＢＳの構造もシックス・ディグリーズにとって足かせとなった。前述のようにインターネット掲示板のシステムには、テクノロジーに精通している仲介者の存在が不可欠で、しかも彼らを長時間拘束する必要があった。これらすべてが意味するのはつまり、こうした全体的な前提がおおむね、オタクの力に訴えたものだったということだ。ソーシャルメディアが主流になるには、2002年の「フレンドスター」の登場を待たなくてはならなかった。のちにフェイスブックが行ったのと同じように、フレンドスターはユーザーが知人をネットワークに招待するのを認めており、ネットワークに加わった人々はオンライン上でコンテンツやメディアを共有することができた。始動からわずか3か月でフレンドスターのサイトには300万人のユーザーが集まり、サイトは主にオンライン・デートをしたり趣味について語りあったりする場になった。

それから1年後、フレンドスターの創設者、ジョナサン・エイブラムスはグーグルから、サイトを3000万ドルで買い取りたいというオファーを受けた。エイブラムスはこれを断った。理由の一つは、シリコンバレーのさまざまなアドバイザーから「うまくやれば、フレンドスターはヤフー並みに成長できる」と助言を受けていたからだった。だがこの判断は致命的だった。グーグルの申し出を蹴ってからほどなく、やはり新興のサービスである「マイスペース」がフレンドスターを追い抜き、フレンドスターは勢いを失うことになるのだ。

「フリー」と衝突した所有本能

これまでフレンドスターの失敗についてはビジネススクールでさんざん取り上げられており、それらがおおむね焦点を当てているのは、シリコンバレーの最大の関心事である取引交渉についてだった。だが本質的にはフレンドスターの挫折は、ユーザー獲得の戦いに失敗したことと、彼らの方針のいくつかが、ソーシャル・オーガニズムの成長を促すのとはまったく逆を向いていたことにあった。私はフレンドスターの事務所を訪れたとき、スタッフがキリストの顔のアバターを片端から削除していたのを覚えている。なぜそんなことをしているのかと私が聞くと、エイブラムスは「彼らはリアルじゃないからさ。彼らはセックスできないし」というユニークな説明をしてくれた。エイブラムスはフレンドスターを、身元のわかる人々だけのものに限定したがっていた。つまり、名前のないアバターたちは排除するということだ。

フレンドスターはこの方針ゆえに、もっとゆるいライバルたちに躍進のチャンスを与えてしまった。ライバルであるマイスペースは、何千人ものアーチストやユーザーたちが無機物的なプロフィールをつくるのを認めており、それは結果的に、音楽のシェアのための新しい重要なモデルを築く助けになった。音楽のシェアの活動の中にはたとえば、消費者への直接の音楽リリースや、ソーシャル・ファンクラブや、効率的なチケット販売などがあった。かたやフレンドスターは多くのユーザーの創造性や自己表現を抑制することで、自身の配信ネットワークを阻害してしまった。

フレンドスターとマイスペースの逸話は、プロローグで紹介した自然界の七つの法則にもとづいた作戦のうち、少なくとも三つが正しいことを裏づけている。これらの法則については、この先本書の随所で論じていこうと思う。[※] ソーシャル・オーガニズムが成長し、ホメオスタシスを維持し、環境の変化（この場合は、ライバルのマイスペースの登場がそれにあたる）に適応して生き残っていくためには、コンテンツの配信システムから代謝機能にきちんと栄養分を届けられるよう、コミュニケーションの経路を開いておかなくてはならない。創造性を奪うことは、その目的に逆行する。

マイスペースはその後どうなったのだろう？[8] フレンドスターと同じく2002年に始動したマイスペースは2003年から2004年にかけて大きく躍進し、ほどなくニューズ・コーポレーションから5億8000万ドルという途方もない金額のオファーを受けて、ニューズ・コープの傘下に入った。2008年にはマイスペースのサービスは絶頂期に達し、毎月のユニーク・ビジター数は7590万人に上り、クラシファイド広告（案内広告）による収入は年間

※七つの法則について私たち著者が続けて説明しないことに、読者は不審を抱いているかもしれない。七つの法則の順番は、私たちの語りの構造と合致していない。だが、本書全体ですべてを網羅していく。

で8億ドルに達した。だが、それからまもなく、マイスペースのサイトの凋落は始まった。その理由は何だろう？　突き詰めて言えばそれは、ネットワークの有機的拡大を求める無料コンテンツのシステムと、巨大企業の所有本能が相いれなくなったからだ。

二つの世界のいちばん悪い部分

ここで今一度、私の個人的な経験を紹介しよう。マイスペースを傘下に収めたニューズ・コープは2006年に、マイスペースのプラットフォームから自社製アプリでないものを遮断し始めた。この措置により、私の制作した収益分配（レベニューシェア）型の動画コンテンツサイト「レヴァー」は、マイスペースのネットワークでは動画を配信できなくなった。私はそのとき次のように思った（もちろん今もその考えは変わらない）。新しくて刺激的なコンテンツをどんなものでも次々追加してきたことこそが、マイスペースのユーザーの母体を拡大し、企業の利益に貢献してきたのに――と。

だが、ニューズ・コープは多くの古い体質の企業の例にもれず、コンテンツについて非常に専有的な見方をしており、それについての決断を弁護士や委員会に任せた。そして弁護士や委員会は、企業のブランドが受ける影響を心配した。そのころ、そうした企業はだいたいが本能的に、コンテンツの所有権を獲得できない取り決めを――マイスペースにコンテンツを提供するユーザーの大半がそうだったように、たとえ素材の制作者が、どこかに雇われている人間でなかったとしても――拒絶していた。その結果、マイスペースのユーザーが「revver.com」とタイプすると、省略記号の〝…〟が表示されるという事態が起きるようになった。さらに重要なのは、コンテンツの拡大を抑制するという行為が、ソーシャル・オーガニズムの有機的な成長を促すのとは逆の方向に働いてしまうことだ。

ニューズ・コープが厳格なルールを課してきたあと、マイスペースは個人広告をごちゃごちゃと寄せ集めただけのサイトになった。それらの個人広告は、マイスペースの自由放任主義的ルーツを踏襲するものではあったが、かつて「芸術的創造のための活気あるフォーラム」という位置づけをマイスペースにもたらした革新性にあふれた勢いは消えていた。つまりそこには、ニューズ・コープとマイスペースという二つの世界のいちばん悪い部分しか残っていなかったのだ。この失敗が結果的には、マーク・ザッカーバーグとフェイスブックに、ソーシャルメディアの王座につくチャンスを与えることになった。2011年にニューズ・コープはマイスペースをある投資家グループに売却した（そのグループの一員である歌手にして俳優でもあるジャスティン・ティンバーレイクは、皮肉にも、フェイスブックについての映画『ザ・ソーシャル・ネットワーク』の中で、私のかつてのビジネス・パートナーであるショーン・パーカーの役を演じていた）。売却額は3500万ドルという、かつてグーグルがフレンドスターのエイブラムスに提示したのと五十歩百歩の貧弱なものだった。

「レベニューシェア」という考え方

ブロードバンド接続が――そしてのちにはストリーミングの技術が――定着すると、ソーシャルメディアにとって第二の巨大な戦場は、動画に移行した。私もレヴァーを通じて動画の世界に直接関与した。私たちは――そしてのちにユーチューブを設立するペイパルの元従業員の3人は――人々の動画を扱うには別のサイトが必要だと認識していた。個人のウェブサイトは普通、通信容量を確保することができなかったからだ。だが、私が何より誇りにしているのは、「レベニューシェア」という考えを最初に打ち出し、「作品が生み出した広告料の一部を、作品を提供した人々に支払う」という枠組みをつくったのがほかならぬ私たちだということだ。私たちはそれこそが、良いコンテンツを生み出す道だと考えていた。そのアイデアを認められて、初期にいくつかのイノベーション賞も授与された。

だが結局、動画に関する最大のプラットフォームとなったのは、2006年にグーグルが獲得したユーチューブだった。ユーチューブもまもなく、レベニューを生み出したコンテンツに関して人々に褒賞を与えるというシステムを開始し、そしてそのモデルは、動画製作者や音楽家たちにとって重要な収入源の一部になった。グーグルは、アーチストが自身の作品をユーチューブのコンテンツIDシステムに登録できるように、ツールの開発を行った。このID

システムはオリジナルに対するコピーをすべて網羅するという触れ込みだったが、現実にはたくさんのコピーがそれをすり抜けた。つまり、正当な権利のある人間が正当な報酬を手にできず、レベニューの計算やその配分の仕方が不透明になったということだ。ロサンゼルスに本拠を置く「ステム」などのスタートアップは、この領域に透明性をもち込もうと尽力している。次のステップとして私が信じているのは、音楽や動画だけでなくすべての芸術において、真に非中央集権型のシステムが樹立され、アーチストが――アーチストだけが――自分の作品を誰が見るのかについて、そしてどのように自分たちが対価を支払われるかについて発言権をもつようになることだ。本書の第8章で論じるブロックチェーンの技術は、そうした変化をおそらく後押ししてくれるだろう。

フェイスブックによる「検閲」

さてここで、ようやくフェイスブックについての話が始まる。2004年に始動したフェイスブックはこれまでにユーザー数を、15億という途方もない数字まで拡大した。映画『ザ・ソーシャル・ネットワーク』は、フェイスブックのCEOマーク・ザッカーバーグを非常に批判的に描いている。映画での彼は、望むものを手に入れるためなら手段を問わない、過剰なほど野心的なコントロール・フリークだ。私はザッカーバーグを個人的にはよく知らないが、映画に描かれているザッカーバーグは、彼がプラットフォームを発展させたときに私が抱いた印象とほぼ一致している。私はけっして、フェイスブックの信奉者ではない。本書の後半で説明するように、私は、情報へのアクセスをフェイスブックが操縦したりコントロールしたりするやりかたは、ソーシャル・オーガニズムの健康にとって危険だと感じているのだ。

だが、進化のプロセスという観点から言えば、フェイスブックはソーシャル・オーガニズムが必要とするものに――完全とは言えないまでも――みごとに適応していた。フェイスブックが活動してきた市場の進化的段階において、これまで最適の生存者であり続けてきたのはやはりフェイスブックだった。

彼らのやりかたのどこが正しかったのだろう？　一つにはこんな背景が考えられる。ハーバード大学の寮での黎明期から、ザッカーバーグは自身のネットワークをできるかぎり大きなコミュニティに向けて開いていた。それはもともと、主流になるべく構想されていた。フェイスブックには、ユーザーが感じる心地よさや、テクノロジーにまったく疎い人でも簡単にアクセスできる使いやすさがあった。人はみな、フェイスブック上で母親に会うことができる。高校時代の級友をつかまえることもできるし、海を隔てて暮らしている家族とも連絡をとりあうことができる。芝刈りの仕事やベビーシッターについてなどの情報を、ご近所のコミュニティで共有することもできる。フェイスブックを利用しているまさに中産階級の巨大な市場に何かを売ろうとしている企業は、「対話」型のフレンドリーなページで店を開くこともできる。

フェイスブックのバラ色の化粧板《ベニヤ》はユーザーに、彼らが語りたい物語を語らせてくれる。ユーザーは自分自身についての理想化された物語を構築し、提示する。**これが私です。シミも皺もない（ように修正した）美しい肌と完璧な家族をもち、ハッピーで安全で、でも十分エキサイティングで変化に富んだ生活を送っています！**と。

フェイスブックのプラットフォームは、こうしたバラ色の表現形式に適合させられている。それはしばらくのあいだは、主流の市場に向けて、快適な空間を創造し続けるだろう。物議をかもしそうなコンテンツをさりげなく規制する彼らのやりかたもまた――その厳しい姿勢を、私は個人的に知っている。ごく個人的なメッセージの中でちょっとしたジョークを述べたあと、私のアカウントは停止されたのだ――同じ目標に焦点をあてている。つまり、ご清潔で快適なコミュニティをつくるということだ。

だが私は自分の経験からこんなふうに感じている。時とともに、あちらとこちらの両方を立てることは難しくなり、最後には検閲がソーシャル・オーガニズムの成長を阻害することになる。そして、検閲を実践していたプロバイダたちは力を失い、もっと開かれたプラットフォームに負かされていくのではないか、と。ツイッターやフェイスブックやマイクロソフトやユーチューブがEUと交わした、ヘイトスピーチ検閲の合意を私が心配する理由の一つはそれだ。私は#ISTANDWITHHATESPEECHのメンバーではないが、そうした合意の目標自体に文句をつけるつもりはない。だが、検閲の実施はきわめて複雑な作業になるはずだし、そこに権威主義的な本能がはたらかない保証はない。

第6章で論じるように、すべてのスピーチを検閲しようとすることは、単に失敗に終わる可能性が高いだけでなく、文化の発展に悪い影響をおよぼす。それは言ってみれば、ボル・ウィーヴィルを駆除するためにDDTをまき散らすようなものだ。憎しみ《ヘイト》を根絶するために必要なのは、検閲ではなく、共感を建設的に育み、社会が多様性を受け入れるように後押しすることだ。本書の後半で詳述するようにこのアプローチは、病気を見つけて自身の資源でそれを撲滅するよう免疫系を鍛える、最新の癌治療の研究と通じあうところがある。癌の場合と同じように、もしも私たちがヘイトの悲しみや苦痛にさらされないようにしていたら、それに気づくことも拒否することもできなくなってしまう。

「王者」フェイスブックへの挑戦

王者フェイスブックへの挑戦はもうすでに始まっている。最近も新しいプラットフォームがたくさん立ち上がったが、その多くが、フェイスブックが行っているような検閲を意図的に無視している。ソーシャル・オーガニズムの進化が次の段階に向かっていることは、そうした動きからも示唆されている。今現在、ザッカーバーグの王国は磐石で、早晩倒れるような気配はまったく見えない。だが、ソーシャルメディアのプラットフォームの多様性が拡大し、視聴者の関心を巡る戦いが今よりさらに激化したら——旧来の種と、より適合性のある新しい種のあいだで資源を巡る戦いが起きたときのように——フェイスブックは最終的には方針を曲げるか、あるいは姿を消すことになるだろう。

フェイスブックの最大の競争者であるツイッターは、最後に勝ちを得ることにはならないかもしれないが、フェイスブックとのアプローチの違いからは異なる未来がうかがえる。わずか140文字のメッセージを発行するというツイッターの突飛なシステムは、いまや3億2000万人のユーザーを抱え、毎日約5億というすさまじい数のツイートを扱っているが、彼らの活動の原点が、ザッカーバーグのハーバードの寮からさらに道を下ったところで生まれた一種のコミュニティ活動のアイデアだったことはあまり知られていない。ツイッターの初期のエンジニア、エヴァン・ヘンショウ＝プラースによれば[9]、ツイッターの基幹テクノロジーの一つである「TxtMob」というSMSのメッセージング・ソリューションは、当時MITメディアラボの学生だったタッド・ハーシュがイラク戦争に反対する運動家のために作成したもので、この活動家たちは2004年に、共和党全国大会にもぐり込むという事件を引き起こしている。以来ツイッターの活動はさまざまな中心人物によって、投資家の要求に沿った商業主義的な方向に傾けられてしまったが、こうした尖った過去は今もそのDNAの中に眠っている。

2010年から2011年のアラブの春のとき、ツイッターが「大人に脱皮した」ことはまちがいない。ツイッターは街頭での抗議行動のさいの重要な道具として用いられ、最終的には、エジプト最強の男であるホスニ・ムバラクの追放を実現させる一助となった。これらの出来事から、ツイッターに対する――そして、ソーシャルメディア全般に対する――前向きなイメージが生まれた。人々はツイッターを、政治の変化をあと押しする民主主義的な力として見るようになったのだ。2013年に140億ドルで株式市場への新規上場を果たし、広告主の満足度を保つためにつねに努力している現在のツイッターに、その当時のラベルが今も合致するかどうかはわからない。だが、検閲やプライバシーに関するツイッターのスタンスは今も、フェイスブックに比べれば非干渉主義のように見え、そこからはツイッターがこの先も、シリコンバレーでかタハリール広場でかはわからないが、権威を打ち崩すアウトサイダーたちと関わっていく可能性がうかがえる。

ほかには、もっとはるかに折り目正しいリンクトインという存在もある。今は優等生ぶったマイクロソフトの傘下にあるリンクトインは、ビジネス上の関係を築くことに焦点を当てたサイトだ。リンクトインは独自のやり方で、いかに人々が職業上のネットワークを結ぶかに、きわめて破壊的かつ民主主義的な影響を与えてきた。職業志願者を検索可能にし、その市場を広げることによってリンクトインは、求人活動に能力主義をより多くもち込み、古き良き「オールド・ボーイズ・クラブ」の影響力を低下させた。リンクトインの利益は、広告に頼るのではなく、特定の機能に手数料を課すというビジネスモデルによって生まれている。この定額制モデルは一連の金融革新とともに起こるものごとに依拠しているが、このモデルはソーシャルメディアの別のヴァージョンのテンプレートになる可能性もある（ただし、リンクトインが人々に、欠点も含めた「リアルな」自己提示を奨励するという意味で、良い仕事をしているかどうかはまた別の話だ。リンクトインに書かれた過剰に盛られたレジュメのオンパレードを見るたび、私はつい失笑してしまう。どのレジュメにも「革新」「変化」「破壊」などの、すばらしくもったいぶった言葉がてんこ盛りにされているからだ）。

ソーシャルメディアの世界におけるその他のビッグネームの存在は、フェイスブックやツイッターやリンクトインなどの足跡の外でも、たくさんの革新が進行中であることを示している。デジタルの世界においても今、生物多様性にあたる形態が生まれつつあり、この先あらわれる新興サイトが生き残れるかどうかは、ソーシャル・オーガニズムの七つの法則をどれだけ忠実に守れるかにかかってくるだろう。

インスタグラムの「乳首解放運動」

現在はフェイスブックの一部になった写真共有サイト、インスタグラムも、長期的には苦戦するかもしれない。インスタグラムは本能的にコンテンツを検閲し、本書で繰り返し論じているように、ソーシャル・オーガニズムの栄養を阻害している。インスタグラムには、どんな形態であれヌード写真を禁じるというポリシーがあり、その石頭ぶりと、とりわけ男性の乳首と女性の乳首に対する性的ダブルスタンダードの存在から、人々の冷笑を買ってきた。授乳の写真は許可されているとインスタグラム側は主張しているが、公衆の場での授乳を唱道している人々は、そうした写真はこの先もずっとブロックされ続けるだろうと言っている。インスタグラム側は、ヌード規制はアップルストアから課されたルールにもとづくものだと主張している。[10]それは、アプリを17歳以下の人々にも使用可能にするためだという。

だが、こうした規制はツイッターやその他の、ヌードを許容しているアプリには適用されていないようだ。さらに大きな問題は、そうした任意のルールの強制が、それぞれの社内の検閲制度の裁量に任されていることだ。そして社内の検閲制度はたやすく、愚かな方向に向かいやすい――たとえば、『ヴォーグ』のクリエイティブ・ディレクターであるグレース・コディントンは、自分のトップレス姿の線画イラストを投稿したのがもとで、一時的にインスタグラムから排除された。[11]この馬鹿げた出来事がもとで「Free the Nipple Movement（乳首解放運動）」というフェミニズム的な運動が起きた。女性の体から性的意味合いを消そうというこの運動は、偶然にも、私が現在住んでいるアイスランドから始まった。

インスタグラムの淑女ぶりとは対照的に、ヤフー傘下の簡易ブログであるタンブラーは、もっと自由放任的なアプローチを選んだ。このサイトが、前衛的なアーチストやアニメーターたちが共同作業をするプラットフォームとしてたいへん活気があることや、境界にとらわれない創作活動が行われていることは、けっして偶然ではない――そして、ティーンたちがタンブラーを、おふざけミームでたがいを出し抜くために使っていることも単なる偶然ではないはずだ。いっぽうのインスタグラムは、エアーブラシで完全に整えた映像をファンに送りたいと願う、ビヨンセらのアーチストにとって都合のいいサイトでもあった。だが、文化を前へと推し進める芸術的アイデアを育てる重要な器になる可能性が高いのは、タンブラー的なアプローチのほうだ。

スナップチャットの「瞬間性」

さて次に、興味深い新現象であるスナップチャットについて紹介しよう。この急成長している写真・動画共有アプリは、映像を送られた相手がそれを見られる時間を――たいていは数秒に――制限している。その非永続性ゆえ、検閲は実質的にほぼ不可能だ。ごく最近までスナップチャット社は、同社のサーバーにはユーザーの交流の記録はいっさい残っておらず、アーカイブが存在しない以上、日ごとに1億回近くに上るユーザーの行動を分析することはできないと主張していた。2016年夏にこの方針は変更され、「メモリーズ」と呼ばれる新しい機能が導入された結果、ユーザーは自身のスナップをアーカイブにして選択的に共有できるようになった。だがこの新しいオプトイン型のモデルでは、サーバーに支えられているコレクションに画像をあずけると決定する権限は、受け手ではなく、写真を撮った人間の手中にとどまっている。

2014年に行われたある調査によると、[12] ワシントン大学に通っているスナップチャットのユーザー127名から、当時は完全に「瞬間」だったこのサービスを人々がどのように使っているかの鍵が得られた。もしかしたら読者は、「セクスティング（訳注：性的なメッセージや写真などを携帯電話に送ること）のため」という回答が多いと予想したかもしれないが、それは当たっていない。約60パーセントの答えは、スナップチャットを主に「ふざけたコンテンツ」の共有のために使うというもので、30パーセントの回答は、「自撮り《セルフィー》を送るために」使うというものだった。14パーセントの人は、ヌード画像をスナップチャットで送ったことがあると回答したが、定期的にそれをしていると回答したのはわずか1・6パーセントだった。

スナップチャットの人気が最初に高まった原因は一部には、行動の記録を残して、あとでそれを――将来の雇用主か恋人かは知らないが――誰か他人に判断されたくないと人々が思ったからだし、スナップチャットの刹那性に魅力を感じたからでもあった。スナップチャットの創設者であるエヴァン・シュピーゲルは、立ち上げのとき、ブログに次のような文章を投稿している。[13]「スナップチャットとは、昔ながらのコダックのカメラで瞬間をとらえることではない。人間のあらゆる種類の感情とともに、コミュニケーションをとることが、すなわちスナップチャットだ。美しく見えるとか、完璧に見えるとかいうのは問題ではない。たとえば、自分はホシバナモグラの顔真似が上手だと思ったときとか、熱愛中の女の子の顔を友人にちょっと見せたいと思ったときとか（その写真が拡散されるなんて、考えるだに恐ろしいことだ）、あるいは僕が大学に進んで、母さん……じゃなくて昔の友だちが恋しくなったときとか」

スナップチャットに投稿されるのは、他愛のないふざけた映像や一瞬の表情などだ。新しいシステムでは、アップされた人々の表情が画面を流れていくのをエンドレスに見ることも可能だ。時々、子どもが携帯電話に向かっておかしな顔をしようと、口を大きく開けたり眉を上げたりしている写真に出くわしたりする。このモデルは突き詰めて言えば、フェイスブックとはまったくちがう価値観を前提としており、そして若者のあいだで勢いを増しつつあるようだ。ソーシャル・オーガニズムが未来においてどのように機能するかを決定するのは、彼ら若者だ。２０１４年にスパークス＆ハニーが行ったアンケート調査によれば、[14] Z世代（１９９５年以降に誕生）の若者には、スナップチャットやウィスパーやシークレットなど秘密性の高いサービスを、もっと公共性の高いプラットフォームよりも好む傾向が明らかに認められた。同じ調査からは、回答者の4分の1が調査から1年以内にフェイスブックから離れていたことも明らかになった。

同じ年にディファイメディアが行った別の調査からは、[15] 18歳から34歳までの――ほぼミレニアル世代に該当する――人々の30パーセントが定期的にスナップチャットを利用していることもわかった（私の現在の故郷アイスランドでは、わずか32万人の人口のなんと70パーセントがスナップチャットのユーザーである。楽しいことは早く伝わるというわけだ)。2013年にスナップチャットは、フェイスブックから提示された30億ドルでの買収を蹴ったと報じられている。スナップチャットの判断はフレンドスターの二の舞だったのだろうか？　時がたてば答えはわかるだろう。ただ、自由な表現のための開放的かつ競争的なプラットフォームを保つという意味では、フェイスブックに買収されなかったのはおそらく正しい判断だ。

グーグルやフェイスブックと共存できるのか

次に紹介するのは私のお気に入りの一つだったヴァインだ。ツイッターに買収されたヴァインは、わずか6秒間の動画を共有するサイトで、短い時間の枠の中に創造的な自己表現を押し込めなくてはならないという制約ゆえ、まったく新しいアートの一形態を生み出した。その一つが、6秒間の音楽を果てしなくリピートする「パーフェクト・ループ」で、それらは初めと終わりがどこかわからないほどみごとに溶けあっている。ヴァインの動画はあっというまに、個人ブランドの娯楽手段になった。ヴァインのユーザーはおおかたが十代だったが、その名もない若者たちの群れから地球規模のマーケティング・センセーションが生まれることになった。ヴァインのスターの幾人かには次章でまた会うこととして、ここでとりあえず指摘しておきたいのは、彼らの多くが数千万人という世界最大級の新聞をも超える視聴者を獲得している事実だ。ヴァイン自体のユーザー数は、２０１５年11月に2億人に達した(16)。

今度は海外に目を向け、デジタルの世界のさらなる生物多様性を見ていこう。むろんフェイスブックは南アジアと東南アジアにおいても王者ではあるが、アジアの北部では地元のプラットフォームが強い力をもっている。そしてそれは、外国のウェブサイトが中国で禁止されていることだけが原因ではない。中国でもっとも人気のあるサイトは、フェイスブックとよく似たレンレンワン（人人網）と、ツイッターに似たウェイボー（微博）だ。もっと自由主義的な韓国では、サイワールドというローカルサイトが人気で、台湾では多くの人々が無名小站（Wretch）を使っている。ラテンアメリカでも地元のサイトが盛んで、タリンガ！（Taringa!）には２７００万人のユーザー登録がある。タリンガ！はビットコインを用いて、コンテンツ提供者に対してレベニューシェアを行っている。生き物は生き延びるために、与えられた環境に適応していくが、ソーシャル・オーガニズムに関してもそれと同じように、世界の異なる地域で繁栄していくさいに適応変化が起きているのがわかるだろう。

それからもちろん、グーグルのことも語らなければなるまい。世界最大のインターネット企業であるグーグルは、自身の提供するコミュニティであるグーグルプラスではささやかな成功しかおさめておらず、ソーシャルメディアのネットワークをつくることに関しては、これまで他企業にひけを取ってきた。少なくとも、いちばん狭義のソーシャルメディア・ネットワークサービスにおいては、グーグルは王者ではなかった。だが、その他の面においてはやはりグーグルは、私たちの時代のスーパーネットワーカーだ。２０１６年時点でグーグル・クロームはいちばん広く使われているウェブブラウザだ。Ｇメールのアクティブユーザー数はひと月当たり10億人を超え、[17]Ｇメールはもっともユーザーの多いＥメールサービスになった。

地域検索サービスとしては、まずグーグルマップが、そしてそのあとにはグーグル傘下のウェイズがコミュニティに根を下ろすようになった。ユーチューブは動画の世話をし、グーグル・ハングアウトはビデオ会議に重宝され、データの保管やファイルシェアリングの分野ではグーグル・ドライブやグーグル・ドキュメントが利用されている。アンドロイドは、スマートフォンのＯＳ市場の80パーセント以上を占めていると言われ、[18]そしてもちろんグーグルは、検索エンジンの分野ではほぼ独占状態にある。それはつまり、世界規模のウェブ全体がグーグルのために設計されているということだ。私たちはみな実質上、グーグルとアルゴリズム的に結びついているのだ。

グーグルの巨大すぎる力に対して人々は当然ながら不安を抱いているが、グーグルの成功の土台にはまさに、開かれたプラットフォームや相互運用性という概念があり、また、オープンイノベーションという文化の土壌があった。だが大きな問題は、本書でこれから詳述するように、グーグルの支配が――そしてフェイスブックや類似のプラットフォームの支配が――このさきもソーシャル・オーガニズムの進化と共存しうるかということだ。グーグルとフェイスブックはどちらもそれ自体、分散化という基調から生まれた産物だ。いいかえれば、カトリック教会からCBS放送へ、さらにニューズ・コープからソーシャルメディアというように、権力がほぐれていく延長上で起きた出来事だ。そして分散型データベースや分散型仮想通貨や匿名の情報に関する最新の考えにもとづけば、これら21世紀のメディアの新しい巨人たちもいずれ、進化の無情なアルゴリズムの壁に直面する。そしてもし適応できなければ、彼らもまたいつか、恐竜や新聞と同じ道をたどることになる。

＊＊＊

ミレニアル世代の誕生のころから現在に至るまで、私たちはオンライン・メッセージ・ボードやユースネット・グループの時代からプロディジーのようなイントラネットやＡＯＬにコミュニティが結びついた時代を経て、次はフレンドスターやマイスペースの時代に、そしてさらにフェイスブックやツイッターや、それらとともに生まれたタンブラーやインスタグラムやスナップチャットやヴァインなどの時代に到達した。こうした動きと同時に、人間の相互のつながりにまつわる他の分散型モデルが、インターネットの、地球規模で拡大を続けるマルチノード・ネットワークを利用し始めている。

たとえば、オンラインマーケットプレイスのイーベイや、ピアトゥピアの貸し出しおよびクラウドファンディングのネットワークであるキックスターター。評価をもとに動くシェアリング・サービスであるウーバーとエアビーアンドビー。ビットコインやその他の仮想通貨。オンライン上のオープンソース・コードの貯蔵所であるギットハブ。こうしたテクノロジーは、技術的に言えばソーシャルメディア産業の一部ではないかもしれないが、文化とコミュニティを形成する無定形で有機的に進化しつつある力の一部であることはまちがいない。それらもまた、ソーシャル・オーガニズムのありようを定義する一要因だ。

低コストでアクセスできる

このきわめて競争的な新しいパラダイムが台頭するにつれ、昔風のトップダウン形式で設計されたビジネスは、新しい状況に適応しないかぎり、絶滅の危機に瀕することになった。中央集権的な企業の教義やむやみに時間のかかる指揮命令系統は、ソーシャル・オーガニズムの急速な欲求に対応できないし、ソーシャル・オーガニズムの有限な関心がどこに向かうかを決める自律的な流れにもそぐわない。ブランド・マネージャーや企業の広報課が、あるいは報道組織や政治家や個人が自分のメッセージを外にぜひ伝えたいと思うなら、速やかな行動が必要になる。上からの同意をもとに許可のシステムが動いているとき、これは容易なことではない。

伝統的なブランドの中にも、適応性を示した例がある。第47回スーパーボウルのとき「オレオ」は、消費者へのメッセージをリアルタイムで送る許可を速やかに出せるよう、ブランドマネジメント・チームの上層部とデジタルマーケティング会社の360iを試合のあいだずっと待機させていた。試合の途中で突然予期せぬ停電が起き、スタジアムが真っ暗になったとき、「オレオ」のチームは「暗闇でもダンクする（オレオをミルクに浸す）ことはできる」という素晴らしいツイートを送った。公開から1時間でリツイート数は1万回を超え、1万8000以上の「いいね」を獲得した――そしてこのとき以降、いかにメッセージを拡散させるかについての議論に変化が生じた。

それとは対照的なのが、私の興した会社「デジシンド」をディズニーが買収し、2008年に私を「反乱兵」として雇ったときの出来事だ。私の役目は、ディズニーのコンテンツとそのソーシャルメディア対策に、活を入れることだった。プロモーション戦略としてフェイスブック用に私が初めて考えたミッキーマウスのイメージが、会社のお偉方からようやく了承を得るまでにかかった時間はなんと30日だった。ユーザーがソーシャル・ネットワークをどう結ぶかは数分ごとに変化していくのに、一つのコンテンツごとに1か月も許可を待たなくてはならないようでは、いったいどうやってユーザーたちについていけるというのだろう？

プレ・ソーシャルメディア的な組織が直面している問題は、前述のセザー・ヒダルゴが述べているように、情報の成長と情報処理能力の進化とのリンクを用いて説明できるかもしれない。製品や価値あるサービスを立案しようと情報を処理するとき、個人や会社や産業は、そして経済全体すらも、より多くの情報処理能力を獲得しようと必死になる。繁栄と生存のための限られた資源を巡る争いには、そうした能力は必須だ。だが、アイデアの創造・共有・処理を行う人間同士の巨大なネットワークで情報が処理されるようになった今、このスーパーコンピュータの力は急上昇している。

市場に新たに加わってくる小回りのきく参入者は非常に低コストでそれにアクセスでき、そしておそらく、巨大な競争者らに対して初めてアドバンテージを得ることになる。じっさい、こうした成り上がり者たちは、「世界のどこからでもアクセス可能なグローバル・ブレーン」とでもいうべきものの中に入り込みつつある。

ドーキンス対ブルーム

ハワード・ブルームは――若干奇天烈だが――才気あふれる音楽の発表者から進化論者へと転身した人物で[19]、彼の考えでは生命とはつねに、グローバル・ブレーンの最適化に向かって進化し続けている。彼は野心的な著書『グローバル・ブレーン――ビッグバンから21世紀へのマス・マインドの進化』の中でこの考えを、人間と細菌や病原菌との永遠の戦いをもとに組み立てている。過去にペストやエイズなどの深刻な感染症が流行したとき人類は、敗北の危機に瀕したこともあった。地球上のあらゆる生命形態に先行し、地球の原初の時代に栄えていた初期の細菌をブルームは、巨大なデータ共有システムとして定義している。

のちにおおかたの生命が兼ね備える細胞膜という基本的な特徴をもたず、化学的信号をコロニー全体で共有する能力をもつこれらの細菌は、ブルームの言葉を借りれば、一種のネットワーク・コンピュータのように機能する。細菌は全体で集合的に情報を処理し、どんな形に変容したり適応したりするのがいちばん有利かをつねに考え、選択した構造をシグナルで伝えあう。この目標——つまり、情報を処理し、情報に対応するために発達を遂げること——こそが、あるいは生命を始動させたのかもしれない。細菌やウィルスは、もっと複雑な生命体が沼地から出てきたあとも、ずっと生き残ってきた。つまり人間は、こうした敵との不断の戦いの中で、自身の組織的かつ情報処理的構造を強めるために、集団の力を連結させるような定式化をせねばならなかったということだ。

ブルームの考えは、こうした数行の言葉に集約すると、滑稽に聞こえるかもしれない。だが、微生物の働きが情報共有ネットワークと似ていることを調査した数多くの研究と、ブルームの主張は一致している。もしブルームが正しいとしたら、それはつまり、増え続けるアイデアを有機的に相互接続させるソーシャルメディアと、それとともに発達するスーパーコンピュータの強力なネットワークが結びついたとき、人間という種が生き残るうえでの分岐点が訪れるかもしれないということだ。

有名な未来学者でグーグルのエンジニアリング・ディレクターでもあるレイ・カーツワイル

は、2045年までに「シンギュラリティ」が訪れると考えている。[20] カーツワイルの理論によれば、シンギュラリティが訪れた瞬間から、コンピュータによって動いている人工知能が一種のスーパーコンピュータの域に達し、自分より劣った生身の人間の支配下から解き放たれ、自分で自分を改良していく急速なサイクルに入る。もしもこの人工知能のメカが人間の生命を改良するように設計されていたら、人間は不死になるかもしれないとカーツワイルは考えている。イーロン・マスクなどのシリコンバレーの思想的リーダーたちは、人工知能は人類を滅ぼしてしまうかもしれないという、もっと不吉な予測をしている。

人類がいかにしてグローバル・ブレーンの域にまで到達したかについてのブルームの説明は、偉大な動物学者にして有名な無神論者でもあったリチャード・ドーキンスの唱えた進化論の一説とは若干隔たりがある。ドーキンスの「利己的な遺伝子」の概念は、広く知られているダーウィン的考えの多くがなぜ過ちなのかを説明する。ドーキンスの提唱した「ミーム」という刺激的な考えについては第4章で改めて述べるが、ドーキンスにとって、人間を含むすべての動物の中から集団行動があらわれる唯一の理由は、それが生命の真の設計者である遺伝子の利害に合致しているからだ。ドーキンスは、人間の肉体と精神の両方の機能は生化学的に調整されており、それらは畢竟《ひっきょう》、遺伝子の乗り物にすぎないと考えた。ドーキンスは肉体を「サバイバル・マシン」と呼び、遺伝子が目ざすのは、現在の乗り物である肉体に生殖を行わせ、次の「サバイバル・マシン」へと遺伝子を受け渡す確率を上げることであり、そのために肉体と精神の機能が生化学的に調整されているのだと主張した。

利他的な行動から都市や会社のような社会的組織に至るまで、すべてはドーキンスの理論によれば、この、遺伝子の保存を可能にする方向へと適合させられている。1976年に発表された著書『利己的な遺伝子』の中でドーキンスは、動物に見られる利他的行動に関する一般的な考え方を否定した。動物の利他的な行動は、種の保存を確実にするために発生した進化的特性だというのが一般の考えだったが、ドーキンスは、集団の利害は利他的な行動とは無関係だと主張した。関係があるのは、遺伝子自身の利益だというのがドーキンスの考えだ。

だが、ブルームの力強く広範な理論によって、集団の利害という概念は再浮上した。ブルームにとってゲノムそれ自体は、全体の利益にあわせて作用する密に連動したユニットの集まりだ。それは「組織構造の多様性が増せば、集団の生存可能性も高まる」と時間をかけて示すシステム・デザインのテンプレートになる。この考えは、ドナルド・トランプやマリーヌ・ル・ペン、そして「ブレグジット」を生むのに成功したイギリスのナショナリストらの政治的人物が唱える、不穏で排他的な考えとは対極にある。現時点では、ドーキンス的な考えとブルーム的な考えのどちらが正しいのかはわからない。だが、ソーシャルメディアのおかげでソーシャル・オーガニズムという生命体が、相互のつながりからアイデアを処理する力を高めた今、私たちは先の問いへの答えを手にできるかもしれない。

次の章では、これら二人の理論家が投げかけた根源的な問題を掘り下げていく。それはつまり、「人間の行動の理由は何なのか？」という問いだ。そして、それを探究するための材料がソーシャルメディアによっていかに提示されるかも見ていくことにしよう。

第3章 つねにつながらなければならない

プラットフォーマー・インフルエンサー・フォロワー

ガリ勉の子どもだったころ、初めてウルフの顕微鏡を買ってもらったときのことを、今もまだ覚えている。フランチェスケッティ先生がくれたカロライナ・バイオロジカル・サプライ社のカタログから、私はそれを注文した。その顕微鏡を使って観察した生物の中で、私がいちばん気に入ったのは、緑藻《みどりも》のボルボックスだった。緑色でまん丸いボルボックスは、世界各地の池に群生する生き物だ。顕微鏡の下に置かれたボルボックスは、とても美しかった。完璧な球体。そしてその球体の中で、ごく小さな緑色のたくさんの球体がキラキラと輝いている。ボルボックスは多細胞動物に分類されるが、こうした複雑な形をもつようになったのは今からわずか数百万年前、単細胞の組織体が寄り集まってコロニーを形成したときからだ。それから今日まで、ボルボックスは5万余の単独の組織体からなる群体として機能してきた。単独の組織体はコミュニティの母体の中で相互に関連しあい、「ホロニック」と呼ばれる構造を形成している。「ホロニック」とは、それぞれ単独な個体が他の個体と相互に結びつきながら存在している状態をさす。個体はどれも基本構造は同じだが、個々に別の目的をもっている。個体はそれぞれの行動を自律的に行うが、それでもそれらは本質的には、もっと大きな統合された全体の一部だ。ボルボックスの場合で言えば、それぞれの個体は独自の機能を発達させる。あるものは、全体のためのエネルギーをつくる光受容体になり、あるものは小さな鞭毛を発達させ、日光に向かって泳ぐ向日性の機能を担う。あるものは娘コロニーになり、生殖を助ける。

インフルエンサーとフォロワーと「ハイブリッド・ミーム」

ニューヨーク近代美術館には、オプテ・プロジェクトによるインターネットのみごとな視覚化図が飾られている（図表4下）。それを見たとき、私の心に即座に浮かんだのはこのボルボックスのイメージだった。オンラインの世界で個々のネットワークがどのように結びついているかを、洗練されたプログラムを使って何枚もの絵に移し替えたこの作品は、ボルボックスの

図表4　ボルボックスと“インターネット”

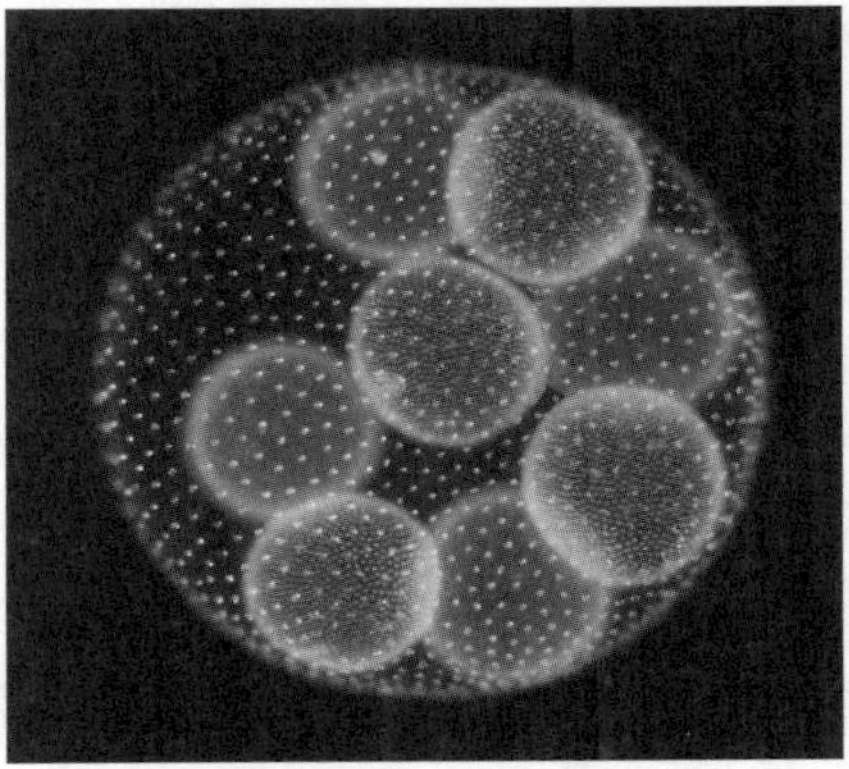

ボルボックス

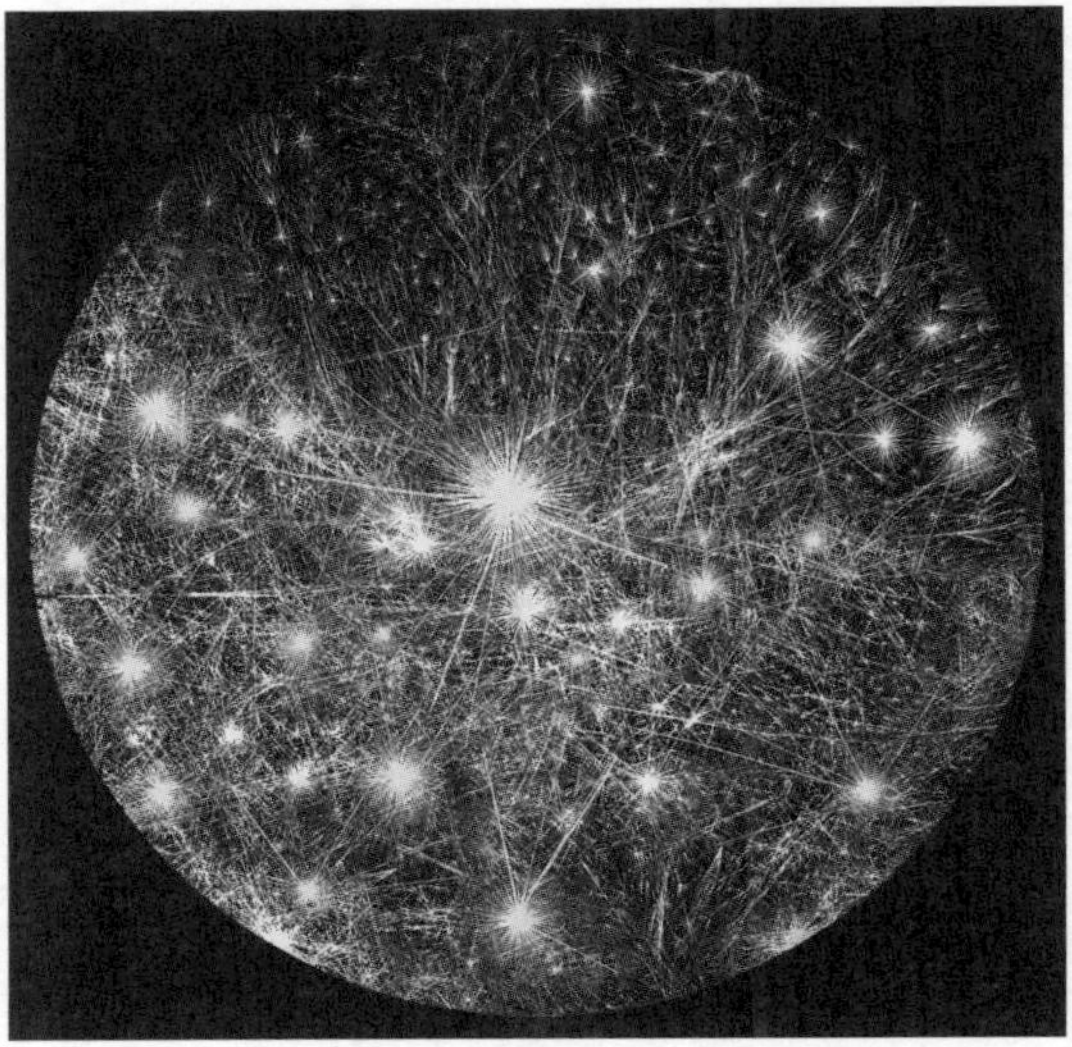

“インターネット”

顕微鏡写真と並べて見ると、驚くほどよく似ている。

オプテ・プロジェクトの絵からは、無数のノードのネットワークが分散的に結ばれているのがわかる。この絵は、ソーシャルメディアの現象を——たとえば、あるフレーズやニュースがネットワークをどのように流れていくか、「フォロワー」や「友だち」のネットワークがどのように合体したり橋を築いたりするかを——分析するためにつくられたその他の多くの視覚化のテンプレートになった。そうした図においてはかならず、オプテ・プロジェクトの絵に見られるような明るい点は、つながりが集中している箇所や、人と人とのつながりが生まれるハブの部分をあらわしている。ソーシャルメディアにあてはめればこれは、たとえばセレブやブランドや、独創的な考え方の人や、インフルエンサーや、とにかく多くの視聴者を引きつける何かをもっている人に該当する。ボルボックスの中の細胞と同じように、それらのまわりに形成される群れは外へと広がり、他の有機体と結びつきをつくり、メッセージを送る。これは、前に紹介した生物を定義する七つの法則の一番目「すべての生物は、細胞構造をもつ」と合致する。この法則から推論されるのは、有機体が複雑化するほど、細胞のタイプは特化および分化するだろうということだ。

ソーシャル・オーガニズムにこれをあてはめると、どういうことになるのだろう? ソーシャル・オーガニズムという構造のいちばん原初のレベルに存在するのは、大きく言えば「影響を与える者(インフルエンサー)」と「ついていく者(フォロワー)」の二つの役割だ。だがその段階からわずか数年で、もっと複雑でニッチな役割がつぎつぎ出現してくるのは読者もご存じのとおりだ。その中には、既存のアイデアを新しい派生的な芸術に転換させる――これは「ハイブリッド・ミーム」と考えていいだろう――アーチストやクリエイターのほか、いわゆる「荒らし」やその他の破壊分子など、ネット上の思想の流れに挑戦したり、方向を変えようとしたり、のみ込んでしまおうとしたりする人々もいる。各々の存在は他者に依存しており、それぞれのあいだの相互作用がなかったら、ソーシャル・オーガニズムという生命体は生きていくことができない。あるいはバランスを保つことができない。

続く数ページで紹介するのは、何人かのソーシャルメディアのエリートの横顔と、彼らのネットワークについてだ。そこからは、ソーシャル・オーガニズムの細胞構造について、鍵となる示唆が得られるはずだ。私の愛するボルボックスと同じように、ソーシャルメディアのネットワークを構成する細胞同士の関係は、**ホロニック**だと表現できる。つまり、それぞれの個体は自律していながら、もっと大きなシステムの一部として相互依存的に機能している。そしてその大きなシステムの中のヒエラルキーは、自動的に調節される。ホロニックは自然界の秩序をあらわしているが、その秩序は中央集権的な支配によって押しつけられるのではなく、あくまで有機的に湧きあがってくるものだ。こうした概念は、西欧の資本主義によって永続させられてきた垂直的な指揮統制システムへのアンチテーゼであるため、そうした伝統の中で育ってきた人々の目には、矛盾したものに映るかもしれない。そうした人々は、中央権力が欠落している状態を、カオスの一歩手前と見なすかもしれない。

だが、正しく言うなら、ソーシャル・オーガニズムの中にも秩序は**存在する**。そして、その秩序を認識できる人こそが、チャンスを手にできる。なぜなら、ソーシャルメディアの世界を混沌としか受けとめない人々とはちがい、そこにホロニックな構造を見てとれる人々は自身のネットワークをそれに順応させ、富を築くことができるからだ。

ヴァインに引かれる人々

オプテ・プロジェクトによるイメージ画（図表4）とそれに続いてあらわれたソーシャルメディア・クラスタの視覚化においては、この新しいコミュニケーション構造内の力関係が流動的だという事実が隠れがちだった。ソーシャル・オーガニズムの急速な進化とともに、インフルエンサーの役割や位置づけはつねに変化する。私が2011年にジオーディエンスを設立したとき、最初の顧客となったのは、ヒュー・ジャックマンやシャーリーズ・セロン、マーク・ウォールバーグ、ラッセル・ブランドなど、セレブになることがあらかじめ定められた人々で、彼らは自身のブランドを築いたり保持したりするためにソーシャルメディアのプラットフォームを使っていた。共同設立者であるショーン・パーカーいわく「デジタル移民」の彼らセレブはオンライン・マーケティングのネイティブではなく、時々ソーシャルメディアの世界にしぶしぶ飛び込むのは、そうすべきだと側近に忠告されたからだったり、ソーシャルメディアを追いかけること自体が価値の基準になりつつあったからだったりした。

どんなコンテンツが配信されるかを決めるのは、かつてはスタジオやレコード会社だった。そうした決定のシステムがホロニックなスタイルに――つまり、個々人が他者と協調しながらコンテンツの配信を決めるというスタイルに――ひとたび移行するや、クリエイティブ産業の内部の序列に大きな変化が訪れるのは必至だった。人と人を結ぶネットワークのまわりでまったく新しい影響力をもつ〝球体〟が発達しつつあるのを、私たちは今、目の当たりにしている。その球体の中には、今までとまったく違うタイプのセレブが鎮座している。その一人が、「ヴァイン」のプラットフォームで6秒間の短いふざけた動画を山のように生産し、一躍スターになったナッシュ・グライアーだ。

グライアーの6秒動画には、デジタル世代の子どもたちの琴線にふれるようなライフスタイルや存在のあり方が映し出されていた。グライアーは機知に富み、いたずら好きで、傲岸で、そしていささか自虐的なところがあるけれど、クールで、そしてここが重要なのだが、あまり威嚇的でない。彼のおどけたスラップスティック的なクリップには、自由気ままな空気が漂っている。その映像は、まるで彼と同じ世代の若者すべてに属するように見える。それは、年長者たちが足を踏み入れることのできない世界だ。そうしたレベルで人々とつながることによって、グライアーは何百万人ものファンを集めた。その多くは彼に熱をあげる女の子たちだったが、彼のようになりたいと願う若い男性のファンもいた。2013年にはグライアーはまだわずか15歳だったが、すでに680万余のヴァインのフォロワーがいた。2016年の中ごろにはフォロワー数は1270万人に達した。その中には、グライアーのクリップを合計で34億回も視聴した熱烈なファンの一派もいた（視聴回数は「ループ」で計測された）。このころグライアーはツイッターでも550万人以上のフォロワーを抱えていた。フォロワーの多くは、ただグライアーが言ったり行ったりしたすべてを追いかけ、リツイートするだけのためにツイッターのアカウントをつくった。

これはいってみれば、サブ・インフルエンサーが中心的インフルエンサーのために形成したネットワークであり、グライアー本人のネット上の生態系の中に、さらにもう一つの生態系ができたようなものだ。こうしたファンたちの長大な触手によってグライアーのネットワークは、おおかたのケーブル・ネットワークと同じほど巨大になった。グライアーのデジタルな人格は、彼にとってのいわば通貨だった。

グライアーはZ世代やミレニアル世代の多くの人々とつながり、彼らの生活を垣間見せるような動画をつくった。ヴァインのごく短い動画形式や、スナップチャットのたちまち消えていくメッセージ形式はそれにぴったりあっていた。無限に繰り返される短い映像からは——それらの一部はやらせ的なジョークやいたずらだったり、存在の「寒々しさ」をちらりとのぞかせる短い映像だったりしたが——はかなくて移ろいやすい見世物としての人生が浮かびあがってくる。

ヴァインのちゃらちゃらした安っぽい美しさは、ハリウッドのセレブの押しつけがましいほどの魅力を抑え、スターを普通の人として映し出す魔法の形式だった。ヴァインのスターである「ヴァイナー」の多くは、実生活でもメガ級のスターに上り詰めたが、それでも彼らが配信するのは愛すべき騒々しい子どもという大衆市場向けのイメージだった。だが、そうした反体制的なイメージの陰で、彼ら新しいセレブは独自の組織的な戦略を形成しつつあり、それによってみなが食い扶持を得、おたがいの影響力やその届く範囲を増強した。

狙った視聴者に手を届かせるユーチューバー

ヴァインというフォーマットは結果的に、若いフォロワーたちのあいだで大きな支持を集め、一つの産業とサブカルチャーを生むことになった。大手の広告主たちがヴァインに引き寄せられたのは、不思議のないことだった。コカ・コーラやヒューレット・パッカード、プロクター・アンド・ギャンブル、ワーナー・ブラザースなどは、コディ・ジョーンズやグレッグ・デーヴィス・ジュニアなどのヴァイナーたちとチームを組んだ(1)。私は当時、ナッシュ・グライアーの出演する6秒間の映像に2万5000ドルから3万5000ドルの値がつくのを日常的に目にした。そしてグライアーは、10万ドルという高額のオファーを受けることで知られるようになった。リッツ・クラッカーのナビスコは、十代のヴァイナーであるレレ・ポンズを獲得し、(2)広告に起用した。女性のヴァイナーの中で一番人気だったレレ・ポンズは1000万人を超えるフォロワーを抱えており、彼女の動画の「ループ」は合計で75億回を超え、ヴァイナーの中でも最多だった。リッツ・クラッカーはこのレレ・ポンズのふざけたキャラクターとスラップスティックなスタイルをコマーシャルに取り入れ、ポンズが人々のリッツ・クラッカーをひょいと奪っていく映像を流した。

世界でもっとも成功したヴァイナーであるアンドリュー・バチェラーは、キング・バッチという名前のほうが知られているが(彼は1500万人のフォロワーをもち、ループの合計回数は56億回に上る)、動画に対するたくさんのスポンサーからのオファーを断るいっぽう、テレビや映画の世界に進出し、(3)『ブラック・ジーザス』や『ザ・ミンディ・プロジェクト』などの番組に出演することで、その名声から大きな利益を生み出した。2013年3月にキング・バッチが投稿した「ゲットー・ビート・ダウン」という6秒動画は、ザ・チェインスモーカーズのヒット曲「#Selfie」から派生した作品で、そのプロモーションはジオーディエンスが行った。キング・バッチの動画は新しい膨大な数のデジタル・オーディエンスを「#Selfie」にもたらし、動画がブームになった2か月間、元歌である「#Selfie」の動画の一日の視聴回数を80万回から150万回へと押しあげた。これは、この有機的に結ばれた新しいネットワーク構造を大物インフルエンサーたちがどのように利用して、情報を有機的に広めているかを示す好例と言えるだろう。

　ヴァインは音楽のプロモーションの分野でも、コンテンツの短さを逆手に取り、稀有な成功をおさめた。マイケルとカリッサの夫婦デュオは2011年からフォークやポップ音楽のレコーディング活動をしていたが、彼らがブレイクしたのはヴァインのプラットフォームに6秒動画を投稿し始めてからだった。それから1年後、二人はヴァイン出身のアーチストとして初めてリパブリック・レコードと契約を結び、[4]注目を浴びた。同じころ、カナダのシンガーソングライターで当時15歳だったショーン・メンデスもヴァインの世界に進出し、[5]2年後には450万人のフォロワーを抱え、2枚のアルバムを出すまでになった。メンデスはさらにテイラー・スウィフトのワールド・ツアーの前座もつとめ、シングル曲「Stitches」はビルボード・チャートの一位に輝いた。600万のフォロワーと18億のループを誇るジャック・アンド・ジャックの2人組は、高校の同級生からヴァインのコメディ・デュオとしてブレイクし（彼らのコンテンツパッケージ制作や広告契約には私も尽力した）、やはり「ワイルドライフ」などの曲でアイチューンズ・チャートの一位に上り詰めた。

　次に紹介するのは、非常に年若いスターたちを含むユーチューブ長者らだ。[6]いちばん収益を上げたモデルから紹介しよう。それは、おもちゃのレビューだ。当時8歳だったエヴァン少年のおもちゃ批評を父親がビデオに収めたEvanTubeHDというユーチューブ・チャンネルは大人気を集め、推定130万ドルの広告料を稼ぎ出した。おそらくそれよりもっと幼い日本人の二人の子ども「かんなとあきら」のレビューも、２０１３年に３２０万ドルを稼いだと見積もられている。だがこの分野でいちばん成功したのは、「ＤＪトイ・コレクター」と呼ばれるサイトのもち主である不詳の人物だ。この人物は「顔出し」を一度もしたことがないが、美しく塗られたネイルから若い女性だと思われる。彼女がディズニーの玩具のパッケージを開け、組み立てるようすを写した動画サイトは、ビデオデータ分析会社オープンスレイトによれば、２０１４年に４９０万ドルの広告収入を得た。これはユーチューブの広告収入第二位のテイラー・スウィフトの動画に対する、同年の広告収入額を上回っていた。

ユーチューブの世界で第三位の稼ぎ手であるピューディパイことフェリックス・アルヴィッド・ウルフ・シェルバーグは、スウェーデン人のゲーム・コメンテイターだ。彼が行っているのは、ゲームをプレイしている動画に実況コメントを行う「ゲーム実況」と呼ばれるたいへん人気のあるジャンルだ。ピューディパイのチャンネル登録者は４０９０万人に上り、動画の視聴数は１１０億回を超える。２０１４年の年収は４００万ドルと言われている。

これまで挙げた人物の中で、大半の読者が名前を知っていたのはおそらくテイラー・スウィフトとせいぜいショーン・メンデスくらいだろう。残る無名の彼らは、私やもっと年上の世代が「だれもが知っている名前《ハウスホールド・ネーム》」と呼ぶたぐいの有名人ではない。だが、狙った視聴者に手を届かせる彼らの能力は、伝統的な報道機関のそれよりはるかに進んでいる。ブランドであれ組織であれ、最大の視聴者層に正しく到達したいと願う者には、この新しい構造を把握し、先に挙げたような新しい独立的なスターの力強い仲介を得ることが必須になるだろう。

勝者はごく一部に限定

ソーシャルメディアのインフラである人間のネットワークにおいて、影響力はけっして均等に分散されているわけではない。仮にツイッターを一つの国と考え、フォロワーの数を歳入とするならば、その分布は、悪名高いアメリカ経済のゆがんだ所得配分よりもさらにもっと不平等なものに見えるはずだ。オライリー・メディアによる２０１３年の調査によれば、(7) ツイッターアカウントのフォロワー数で並べると、トップの１パーセントは平均で２９９１のフォロワーをもっていた。これは、当時の中央値の平均のおよそ50倍に該当した（アメリカ国民の収入について言えば、トップの１パーセントの人々は中央値のおよそ8倍の収入を得ていると見積もられる)。ツイッターアカウントのさらに上位０・１パーセントに限定すると、中央値との差は４０９倍まで広がる。そしてこれは２０１３年の話なので、上位０・１パーセントのグループの平均フォロワー数も２万４６２にとどまっていた。

さらに言えばこの調査では、ツイッター界の「ビル・ゲイツたちやウォーレン・バフェットたち」が影響力の配分曲線をゆがめていることが言及されていない。レディー・ガガやジャスティン・ビーバーやケイティ・ペリーや、セレブ中のセレブであるオバマ大統領らメガ・インフルエンサーたちは、4000万を超えるフォロワーを抱えると言われている。

ここで言及しておく価値があると思われるのは、この影響力の不平等な配分と人々の収入に相関性が認められることだ。フォロワー数のいちばん頂点にいるエリートたちは、経済的にもうまくやっている人々だ。アメフトやバスケットボールの大学リーグでトップになったもののの、プロリーグに入ることはできなかった選手と同じように、ユーチューブやヴァインや、その他の広告料で稼ぐプラットフォームにはそうした、才能はあるけれど、大スターにはなれなかった人々があふれている。

たとえばブリトニー・アシュリーは、バズフィードが発信する四つのユーチューブ・チャンネルでもっとも有名な大物スターの一人で、四つのチャンネルの登録者数は1700万人を超え、インスタグラムにも7万余のフォロワーをもっているといわれる。それでも彼女は生計を立てるために、ウェスト・ハリウッドのレストランでウェイトレスとして働かなければならない。「フュージョン」の記者であるガビー・ダンは、アシュリーや他のオンライン・パーソナリティなど、生活費を稼ぐための仕事についてファンからあれこれ言われている人々について、次のように書いている。(8)「ソーシャルメディアで名を知られているスターのおおかたはみな、〝リアルな〟仕事をするには面が割れすぎているが、それをしないわけにはいかないほど困窮している」。相互シェアの合意をつくり、ユーザーがフォロワーのネットワークを共同利用できるようにしようという試みは今、MITメディアラボのマクロ・コネクションズ・グループの「シャウト！」プロジェクトなどで行われているが[9]、それらによって将来的には、ソーシャルメディアの経済が弱者にとっても改善される日が来るかもしれない。だが現在のところは、世界中に10億以上のソーシャルメディアのユーザーがいるのに比して、その中で勝者になれるのは一握りの人々に限られているようだ。

それでも、ソーシャルメディアのマーケティング術を十分に理解した一部の新参者たちの手に、力が大きく移行しつつあるのは否定しがたい事実だ。ナッシュ・グライアーのような一種の自家発電型だろうと、バズフィードのようなもう少しプロらしく製作されたユーチューブ・チャンネルを使おうと、それらの人々が共通してもっているのは、マーケッターやコミュニケーターになくてはならない資質――つまり、大量の視聴者に直接狙いをつけ、自在に操る能力だ。これはマスメディアの進化という観点からは、どのように見るべきなのだろう？　大きな影響力と視聴者を獲得したこれら一握りのインスタント・ミリオネアたちは、それだけでもう、文化の制作を独り占めすることになるのだろうか？　これら十代のいたずら者たちが、私たちのコミュニケーション・システムの新しい指揮者になるのだろうか？　人生の馬鹿げた局面についての、往々にして他愛ない、いささかナルシスティックなコメントばかり口にしている彼らが？　このおどけた子どもたちが、過去には教会や新聞やテレビのネットワークが担ってきた役につこうとしているのだろうか？

ある程度は、そうだと言えるだろう。だが、ここからが重要な点だ。彼ら新参者は権力のかなめをそれほどしっかり握っているわけではない。彼らによる市場の支配は、伝統的なメディア会社がしてきたように、規模の経済に支えられているわけではない。昔、新聞がメディアの巨人だったころ、印刷や配達のための投資が高額すぎて小規模な競争者たちは市場に参入することができなかったが、ソーシャルメディアの寵児たちはそうしたバリアに守られていない。ソーシャルメディアのインフルエンサーたちの力はむしろ、彼らが自身のファンや友人と結んだ信頼や心のきずなの上に築かれている。彼らソーシャルメディアのスターたちは、フォロワーの協力がなかったら、あるいはコンテンツを配信する民間のプラットフォームがなかったら、ほとんど無に等しい存在なのだ。

「リアリティショー」の市場

生物学の世界にあてはめると、こうしたスーパー・ユーザーは、疫学者が「スーパー・スプレッダー（訳注：他人への感染力が著しく強い、特定少数の患者）」と考えるものに近い。他者への感染力が特別に強いこうした人々は、生物学的ウィルスの拡散においてきわめて大きな役割を果たす（スーパー・スプレッダーは一般的には人口の20パーセント程度だが、疫病が流行したときにはすべての感染の約80パーセントにスーパー・スプレッダーが関与していることがわかっている）[10]。だが、どれだけ強い感染力があろうと、スーパー・スプレッダーが人々に強いインパクトを与えるのは、彼らが広めているウィルスを他の人々が受け入れるからこそだ。影響力を保つためには、ソーシャルメディアのエリートは自分たちのつくったアイデアをたえずフォロワーに反復させたり複製させたり共有させたりする必要がある。この配信ネットワークの成功は、正しい相手に――つまりこちらが与えた情報をぜひともシェアしたいと思ってくれる人々に――コネクトできるかどうかの能力に全面的にかかっている。

こうしたインフルエンサーがどれだけ力をもつかは、ネットワークを築く能力に左右される。彼らはそれを、光ファイバーのケーブルを広げることによってではなく、人と人との目に見えないつながりを築くことで行う。その戦略は二層になっている。視聴者の心が求めているコンテンツ配信に重点を置き、大勢のファンを育てるのが一つ。そして、他の強力なネットワーカーとの密な社会的きずなを、自分の作品で相手を魅了したり個人のつながりを結んだりすることで築くのがもう一つだ。非常に多くのファンとつながっている大物インフルエンサーたちの中枢グループを利用できれば、巨大なネットワークへメッセージを非常に素早く送り出すことができる。

ナッシュ・グライアーやキング・バッチに率いられ、デジタルの時代に登場した「悪ガキども」の中には、ジャック・アンド・ジャックやマシュー・エスピノーサ（フォロワー数600万）、ナッシュ・グライアーの弟のヘイズ（フォロワー数420万）、ショーン・メンデス、そして一時的ではあったが、カーター・レイノルズという若き扇動家（フォロワー数440万）もいた。彼らはたがいのヴァイン動画にゲスト参加したり、たがいのミュージック・ショーに出演したりすることで、そしてもっと重要なことには、たがいのブログをリポストすることで、協力しあっていた（ジオーディエンスではこうした現象を「交差的大衆化《クロス・ポピュラリゼーション》」と呼んでいた）。彼らはみなでハリウッドに移り住み、日常生活をじっさいに一緒にコーディネートできるようになった。それはまるで、リアリティ・ショーをじっさいに生きているような、あるいは、つねにソーシャルメディアという舞台で演技をしているようなものだった。そして彼らは独自な、ソーシャルメディア的なやり方で、「有名であること」と「影響力をもつこと」がよそ者を入れないバリアになる、現代の寡占体制を築いた。

だがこの保護バリアは、レンガとモルタルの時代の独占体制のころほど堅牢ではない。ヴァインの「悪ガキども」の寡占体制の弱みは、相互の利益を土台に築かれたソーシャル・ネットワークが、それらの利益に反する行動を誰かがとったとき、バラバラに崩れてしまう危険性があることだ。古いメディア構造においては、外に出されるものをトップダウン式のヒエラルキーが監視していた。メディア会社は、市場で占める位置を危うくするような素材をぜったい外に出させないため、発表前にかならず入念なチェックをした。だが、ソーシャル・オーガニズムのホロニックな構造の中では、コンテンツの制作と配信はどちらも自律的に行われるため、古い時代のように計算されたコントロールをコンテンツに対して行うのは不可能だ。そしてここが重要なことだが、人間は――とくに十代の人間は――過ちを犯しやすい。

いつでもシェアを

この問題について参考になるのが、カーター・レイノルズが自身のコンテンツ配信のコントロールを急速に失ったときのエピソードだ。[11] レイノルズは、ヴァインで大成功した大物の一人だった――しかしそれは、２０１５年中ごろまでのことだった。そのころ、あるハッカーがレイノルズのセックス・ビデオを入手し、暴露した。そこにはレイノルズが、当時16歳でときおりヴァインにも登場していたガールフレンドのマギー・リンデマンにオーラルセックスを強要する場面が映っていた。リークに続いて、一種のメルトダウンが衆目の中で始まり、改悛の試みとその失敗があり、#MaggieandCarter のハッシュタグでトレンド入りしたマギーに対するツイッターでの非難の嵐があった。決定的な瞬間は、レイノルズが長い、漫然としたビデオを制作したときのことだ。カメラを回しているときに携帯電話が鳴った。レイノルズはそれをマギーからの脅迫メールだと視聴者にその場で説明し、さらに、彼女から以前「ヘイズ・グライアーとも口でやった」と打ち明けられたことがあると説明した。ヘイズ・グライアーは、ヴァインのスーパースター（敬虔なキリスト教徒でもある）のナッシュ・グライアーの弟で、レイノルズともしばしば一緒に仕事をしたことがあった。

こうした一連のスキャンダルが原因で数百万人のファンがレイノルズから離れ、当然ながら広告収入は干上がった。同じほど重要なのが、レイノルズがヴァインの仲間たちから切り捨てられたことだ。2015年の終わりごろ、レイノルズによるヴァインのページにはまだ400万以上のフォローがついていたし、悪名を馳せたとはいえある程度の魅力は保持しており、スキャンダル以降のヴァインも100万以上視聴されていた。だがこれは、その年の前半にレイノルズが叩き出していた数百万回のループの半分にすら、遠く及ばない数字だった。2016年にはすでにレイノルズはヴァインへの出演を完全にやめ、彼のページにあらわれるのは、他のヴァイナーたちがその半年前に投稿した三つの「リ・ヴァインド」クリップだけになった。ツイッターやインスタグラムやその他のプラットフォームで、昔つながっていた仲間たちから「シャウトアウト」（訳注：自分のフォロワーに別のユーザーを紹介して、その人をフォローする、またはいいね！を押すことをすすめること）がもらえなくなったレイノルズは、彼らと同じ視聴者に手を伸ばすことができなくなった。ソーシャル・オーガニズムにおいては、何かを与える者は、奪う者でもあるのだ。

社会的なつながりやネットワークは、こうした若いスターたちの名声のまさに根本だ。そして、そうしたつながりは切れることがある。カーター・レイノルズのような人はあまりにもあっけなく世間から消えていく。もっと伝統的なエンターテインメントの分野なら、不祥事を起こしたセレブも、もっと長く名声にしがみついていることができる。タイガー・ウッズしかり、メル・ギブソンしかりだ。ここでの教訓は、ソーシャルメディアの影響力は強力でかつ儚いものだということではない。ソーシャル・ネットワークの効力を持続するためには、つねに支え、栄養を与える必要があり、リブログやリツイートやリポストやシェアが絶えないようにしなくてはならないのだ。ここで登場するのが、生物の四番目の法則だ。つまり、ホメオスタシスの安定した状態を保つためには、有機体の代謝の経路を——この場合で言えば、社会的なつながりを——開放し、切れないように保たなくてはいけないわけだ。

テイラー・スウィフトの巧妙な戦略

私たちはジオーディエンスの仕事で、フォロワーとのつながりをいかに保つかについて多くを学んだ。私たちがインフルエンサーとのあいだに関係を築き、それをネットワークにもち込んだのは、成功の重要な要因だった。こうした明確なきずながあるからこそ、地球のあちこちにいる数億もの人々にメッセージを高速で伝えることができた。だが、それと同じほど重要なのは、私たちと関係を結んだインフルエンサーが自身のネットワークを管理することだ。インフルエンサーたちは、信用と忠誠を培うのを助ける良質なコンテンツを着実に送り出すことで、自身のフォロワーとの積極的なつながりを保たなくてはならない。そうすることこそが、ソーシャルメディアの時代におけるネットワーク・メンテナンスだ。伝統的なテレビ放送の世界では、ネットワークのメンテナンスと言えばそれは、カメラや電波塔やケーブルの維持管理をさすが、ソーシャルメディアにおいては、それは人と人の心のつながりを保つことにほかならない。視聴者や読者はもはや単なるオーディエンスにとどまらず、配信システムそのものでもあるのだ。

ポップカルチャーの世界においては、ネットワーク・メンテナンスの女王はテイラー・スウィフトだ。テイラー・スウィフトはショー・ビジネスの世界では文句なしに、もっともパワフルな女性だ（オプラはさぞ羨ましがっていることだろう！）。スウィフトは単身でアップル・ミュージックに――消費者向け製品のメーカーとしては世界で最大の成功を収めているあのアップルに――対抗して立ち上がり、アーチストへのロイヤリティに関する方針を一晩で変更させるのに成功した。そのためにスウィフトが行ったのは、アップルに彼女個人を差出人とする公開書簡を送ることだった。書簡が効力を発揮したのは、単に彼女の音楽の質ゆえではない。背後に忠実なフォロワーたちが大勢存在していたからだ。スウィフトのインスタグラムのフォロワーは5000万人以上で、サイト内でも最高レベルを誇り、フェイスブックには7300万の「いいね」がついていた――つまり、フランスの人口よりもたくさんの人々の関心をスウィフトは引きつけていたということだ。

だがテイラー・スウィフトが、「テイラー・スウィフト」と呼ばれるキャラクターのパフォーマンスの場としていちばん好んだのは、タンブラーだった。タンブラーのサイトで彼女は、

「スウィフティーズ」を自称する世界中の若いファンのコミュニティとのあいだに、心からの愛情や深い信頼感や忠誠心を育んだ。そのために彼女が行ったのは、たとえば、ファンの玄関先に自分で手配したクリスマス・プレゼントを携えてあらわれたり、そのサプライズ訪問の動画を投稿したりするというものだった。嬌声をあげるファンで埋めつくされたスタジアムを長い足を誇示するように歩くアクションショットに加え、スウィフトは、ヴァインのスターと同じように、親近感を通じて相手とつながろうとする映像やちょっとした冗談の動画を配信した。それはたとえば、飼い猫と一緒の自撮り写真だったり、パジャマ姿で歩くショットだったり、ガールフレンドたちをハグしている映像だったりした。

スウィフトのBFF（Bestfriend Forever：永遠の親友）は、正確には一般人ではない。スウィフトとの交遊をよく報道される若い女性のインフルエンサーの中には、歌手のセレーナ・ゴメスやファッションモデルのカーリー・クロスなどがいる。そこからはまた、仲間のインフルエンサーからなる内部の強力なサークルが、本人の影響力をどれだけ増大させるかが示されている。かつて子役として活躍したゴメスのスターとしての吸引力は、それ自体、強烈だ（ゴメスのインスタグラムのランキングは、ナンバーワンであるスウィフトのわずか二つ下だ）。ゴメスは（マイリー・サイラスが得意とする）「グッドガール・ゴーン・バッド」的なイメージの外的人格をつくることで、十代の若者たちを魅了した。それは、もっと健全な自己像をつくりあげたスウィフトよりもむしろ成功した。多くの人々は、ゴメスの出演した2013年の映画『スプリング・ブレイカーズ』が成功したのは、映画からとられた、ゴメスが水ギセルを吸っているGIF動画が広く共有されたからだと考えた。ハーモニー・コリンが監督したこのギャングたちのドタバタ劇のマーケティング戦略を考えたのはわれらがジオーディエンスで、その正統的でない手法は大きな成功をおさめた。ゴメスの魅惑的な自己ブランド化を助長した一つの要因は、不良少年ふうのポップスター、ジャスティン・ビーバーと彼女が以前、恋愛関係を噂されていたことだ。ジャスティン・ビーバーはツイッターでナンバーワンのケイティ・ペリーに次ぐフォロワー数を誇り、インスタグラムのアカウントでは第5位という人物だ。

だが、単に性的な魅力や仲良しのセレブ同士で群れていることだけが、売れる要因ではない。テイラー・スウィフトの巧妙なファン・マネージメントおよびネットワーク・メンテナンスの戦略には、もっとはるかに人間的な手ざわりが使われている。ビル・クリントンの親しみやすい性格が、政治的ネットワークを築くすぐれた技術として役立ったのと同じように、25歳のスウィフトは、人間的なジェスチュアがどれだけ多くの影響力をもたらすかを実地で示した。スウィフトは#ShakeitupJaleneというハッシュタグによって、ジャリーン・サリナスという末期の脳腫瘍に侵された4歳の少女の最後の願いが、スウィフトと一緒に「Shake It Off」を踊ることだと知った[12]。スウィフトはジャリーンとその母親にビデオ電話をし、テレビカメラがその感動的な場面を映像にした。別のときには、白血病と闘っているナオミ・オークスという11歳の少女に5万ドルの寄付を行った[13]。4歳の娘を癌で亡くしたという母親に、コンサートのとき涙ぐみながらエールを送り[14]、自分の母親も同じ病と闘っている事実を明かしたこともあった。

スウィフトの慈善的なジェスチュアは計画的で、利己的なものであるかもしれない。だが、たとえそうであっても、その巨大で国際的なスケールのファン・マネージメントとフォロワー・マネージメントには感服せざるをえない。傑出した才能がなくては、7500万人に語りかけているのに、その一人ひとりに「個人的に語りかけられている」という感覚を抱かせることは不可能だ。そうした幻想をつくりあげるためには、ソフトな手ざわりの小さな行為が必要になる。それによってテイラー・スウィフトのファンは、彼女と深く結びついているという気持ちを抱くようになる。それは、「リアーナ・ネイビー」の信者が自分たちのアイドルであるリアーナとのあいだに感じる結びつきよりもはるかに強い。それはリアーナの（おもにインスタグラムによる）ソーシャル・イメージが、ファンとの個人的な結びつきよりも、セクシーでグラマラスなアピールに依拠しているからだ。

スウィフトが才能に恵まれた精力的なパフォーマーであることは明らかだ。だが、残りの部分――つまり、彼女がソーシャルメディアで示している、親しみやすくて心が広くて、どこから見ても良い人間というイメージ――もまた重要なのだ。二つの要素は合体して同じ一つのパッケージになっている。それらはともに、コミュニケーションのネットワークが感情によって支配されるこの新しい時代において、名声というメカニックがどのように作用するかをあらわしている。ソーシャルメディアがホロニックな構造をもち、その中でネットワークを構成する個々のメンバーが潜在的視聴者であると同時に配信システムでもある以上、感情は今や、アイデアや芸術的な作品を広める第一のツールなのだ。

ホロニックという概念

神の存在についての古来の議論はともかく、自然界に、ものごとを指図するような専制君主は——慈悲深かろうとそうでなかろうと——存在しない。それはソーシャルメディアのネットワークについても同じだ。ホロニックな構造は、ソーシャル・オーガニズムについて考える有効な手段だが、いっぽうで、生命そのものを説明する素晴らしい包括的な枠組みでもある。

ホロニックは生物哲学として表現されることもあるが、物理学やシステム・デザインから生まれた概念でもある。1960年代にアーサー・ケストラーによって開拓され、ケン・ウィルバーらによって深められたこの考えは、オンライン経済がネットワーク理論を再燃させたのをきっかけに、ふたたび脚光を浴びるようになった。ホロニック的な世界観とは、相互依存的なヒエラルキーと「ホロン」と呼ばれるサブ・ヒエラルキーが世界を構成するというものだ(「ホロン」という言葉は「ホリスティック」と同様、「全体、完全な全体性」を意味するギリシャ語「ホロス」に由来する)。各々のホロンはそれ自体で完結し、自律しているが、同時にもっと大きなホロンの一部であり、大きなホロンに依存している。そして、そのもっと大きなホロンが、さらに高次のホロンを形成する。ホロンの本質は二元的だ。それが全体であるか部分であるかは、見る側の視点に左右される。ホロンは全体として、どんどん大きくなるロシアのマトリョーシカ人形のように、相互依存の連鎖を形成する。

このアイデアは、万物についての理論に敷衍《ふえん》できる。この包括的なアイデアを着想したケストラー(15)はユダヤとハンガリーにルーツをもつ知識人で、多言語をみごとに操る広い心の人物だった。彼は生涯をヨーロッパのあちこちで過ごし、左翼的な哲学と右翼的な哲学のあいだで揺れ、生涯にわたってカテゴリー化を否定し続けた。ブダペストに生まれ、オーストリアで教育を受け、大人になってしばらくはパレスチナのキブツで過ごした。ヒトラーのナチズムがドイツ国民の支持を集め始めた1930年代に、ドイツ共産党に入党。スペイン市民戦争の支持者らのために、反フランコのスパイとして活動もしている。だがスターリンに幻滅してからは、がちがちの反共産主義者に転身し、第二の故郷となったロンドンで活動を行った。ケストラーはジャーナリストとして、エッセイストとして、そして小説家として、記事や書籍など多くの作品を残した。手がけた書籍は伝記、哲学、生物学、宗教書など、フィクションとノンフィクションの両分野に及ぶ多彩なものだった。1983年、パーキンソン病を患っていたケストラーはさらに癌の告知を受け、妻のシンシアとともに睡眠剤とアルコールを大量に飲み、みずから命を断った。

ケストラーは1967年に発表した著書『機械の中の幽霊』（日高敏隆・長野敬訳、ちくま文庫、1995年）の中で初めてホロンの理論を提唱し、そこから「ホロニック」の概念が生まれた。[16]このホロニックという概念は、ケストラーが西洋思想に対して行った最大の貢献と言ってよいだろう。何世紀にもわたって受け継がれてきた「世界は中央集権的な力によって定義され、人間による支配はそうした力によって確立された」という考えをもつ人々は――その種の思考形態こそがのちに、ホロコーストやスターリン主義のような権威主義の恐怖を生むもとになったのだが――存在の性質を理解する新たな枠組みとしてホロンを提唱したケストラーを激しく批判した。ケストラーが自説を紹介するさいによく引用したのが、二人の時計職人の寓話だ。それはノーベル経済学賞を受賞したハーバート・A・サイモンが、単純なシステムからいかに複雑なシステムが生まれるかを説明するためにしばしば用いたエピソードだ。サイモンの話には二人の時計職人が登場する。どちらの職人も、1000個の小さな部品から素晴らしい時計をつくりあげる力がある。だが、作業をしているとき、どちらの職人も、しばしばかかってくる電話を受けるために仕事を中断しなくてはならない。二人のうち一人は、仕事を中断されてもきちんと時計を完成させることができたが、もう一人はできなかった。なぜだろう？　うまくいかなかったほうの職人の場合、電話を取るたび、作業中の時計はバラバラになり、一からつくり直さなければならなくなった。いっぽううまくいったほうの職人は、１０００個の部品から10個ずつの部品を組み立ててモジュール配置をつくっていたので、受話器を置いたあと、全体をまとめる作業にそのまま進むことができた。

この基本的な考え方——つまり、安定した中間形態をつくることで、単純なシステムが複雑なシステムへと発展するための土台が断続的に提供されるという考え——は、包括的な概念である「ホラーキー」につながっていく。この考えは、生命の形成やアイデアの発展など広範なものごとを説明できるが、この一見混沌としたソーシャルメディアの世界の中で無数の自律的なノードが、自分でもそれと気づかぬまま一種の秩序や構造に従っていることも、この考え方で説明できる。

支配ではなく相互依存

もしあなたがボルボックスの写真を見たら、球の中に小さな球がたくさん存在している構造が、ケストラーのモデルにぴったり合うことがわかるはずだ。だが、ホロニックはもっと複雑な有機体にも等しくあてはまるし、その有機体が暮らす生態系にもあてはまる。いいかえれば、ほんの小さな分子から宇宙《ユニバース》——あるいは多元宇宙《マルチバース》——全体の構造にまで、この考えがあてはまるのだ。「羊」という概念を例にとると、生化学的化合物から細胞、臓器、体へと進歩していくすべての段階にこのホロニックなヒエラルキーが存在し、そして農場にいる羊の群

図表5　生命の全般的支配のかたち

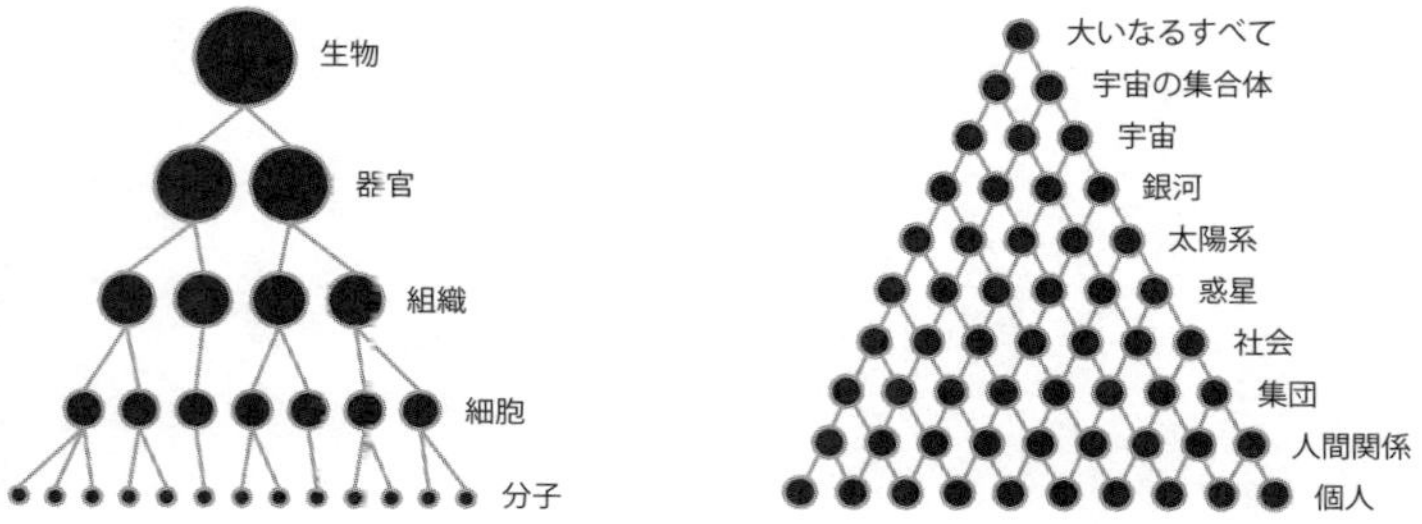

れにも、（メリノなどの）種にも、さらには「オウィス・アリエース（ヒツジ）」という属にも、ホロニックなヒエラルキーが見てとれる。ユニットが多数集まったものが組み合わさり、世界全体の生物学的多様性が生まれる。それぞれのユニット（ホロン）は——それが細胞であれ、羊という多細胞生物であれ、属する群れであれ——みな、一つひとつが独立していると同時に、それぞれが属するもっと大きなグループに依存している。未来学者にして哲学者、そしてシステムエンジニアでもあるフレミング・ファンチによる二つの図（図表5）からは、[17]この構造が、生物学的なホラーキーを説明するうえでも、もっと普遍的なホラーキーを説明するうえでも役に立つことがわかる。生命の全般的な支配のかたちは、まさにこのホラーキーであるのだ。

じっさい、ケストラーの美しいモデルは、ソーシャルメディア・ネットワークを含むあらゆる存在に適用することが可能だ。そのモデルからは、インフルエンサーと、インフルエンサー同士からなる内側のサークル、フォロワーたちの結びついたクラスタ、情報を共有するもっと広いプラットフォーム、そしてさらにもっと広いソーシャル・オーガニズム全体という生態系との関係が説明される。生物界のホラーキーと同じように、ソーシャル・オーガニズムにも正式なリーダーは——民主主義的に選ばれたものであれ自薦であれ——存在しない。ソーシャル・オーガニズムの土台にあるのは相互依存的な関係のデジタルな枠組みであり、それがシステム自身の進化と拡大を可能にする。

たしかに今のソーシャル・オーガニズムは、あまりよく構築されたホラーキーではなく、公共の利益に役立つという理想のかたちではない。だが、それがどのように組織されているかを理解することは、この先、その改善に役に立つはずだ。じっさい、テクノロジーの未来においては、そうした理解は必須だ。生物の世界においては、ハチやシロアリなどの社会的な昆虫の共同作業が、ホロニックの概念で説明される。小山の中でシロアリたちに指示を出す支配者は存在しない。それぞれのシロアリは遺伝的に組み込まれた「プログラム」——これ自体、偉大なる進化のアルゴリズムがもたらしたものであるが——に従い、集団にとって利益となる方向を仲間から感じとり、それに反応する。シロアリたちに影響を与えるのは生物学的信号だ。

ここで、自動運転車を設計しているグーグルのエンジニアのことを想像してみよう。自動運転車は、同じように設計されたたくさんの車と相互に作用しあう。すべての自動運転車は、乗客というコミュニティ全体のために交通経験を最適化するようにつくられている。グーグルの本部には、たとえば航空管制塔のような、すべての車に指示を出すスーパーコマンド・コンピュータが存在することにはおそらくならない。自動運転車のシステムが機能するのは、中央からの命令を受けてではなく、それぞれの車が他の車の動きを感じとり、それに自分の「行動」を適応させられるように反応をプログラムされているからのはずだ。このアプローチをとればグーグルのエンジニアは、リーダーがいなくても機能するホロニックな交通システムを開発できる。それが実現すれば、人間が車を運転している現在よりも、乗客はそれぞれの目的地により早く、より安全に送り届けられることになる。

シロアリと比較されるのは心外かもしれないが、ヴァインの「悪ガキたち」やテイラー・スウィフトの「永遠の親友」もまた、ホロニックな構造の創造行為における「労働者《ワーカー》」にほかならない。彼らはシロアリのように山をこしらえたり、効率的な交通パターンを構築したりはしないが、たがいの協力を通じて外的人格をつくりあげている。それぞれのインフルエンサーは独自に創造性を発揮するが、同時に、共通する価値観や思考パターンの全体的な枠組みの中で働いている。価値観の共有によって、インフルエンサーは視聴者とつねに連結し、フォロワーたちの感情共有の土台になることができる。たった一人のヴァインの（あるいはツイッターの、あるいはインスタグラムの）ユーザーが別の誰かとソーシャル・オーガニズムの中でつながりあうと、それは、彼らのインフルエンサーの外的人格を通じて表現され、ひるがえって彼、

ら自身の人格になる（ここで論じている人格についての概念は、アイデンティティやパーソナリティに関して西洋で伝統的にリベラルとされてきた考えよりも、さらにもっと流動的だ。これについてはのちに第5章で詳述する）。

トップダウン式企業は競争力を失う

ソーシャル・オーガニズムが進化し、私たちのコミュニケーション手段が伝統的な装備重点型の情報配信モデルを脱却し、自律的な心と心のホロニックな関係を土台にした新しいモデルへと移行するにつれ、社会全体もそうした動きを認識せざるを得なくなるだろう。それを始めるのに適した場所は、資本主義の大黒柱である企業だ。メディア企業が、昔ながらのトップダウン方式で権限を与えるやりかたに固執したり、独占にこだわり続けていたりしたら、ソーシャルメディアの急速な需要に追いつけなくなるという話はすでにしたが、この問題は、プレ・ソーシャルメディア的な企業の中ですでに起こりつつある。

組織の設計を考えるうえでいちばん重要なのは、最適な判断を随時行い競争力を保てるようにするために、効率的なコミュニケーションの流れを――たとえば内部的には労働者、仕事のグループ、管理職、株式の保持者、そして外部的には供給元、契約者、消費者、さらには公衆などとのあいだで――可能にすることだ。トップダウン式のコミュニケーションに頼ってきたこれまでの企業は、競争力を失いつつある。なぜなら、ソーシャルメディアやその他のオンライン技術においては、もっと小規模でフットワークの軽いスタートアップのほうが、情報をより効率的に処理できるからだ。新参者たちは、自身の狭い思考能力のプールばかりに頼るのではなく、ソーシャル・オーガニズムのグローバルな脳を活用している。そこにはアイデアやコンテンツやモノが、地理や国籍や文化の違いに関係なく、なだらかに共有されている。新参者たちが利用しているのは、世界のどこからでもアクセス可能な創造性と情報処理能力のためのシステムであり、その巨大な潜在性のプールは、昔ながらの情報の独占を無意味にしてしまう。現在ある企業がそれに対抗する唯一の道は組織の再編成以外にない。そのためには彼らは、新参者から学ばなくてはならないだろう。

サリム・イスマイルとシンギュラリティ大学のチームは、こうした成功した新参者を表現するのに「指数関数的組織（エクスポネンシャル・オーガニゼーション）」という言葉を考え出した。『シンギュラリティ大学が教える飛躍する方法』（小林啓倫訳、日経BP社、2015年）の中で述べられているように、[18]高速かつ地球規模の成功を企業がおさめるために今必要なのは、アイデアを自分だけで創造して実践することばかりに固執せず、組織外のリソースを進んで利用することだ。これは単なるコスト削減をめざしたアウトソーシングとは別物だ。外部資源の活用は、巨大で変革的なネットワークを高速で築く唯一の道であり、新しいアイデアを的確に生み出し、新しい市場を確立するための唯一の道でもある。この目標に達するには、企業は内部組織の改革も行わなくてはならない。命令系統を水平的なものに変え、労働者にこれまでより多くの自主性を与えることや、自己組織化する作業グループ内およびグループ間の連携を促すことも必要だ。指数関数的組織は、ものをつくり出す手法としてトップダウン式の垂直的な管理の仕方よりも、共生的なパートナーシップや協同的なプロジェクトを志向する。そうした企業においては、所有《オーナーシップ》や管理《コントロール》は共有されるべき概念になる。

ユーザー参加型の商品開発

一つの例として、中国のスマートフォン・メーカーであるシャオミ（小米科技）を挙げよう。[19]シャオミの商品開発の舵取りには、「ミーフェン（米粉）」と呼ばれる1000万人のフォロワーが大きく関わっている。シャオミのスマートフォンのOS用プログラム言語のうち三つを除くすべてを開発したのは、社員ではなくユーザーなのだ。彼らはそのほかに、ピアトゥピアの助言のプラットフォームを通じてシャオミのサポートシステムを運営し、さらにソーシャルメディア上にシャオミの製品を無償で宣伝することでマーケティング費の削減にも貢献している。その見返りにファンたちは何を得たのだろうか？　彼らは、さらに高い機能で価格は極力おさえたスマートフォンの開発に関わり、3年前にどこからともなくあらわれたシャオミを世界第5位の会社にのしあげた。そしてシャオミは今、アップルとサムスンのすぐ後に続く位置にいる。それはファンたちの心をおおいに満足させた。

シャオミはまた、ソーシャル・オーガニズムの世界の急速な変化についていくためには、**組織内部**の再構成が必要なことを示す好例でもある。シャオミのワーク・チームはいうなれば一族や部族のような存在に近く、一連の厳しい管理を受けることはない。重点が置かれているのはメンタリング（訳注：熟練者が新人などに助言や手助けをしながら人材を育成すること）やコラボレーション、アドホクラシー（訳注：その時々の状況に応じて柔軟に対処する姿勢）であり、利益の共有は重要なインセンティブとして機能している。ジョブ・ローテーションが推奨され、労働者の自主性とともにグループへの忠誠が重要な目標とされている。シャオミのそうした手法には、ホロニックの概念の要である「部分と全体の二元性」が体現されているのだ。

肩書ではなく役割

ホロニックを中心に定義されるマネジメント戦略の定式化においては、コンサルタントのブライアン・ロバートソンの右に出る者はないだろう。ロバートソンは、組織の理想の形を「ホラクラシー」と名づけた。[20] この言葉はケストラーの「ホラーキー」をもとにしたものであり、ロバートソンは自分の会社名「ホラクラシー・ワン」を商標として登録した。権力と服従と支配を土台にしたピラミッド的構造とはちがい、ロバートソンのホラクラシーは複数の「円」

で構成されており、その円の中で、個人は肩書によってではなく「役割」によって定義される。人々は、自分の役目に関連する意思決定を自律的に行いはするが、行動を決断する前に、円の中で起きる「ひずみ」に対処するよう迫られる。そして、自分以外の役割をコントロールすることはできない。

靴メーカーのザッポスは、ホラクラシー・ワン・モデルのイメージキャラクターのような存在だ。創設者でありCEOでもあるトニー・シェイはおよそ10億ドルの資産をもつ人物だが、[21]ラスベガスの共同トレイラーパークに停めた面積22平方メートルのエアストリーム社製キャンピングカーに住んでいる。その理由は、「予測外のことや、そのランダム性がたまらなく好き」だからだという。このトニー・シェイがホラクラシーの考えに心酔し、自分の会社ザッポスの改革をしようと考えた。自分か誰かが舵をとっていなくても万事がうまくいくような形に、シェイは会社を改変したかった。ザッポスのホームページには、ホラクラシーについて次のような記述がある。「それは現在の、予測と管理を主軸にしたトップダウン式のパラダイムを、権力の分散を通じた管理という新しい手法で代替するものだ。これは新しい〝オペレーティング・システム〟であり、組織のコア・プロセスに急速な進化をもたらす」。大都市で起きていること——面積が2倍になるとともに、住民一人当たりの生産性や革新性が15パーセント向上するというような——を見習いたいのだとシェイは述べている。企業の拡大を長年阻んできた生産性の低下を、シェイは受け入れるつもりはなかった。

ホラクラシーの実践は、簡単ではない。[22] とりわけ、1999年の創業からずっと伝統的な構造を守ってきたザッポスのような会社にとって、それは容易なことではなかった。事態が変わったのは、2012年にシェイが、新しいやり方をとり入れ始めてからだ。2015年3月、シェイはザッポスの従業員1500人にEメールを送り、新しい文化を受け入れられない人々に解雇の打診をした。驚いたことに全体の14パーセントもの社員が解雇の提案を受け入れ、社を去った。だが、ザッポスの実験的試みが失敗に終わったと、この時点で断じるのは早計だ。じっさい、成功のために必要なのはまさに、変化にあらがうメンバーを切り捨てることだったかもしれないのだから。

この種のアイデアの素晴らしい点は、最高のレベルまでもっていければ、まったく新しい社会的な取り決めを——抑圧が少なく、平等的で、そして人間の最善の資質を解き放つ力をもつ社会的取り決めを——再構成できることだ。それは、何世紀ものあいだ哲学者や政治科学者を悩ませてきた、きわめて難しい目標ではある。だが、ホラクラシーのアイデアは、ソーシャルメディアの時代において私たちがこれらの目標を達成する助けになってくれるのではないだろうか？

客観、主観、共感力

カールトン大学の知的システム・デザインの研究者であるミハエラ・ウリエルは、この目標に向かうためのロードマップを提示している。[23] そして、おそらく驚くべきことではないのだが、そこに示されているのは結局、人々がたがいをどのように扱うかという、文化における社会的道徳観についての話だ。ホラクラシー的な組織をデザインするうえで重要な要素は、ホロンの基本的な二面性をそのまま受け入れることだとウリエルは言う。いいかえるなら人間は、自主の権利をもつ個人としても、もっと大きな集団の一員としても、定義されるということだ。それを受け入れられるようになるには、世界をいつも、二つのやり方で同時に見ることが必要だ。

その一つは、ウリエルいわく「主体／客観的な認知の仕方」だ。これはたとえば、食料品の入った袋に「重さ12ポンド（約5キログラム）」と書かれていたら、すべての個人（主体）はその重さに**客観的に**同意するということだ。そして、もう一つの「主体／主観的な認知の仕方」は、「個人の主観的な（そして個人的で、内部的な）世界の経験にもとづいた」アプローチだ。先の食料品の袋の例で言えば、「客観的に12ポンドの重さのある食料品袋は、スポーツマンがもてば主観的に軽く感じられるかもしれないが、体の弱った高齢者がもてば重く感じられるかもしれない」ということだ。西欧の社会においては第一の認識の仕方に過度な重点が置かれてきたいっぽう、人々が世界をどう受けとめるかによる主観的な差異は軽視されてきたと、ウリエルは指摘する。後者の視点を政策決定の枠組みにいかに盛り込むかは――それはウリエルの言葉を借りれば、**共感力**の必要な作業だ――ホラクラシーのシステムを設計するうえで私たちが直面する最大の問題になる。

さてここで、最適化されたソーシャルメディアの世界にウリエルの図式を応用したら、どのようになるかを想像してみよう。今のところ、ソーシャルメディアに「主体／主観的」な認知のモデルを取り入れる余地はないように見えるかもしれない。ツイッターにはびこる〝荒らし〟や炎上屋による中傷の応酬や、早急な結論を求める彼らの姿勢からは、他者の主観を理解するなどとても無理なように思える。同じ考え方をもつフォロワーがグループを形成することにもまた、問題がある。自分と同じ意見しか聞こえてこない一種のエコーチェンバー（訳注：閉じられた空間で音が残響を生じるように設計された部屋。残響室）の中にいる人は、部屋の外にいる人々のアイデンティティを「イスラム過激派」「キリスト教徒」「リベラル」「保守」というように、十把一絡げにしがちになる。ソーシャル・オーガニズムはこの先、もっとバランスのとれた、そしてたがいが利益を得るような関係へと、自然に進化していくのだろうか？あるいは、己の望むほうにひそかに人々の見解をゆがめていくパラサイト的な影響力が、はびこることになるのだろうか？　進化の流れとして私たち人間はこの先、他者への共感を抱き、主体／主観的なシステムで他者の感じ方を慮るように定められているのだろうか？　あるいは意図的な政策措置が必要なのだろうか？　そうした措置はほんとうに可能なのだろうか？

心に訴える言葉や映像を通じて共感をかきたてるうえで、ソーシャルメディアをどう活用できるかについては第6章で改めて論じる。私の希望は、人々の集合的な力によってソーシャル・オーガニズムが進化し、こうあってほしいという状態に変化していくことだ。私の願う未来のソーシャル・オーガニズムとは、創造性や革新性や豊かさだけでなく、生き物の素晴らしい多様性を受け入れる心をみなが共有しあう、一つの総体だ。だが、そのメタ・プロジェクトについて論じる前に、まずソーシャル・オーガニズムそのものの働きについて、もっと深く掘り下げなくてはならない。次の章では、ミームの暗号について解き明かしていく。

第4章 ミームの暗号を破る

アイデアはいかにしてウィルスのように広まるのか

「ウォーターゲート」とは何のことか説明せよと誰かに言われたら、あなたは何と答えるだろうか？

多くの人は、1974年にリチャード・ニクソン大統領を辞任に追い込んだ政界スキャンダルのことを口にするだろう。もっと数は少ないだろうが、あの大騒動につけられた「ウォーターゲート」という言葉は、ワシントンD.C.のウォーターゲートビルから来ているのだと説明する人もいるだろう。1972年、このビルにあった民主党全国委員会本部に、ニクソン大統領の命令で誰かが侵入したのだと。さらなる歴史オタクなら、その建物の「ウォーターゲート」という名は、近くを流れるポトマック川とチェサピーク・オハイオ運河の水流を制御するために19世紀につくられた水門に由来することを知っているかもしれない。

自己増殖する遺伝子とミーム

「ウォーターゲート」という言葉の本来の意味が純粋に機能的なものだった事実からは、続く数世紀のあいだにこの言葉がたどってきた興味深い旅が偲ばれる。「ウォーターゲート」は徐々に本来の意味を離れ、別の意味をもつようになっていったのだ。この「――ゲート」という接尾語がニクソンのスキャンダル以来もつようになった強烈な記号的役割について、ここで考えよう。今日では何かの言葉に「――ゲート」とつけると、それだけで、そこにはたちまちスキャンダルや陰謀や隠ぺいの香りが生まれてくる。もしかしたら、政治史が苦手なZ世代の人々は「――ゲート」がもつこの意味合いは知っていても、1974年の事件のことは何も知らないのではという気さえ、私にはする。ウィキペディアでこのトピックについて検索すると、「ゲート」のタグがつくスキャンダルは128もあることがわかる。(1)

その中でも比較的有名なのは「ビリーゲート」（ジミー・カーター大統領の弟ビリー・カーターが不始末をしでかした事件）や「ニップルゲート」（ジャネット・ジャクソンは、音楽よりもこちらのほうが有名かもしれない）、「モニカゲート」（ホワイトハウスと葉巻や何やらの話）や「デフレートゲート」(トム・ブレイディが空気圧の低いフットボールを使った件)などだ。特筆すべきは128件のうち、ネットスケープのブラウザが登場する1995年以前に起きたのはたったの17件で、それから2004年までに起きたのもわずか21件にとどまることだ。2004年は、フェイスブックが始まった年だ。インターネットは「――ゲート」の記号化に大きな役目を果たした。今日のソーシャルメディアは、そうした記号化の花盛りだ。

「――ゲート」という接尾語は、ミームについて説明する好例だ。ミームとは、何かのアイデアを伝える情報のユニットもしくはパッケージであり、他人に共有されるや、模倣されたり模写されたりコピーされたりし、そして非常にしばしば、それまでにない創造的なやり方で何かに応用され、新しい文化を生み出す一助になる。ミームはかならずしも言葉や文章とは限らない。絵やそのほかの美術形態、写真、歌、歌の一部、衣服の形態、ボディ・ランゲージ、新製品の発明、製品の一部分、あるいは仕事のプロセスなど、さまざまなものがミームになりうる。無限の――あるいは少なくとも無限に近い――こうした概念のパッケージは、文化や社会のDNAをつくる基本的なブロックと言える。ソーシャル・オーガニズムを理解したければ、こうした考えについて理解することが欠かせない。

「ミーム」とは、その概念をつくった動物学者で進化論者、かつ社会評論家でもあるリチャード・ドーキンスによれば、「文化の伝達のための基本単位《ユニット》」であり、模倣というプロセスを通じて脳から脳へと受け渡されながら広まる。ドーキンスはこの造語を、ギリシャ語で「模倣されたもの」を意味する「mimeme」に想を得て、さらに「gene（遺伝子）」との類似性を感じさせるように意図的に短縮してつくりあげた。1976年に発表され今や進化論の一つの古典となった『利己的な遺伝子』[2]の後半章でドーキンスがこの考えを初めてもち出したとき、彼が焦点を当てていたのは遺伝子とミームの類似性だった。

遺伝子もミームもどちらもその本質は、自己増殖にある。生殖と進化を説明するものとして広く信じられていた「種の保存」の概念に異を唱えたドーキンスは、『利己的な遺伝子』の中で、生殖と進化のどちらのプロセスにも、遺伝子が未来に己を残そうとする争いが反映されていると主張した（この考えによると、それぞれの遺伝子は宿主である有機体に、生殖を行うまでは高い確率で生き残れるような特性を付与し、その中に住む遺伝子が次代の有機体の中で複製される可能性を高めている。ドーキンスは人間の肉体を、遺伝子にとっての「サバイバル・マシン」と表現した）。ミームはこれと同じように自己複製の必要性を本質的にもちあわせ、それに沿って機能するとドーキンスは言う。そしてもし、遺伝子という根本的で自律的な複製子の相互作用が生物の世界の進化をけん引してきたのなら、ミームという自律的複製子は文化の進化を左右するはずだとドーキンスは推論した。

ドーキンスのあざやかな理論は、私がこれまでソーシャルメディアの理解にまつわるキャリアを築くうえでおおいに助けになった。ミームの概念は、ソーシャル・オーガニズムの成長や進化の理解に必要な枠組みを与えてくれた。そのおかげで私は、人々に広く受け入れられる

（つまり感染性のある）アイデアを煮詰めていくと最後にはミーム的なエッセンスが残ることや、そのエッセンスが人から人へのアイデアの伝播を容易にしていることを理解した。ミームこそが、人間の複雑な思考をこなれやすい形に変容させ、他者がそれを吸収するのを容易にし、他者がそれを再加工したり再伝達したり拡散したりするのを助けているのだと、私は認識するようになった。この理論をさらに掘り下げ、遺伝子に関するそれまでの自分の知識と照らしあわせると、さらにその魅力は強まった。

ミームの暗号

塩基がたがいに結びつき、撚糸状のＤＮＡを形成しているのは周知の事実だ。その美しい二重らせん構造の中に、一人ひとりの人間をつくる「遺伝暗号」と呼ばれる指示書が含まれている。この指示書をもとにタンパク質への翻訳が行われ、ハードウェアもソフトウェアも含めた私たちの複雑な体がつくられていく。ミームにも、これと似た面がある。複数のミームはまとまって、他のアイデアの上に立つアイデアを形成し、そうして一連のホロニックな土台を形成する。そのプロセスは前述の、成功する時計職人のモジュラー組み立て方式と似ている。第３章で述べたようにケストラーはこのエピソードを、自律と依存の二元的ヒエラルキーという説を解説するさいによく用いた。こうした小さな土台の石が集まって層がつくられ、その上に知識の総体や思考の様式が組み立てられる。こうして、遺伝《ジェネティック》暗号ならぬミーム《メメティック》の暗号がつくられていく。ソーシャル・オーガニズムはたえまない文化の生産の中で、ミームの暗号をたえず解読する。ミームの暗号の解読は人間の脳という、ソーシャル・オーガニズムを形成する「細胞」の相互のつながりによって行われる。

　私たちはこの暗号を他者から文化として「譲り渡される」。その譲渡は基礎となる文化的暗号を共有する者同士で行われるため（文化的暗号の共有は、新しいミームが解釈されたり受け入れられたりする前提条件だ）、文化的受容というこのプロセスは、ある集団の人々が世界をどう見たり解釈したりするかに影響を与える。ミームの暗号の一側面は、あるアメリカ人をカントリーミュージックの愛好者として定義するいっぽう、別のアメリカ人を70年代のディスコ音楽のファンとして定義する。だが、彼らはどちらも、単一の旋律だけからなる東洋のモノフォニックな音楽よりも、西欧的でポリフォニックなコード進行の愛好者として分類される。私たちのミームの暗号は、人間を、それぞれの好みや嗜好や世界観をもつ、自由な思考の代理人として決定するいっぽう、私たちが他者と共有する主観性を確立し、広い文化やサブカルチャーをつくる働きもする。これは、遺伝暗号が果たす役割と通じあう。遺伝暗号は私たちを個人として定義するいっぽうで、もっと広い生物学的グループ――ヒト、哺乳類、動物など――の一員としてとらえ、定義する。ミームの暗号もまた私たち人間を、文化的所属という広い文脈に置かれた個人として見ている。

ポップなウィルスを持つアイデア

これがソーシャルメディアにとって何を意味するのかを追究する前に、まず、ソーシャル・オーガニズムが何をミームのコードとして取り入れ、何を取り入れないのか、その判定がどのようになされているのかを検証しよう。ここで役に立つのが、ドーキンスの包括的な進化の理論だ。彼の記述によれば、遺伝子が自己の存続と増殖のためにたえずたがいに競いあうように、ミームもまた、たがいに競争する。ミームの場合、その競争は、一人ひとりの脳に備わっている有限の「コンピュータ的」資源――つまり、記憶、情報を処理する能力、そして時間――を巡って行われる。あとで論じるように、成功するミームとは、私たちの脳の中にあるレセプターに付着することができる。

それはちょうど、ウィルスが生物学上の細胞の中に入り込む過程と似ている。いちばん人気を集めることになるミームとは、人々の脳内のレセプターに何度も繰り返し取りつき、脳から脳へとジャンプするミームだ。きわめて強い持続力をもつミームは、それを最初に着想した人間の物理的寿命よりもはるかに長い、ほぼ永遠に等しい文化的な力を、そのミームが最初に根づいた脳のもち主に与える（ベートーヴェンの作曲した音楽はベートーヴェンのミームの複合体に、作曲者本人はけっして手にすることのできない永遠の命を与えた）。そこまで強く長い影響力をもたないミームも、ソーシャル・オーガニズムの文化を形成するうえで、小さいとはいえ何らかの役目を果たすことになる。

ミームは、伝染性をもつアイデアとしても表現できる。それゆえ、ミームの広がり方を、生物学的な感染というレンズを通して見るのは非常に意義深い。伝染性という性質がもしもなかったら、知識は広がらず、情報は使われずにいつまでも静止したままだ。そして文化が進化することはない。ソーシャルメディア・マーケティング・アドバイザーのダン・ザレラは次のように述べる。(3)「あなたを取り巻く世界はミームによって築かれている。あなたが見るもの、触れるもの、行うものすべては、伝染性をもつアイデアなのだ。あなたが座る椅子、あなたがこの記事を読んでいるコンピュータ、あなたが給料を得ている仕事など、すべてのものは、それをつくろうというアイデアをもしも誰かが着想しなければ、そしてそのアイデアが人々の心をとらえ、広まることがなかったら、存在していない。これは良いことにもあてはまるし、悪いことにもあてはまる。人間の歴史は、伝染性のあるアイデアの歴史だ」

そう、人々の心をとらえるアイデアは、とても重要だ。では、人々の心をとらえないアイデアは、そうではないのだろうか？　誰かの思考のプロセスの中で生まれたが、うまく外に広まることのなかった――そして「ミーム」の域までたどりつかなかった――情報のパッケージは、重要ではないのだろうか？　ほんの数回しか再生されずに終わった情報には、意味がないのだろうか？　ベートーヴェン自身、潜在性を秘めた無数の素晴らしい小節を切り捨て生き残ったミームによって、こんにち第九交響曲の中に存在しているような完璧な配置をつくりあげた。これらの失われた音楽の断片は、文化の進化のアルゴリズムが——いいかえれば、人間存在に意味を与える終わりのない映画の、自己プログラミング式監督が——何千年ものあいだ、フィルム編集室の床に落として「お蔵入り」にしてきた膨大な数の野心的ミームのほんの一部にすぎない。もしもそれらの失われたミームが映画の中に組み込まれていたら、自分とはいかなるものかについての私たちの感覚は、今と違うものになっていたのだろうか。そんなことを考えるのは、とても興味深い。

生物学的進化と同じように、ミームの選別のプロセスにも本来目的性はない。そしてそれが必ず進歩につながっているわけではない。人々の心をとらえるミームは、良質なアイデアとはかぎらない。世界にはそういう良質でないミーム——たとえばベーコンドーナッツや超絶ハイヒールやファシズムなど——があふれている。いっぽうで、ほんとうに良質で役に立つ大量のミームが、人目につくことなく消えていっている。ソーシャルメディアが文化に与える善悪両方の影響を探究するときは、このことをぜひ心に刻んでおくべきだろう。

ミームの突然変異

ミームは他者に伝えられたり共有されたりするとき、遺伝子と同じように、突然変異的な変化をすることがある。その変化は微細な場合も重大な場合もあるが、総じて言えるのは、ミームの突然変異は遺伝子の生物学的突然変異と比べて、はるかに高速で起こるということだ。こうした変化や適応が、「環境」の変化——この場合は歴史的文脈の変化——に応じてミームが生き残るのを助けている。このようにして古いミームは新しいミームを次々に生じさせていく。その結果、私たちの文化は変化し、進化する。ソーシャル・オーガニズムが経験するこの伝播と変化のプロセスには、生物の七つの法則のうち六番目と七番目が関連している。つまり、生き物は増殖し、適応進化をするということだ。

話をいったんウォーターゲートに戻そう。先ほどの進化の概念をこの例にあてはめると、「ウォーターゲート」という言葉がミームとしていかに生き残り、適応し、不朽のものになったかがわかるだろう。生物学的な進化と同じように、ミームもさまざまな変化を経験する。そうした変化は壮大な計画によるものよりも、ちょっとした事故や偶然によるもののほうが多い。19世紀初めのワシントンで使われていた「ウォーターゲート」という言葉は、単に「ウォーター」と「ゲート」をくっつけただけの、水流をコントロールする一般的な技術をあらわすものにすぎなかった。のちに、その施設が設置された地理的な場所に名称が必要だと住民が感じるようになると、単に言葉と言葉をつなげただけだった一般名詞の「ウォーター・ゲート」はミーム間の競争を勝ち残り、固有名詞の「ザ・ウォーターゲート」に格上げされた。その後の1960年、この言葉があるイタリア人不動産開発業者の脳内レセプターに引っかかり、彼はワシントンD.C.に建設を予定しているホテルの名前を「ウォーターゲート」にしようと考えた。それは言葉の響きの美しさゆえでもあったが、大きな理由は、その名前がホテルの建設予定地にぴったり合っていたからだった。

それから14年後、例の事件を機に「ザ・ウォーターゲート」は「ザ・ウォーターゲート・スキャンダル」に変異した。ホテルの名称であり、不法侵入およびワシントン・ポスト紙の伝説的調査が行われた現場でもある「ウォーターゲート」の名は、同紙の記者や編集者や読者の心に強烈にはまり込んだ。そこから、「ザ・ウォーターゲート・スキャンダル」は「――ゲート」というミームを生むことになる。部分的にはそれは、ニューヨーク・タイムズ紙のコラムニスト、ウィリアム・サファイアがこの「――ゲート」という言葉を「ヴェトナム」などのさまざまな言葉にくっつけて、新たなスキャンダルを表現するのに使ったせいでもある。[※]サファイアのコラムは、「――ゲート」というミームを広めるのにおおいに役立った。もちろんそれは、サファイアの記事が非常に広く読まれていたせいでもあるが――彼はいわば、プレ・ソーシャルメディアの時代の「インフルエンサー」のようなものだった――もう一つの理由は、サファイアの論じたスキャンダルが読者の心にきわめて強い印象を残したからでもある。そ

※ニクソンのスピーチライターをつとめていたサファイアは、自分がその他のさまざまな「――ゲート」について論じた目的の一部は、ウォーターゲート・スキャンダルへの世間の関心を弱めることにあったと認めている。[4]

のころ、「ウォーターゲート」というミームはもうアメリカ人の集合意識の中に深く根を下ろしていたからこそ、そこに含まれる「ゲート」というたった一つの音節に、強烈な記号的意味が付与されるようになったのだ。

ミームをどうとらえるか

ドーキンスがミームの概念を――『利己的な遺伝子』の広範なテーマに付随するいささか後知恵的なアイデアとしてではあれ――打ち出してから40年がたつうち、それは文化の進化という領域に新しい研究分野をもたらした。当然ながらこれは、「ジェネティクス（遺伝学）」をもじって「ミームティクス」と呼ばれることになった。ミームティクスは、遺伝子学者が遺伝子について研究するのと同じようにミームについて研究し、文化の暗号を解き明かす学問だ。

社会学者や人類学者による真面目な論考がいくつか行われはしたものの、ミームティクスがその提唱者らの希求するような、どこから見てもまっとうな学問という位置を確立するまでは、山あり谷ありだった。ドーキンスの理論はエレガントではあったが、ミームという概念そのものはけっして明快でわかりやすいものではなかった。遺伝子はＤＮＡの紐という物体の中に存在することがわかっており、ここがそうだと特定も可能だが、それとちがって、ミームは物理的なかたちをもっていない。正確にこれだということもできない。単純に言えば、ミームが存在するという証拠はないのだ。遺伝子を客観化できたおかげで――つまり、遺伝子をはっきり「もの」として認識できたおかげで――『利己的な遺伝子』にあらわされている主要で革新的な思想を人々が理解するのはいくぶん楽になった。その思想とは、遺伝子はもともと自己複製という唯一の目標に向かうようプログラムされており、それこそが生物の進化を推し進める力だというものだ。だが、情報を詰め込んだ塊であるミームが、そもそもの出どころである人間の脳を離れて、遺伝子と同じような自律的な働きをするというのはなかなか想像しにくい。

だが、ドーキンスはダーウィンと同じように、時代の先を行きすぎていたのかもしれない。DNAが時間をかけて有機体から有機体へと微妙に変化していくようすが研究できるようになったのは、そして偉大な植物学者でもあったダーウィンの主張が正しいと確認されたのは、顕微鏡の技術が進んだ20世紀になってからだった(現代においてさえ、天地創造説の支持者やインテリジェント・デザインの理論家は、驚いたことになお、ダーウィンを認めようとしていない)。それと同じように、いつか――もしかしたら、そう遠くないいつか――神経化学の技術がさらにもっと進んで、ある人間の脳から別の人間の脳にアイデアや思考が移動する道筋をピンポイントで見定められるようになったら、いったい何が起きるだろう? 神経画像技術の新しい発展は、この方向に向かっている。2015年、インディアナ大学とスイスのローザンヌ大学病院の研究者らのチームは、ソーシャル・ネットワークのもたらした情報が人間の脳の中でユニークな反応を引き起こすようすをある調査によって明らかにした。(5) ミームの科学的な定義に、人類は徐々に近づきつつあるのかもしれない。

私の手元にはあいにく高性能の脳波モニターはないが、人間同士がアイデアをいかにして共有するかを知るための、強力な道具がある。それは、ソーシャルメディアのネットワークを結ぶ世界中の無数のコンピュータだ。それぞれがどのように相互作用したかについてのデータが、そこには日々蓄積されている。この情報の巨大なプールがあれば、デジタル・コンテンツというパッケージであらわされたアイデアが、相互に作用しあう脳のコミュニティの中でどのように複製されたり共有されたりするのかを、チャートで示したりグラフィック的に表現したりすることも可能になる。これらの新しいデータ・マップからは、ミームが、ドーキンスが言っていたのと非常に近い働きをしていることがわかるはずだ。

ソーシャルメディアのソフトウェア・プラットフォームは、この「アイデアの共有」という機能を可能なかぎりスムースなかたちで行えるようにデザインされてきた。「共有」や「リツイート」や「リブログ」のボタンなどいわゆる「摩擦のない共有」のためのツールによって、ミームの複製は容易かつ直感的に行われるようになった。こうした機能の増強は、市場の需要に対する自然の反応のように見える。データからは、ミーム状のコンテンツのパッケージ共有を、人々がじつに好んでいることがわかる。ツイッターには毎秒7000件の新しいツイートが投稿され、インスタグラムには毎秒1000の画像が、そしてタンブラーには毎秒700の新しいブログが投稿されるのだ。

複製と共有を繰り返す

ソーシャルメディアの時代において「ミーム」という言葉が新しい意味あいをもつようになったのは、けっして偶然ではない。ミレニアル世代やZ世代の人々は「ミーム」を、言葉と映像のユーモラスな融合をあらわす用語として使っている。ぴったり決まれば、「ミーム」はユーザーに中毒に似た作用をもたらし、複製と共有をつぎつぎに引き起こしていく。いくつかのミームは、プレ・インターネット時代の映画やポップスターと同じような現代のアイコンにまでなっている。ミームは――たとえば、「グランピー・キャット」や「サクセス・キッド」や「バッドラック・ブライアン」などのように――写真の上部と下部にテキストを入れ込むという特定の標準形式をとる場合もある。私はそうしたミームの形成を、真のマス・コラボレーションによる芸術形式の最初の例として見ている。そこからは、もとになるミームの暗号の突然変異を糧に有機体が進化していくようすがうかがえる。

ミームという新しい生命の形を定義するのは、それが置かれた環境だ。たとえばそれは、GIF動画から写真、そしてユーチューブ動画までのさまざまな媒体のルールをさす。ミームは純粋にテキストだけの場合もある。たとえば第二次世界大戦下のイギリスの「Keep Calm and Carry On（落ち着いて、そして日常を続けて）」という標語を載せたポスターは、のちに無数のパロディとしてよみがえった。「カエルのペペ」や、元祖インターネット・ミームとしてセンセーションを引き起こした「ダンシング・ベイビー」などのように、静止画や（GIFの）動画をフォームとして使用するものもある。さらにもっと分類が難しいものの好例が、「ドージ」と名づけられた柴犬の写真だ。これはウェブ上の人形劇「ホームスター・ランナー」のエピソードへのオマージュとして誕生したが、この「ドージ」の画像に多くのファンは、あえてスペルミスした言葉で愉快なセリフを書き加えたり、フォトショップでドージを棒型スポンジケーキ「トゥインキー」の形に加工したり、さらには、ビットコインと似た仮想通貨の「ドージコイン」というイコノグラフィーまでつくり出すことになった。いったいこれは、どういう現象なのだろう？（※）

人々が笑いながら行っているこうしたものごとは馬鹿げて見えるかもしれないが、そこから怒濤のようにあふれてくる地球規模の創造性に、印象的な何かがあることは否定できない。そして、インターネットがもたらした歴史の道筋からは、ポピュラーサイエンスに新しい一分野が生まれてきたことがわかる。「ノウ・ユア・ミーム」というサイトにはさまざまなインターネット・ミームの歴史が詳しく分析されているし、タンブラー社は、自身のミームのライブラリアンを雇っている。典型的なミームは、冗談好きな誰かがどこかで何かの写真や画像に目をとめ、それにくっつけるウィットに富んだ文言を考え出したことから生まれる。その作者が画像と文字のコンビネーションをソーシャルメディアのプラットフォームに置くことで、拡散が始まる。拡散がうまくいくと、それは単なる「共有」の域を超え、もともとのミームのコンセプトから離れた新しい言葉をインスパイアするようになる。このクラウドソースによるユーモアの成立を助けているのはアプリの業界全体であり、その中には、ユーザーがすぐに写真を「ミーム化する」のを助けるクイックミームやミームジェネレーターなどが含まれる。

ほぼすべてのケースには核となる芸術的なフォームが存在し、創造的発想を展開させる標準的土台として機能する。それこそが、ミームの本質だと考えることもできる。「アドバイス・アニマル」として知られる古典的なミームの構造においては、場面を設定する文言が写真の上に置かれ、決めゼリフが下に置かれる。俳句やソネットと同じように、あるいはソーシャルメディアの世界で言えば140語のツイッターや6秒間のヴァインと同じように、この限定的な構造は特定の芸術形態を生み、それが創造性を引き出す道になった。だが、テキストと画像からなるそこまで厳密なフォーマットがたとえなかったとしても、インターネット・ミームという現象の中心にある要素が「コア・モチーフの反復」という概念にあるのは同じだ。

※グーグルで検索すれば、これらの大半のミームだけでなく、本書で述べられているもっとたくさんのインターネットミームやその他の画像についても知ることができる。

新しいジョークはしばしば、それに続くジョークの基準点となる。そうして始まるプロセスは、遺伝子の突然変異が結果的に、異なる種の誕生につながったり生物学的進化の中で多様性を生み出したりするプロセスをかすかに想起させる。

突然変異したウィルスが飛び移る

これについて具体的に説明するために、ある非常に愛されたミームの生涯を追いかけてみよう（図表6）。2012年にレディットに投稿され、「Ermahgerd（アーマーガード）：Oh My God（オーマイガッド）」あるいは「Gersberms（ガースバームス）」もしくは「Berks（バークス）」の名で知られることになるミームがそれだ。このミームは、10年前に撮られた1枚の写真から始まった。そこには、10歳くらいの少女が3冊の本をもっている姿が写っている（この少女がマギー・ゴールデンバーガーという、現在フェニックスで看護師をしている女性であることを、のちにヴァニティ・フェア誌が明かした）。3冊の本はいずれも、R・L・スタインの『グースバンプス』シリーズ（津森優子訳、岩崎書店、2007年）で、興奮でぽかんとあいた少女の口の中に歯列矯正のブリッジがしっかり見えている。この写真にレディットの、とあるユーザーがクイックミーム・ジェネレーターを使って反応し、画像の上部に「GERSBERMS...MAH FRAVRIT BERKS（Goossebumps...my favorite books：グースバンプス…私の大好きな本）」というテキストをつけた。これが、このミームのコア・モチーフを確立した。少女の歯列矯正した口から発せられるだろうもごもごした言葉が、このミームのコア・モチーフになったのだ。

このギャグは大当たりし、さまざまな形態で拡散され、他のミームへと変容した。それはまるで最初の宿主から次の宿主へと、突然変異したウィルスが飛び移るかのようだった。「ERMAHGERD（アーマーガード）」という語はとりわけ数々の新しいジョークを生む肥沃なテキストになった。この言葉は最初の「宿主」である少女マギーの写真から猫や犬や赤ちゃんやアスリートの写真に飛び移った。それぞれの写真は、非常にわかりやすい背景状況の中、驚いた表情の被写体に「ERMAHGERD...shertpert（shotput：砲丸投げ）」「ERMAHGERD...merlkbehrns（Milk-bones：ミルクボーン［ドッグフード］）」「ERMAHGERD...brehstmerlk（breast milk：母乳）」などの台詞がかぶせられている。「ERMAHGERD（アーマーガード）」という言葉そのものから想を得たジョークもある。親指を立てたイエス・キリストが「ERMAHGERD...GERD!!!（アーマーガード…ガード！）」と言っている図や、そしてもちろん、マギーの顔をブルース・ウィリスの顔に置き換え、「ERMAHGERD（アーマーガード）」と（ほぼ）同じタイトルの黙示録的映画の宣伝ポスターを背景に使った「ERMAHGERDDEN（アーマーガードン）」という図もあった。

このギャグの複製は、ウェブデザイナーのJ・ミラーによるERMAHGERD（アーマーガード）翻訳アプリによって倍増した。このアプリがあればユーザーは、どんなフレーズでも

図表6　アーマーガードの「進化」

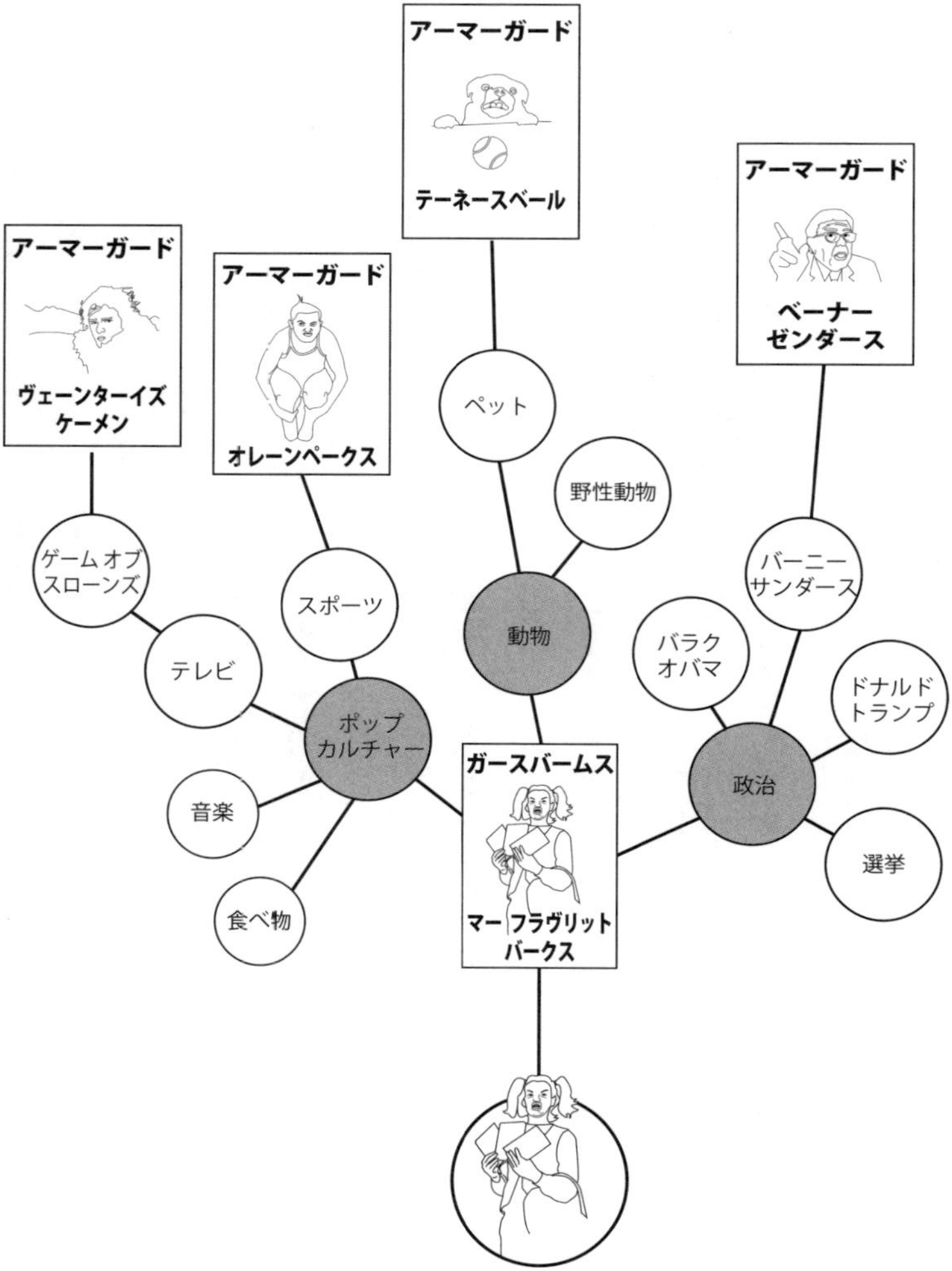

ERMAHGERD（アーマーガード）ふうに変換することができた。移り気なミームはさらに、商業的な冒険をもくろみ始めた。マギーとよく似た女の子の顔をスターバックスのロゴの中に入れ、「Sterberks Kerfer（スターバークス・カーファー）」という文字で囲ったイラスト付きTシャツもその一つだ。ナーディスト・ユーチューブ・チャンネルは、コメディ・ミュージカル・デュオのハード・アンド・ファームがすべてをモゴモゴ語で――「Gerl, yer girven mah gersberms（ガール、エー・ガーブン・マー・ガースバームス）」というように――歌うミュージック・ビデオをプロデュースした。Gersberms（ガースバームス）のハロウィン・コスチュームは、すでに伝説化したあの写真の中でマギーが着ていた服と同じデザインで作られた。ERMAHGERD（アーマーガード）の進化が一種のアートになったプロセスからは、ミームがいかにして新しいさまざまな、創造性豊かな考えを育むかがわかる。

これは、生物学的進化によって長い時間をかけて新しい系統の生命が生じることを示す分類図に、少しばかり似ていると私は思う。異なる**種**ではあるがなんらかの特徴を共有する生き物は同じ**属**に所属し、その属はもっと大きな**科**に、そしてその科はもっとさらに大きな**目**に属しているというように。

芸術家対アルゴリズム

こうしたクラウドソースによる創造や芸術的な作品をすべて開放することは、理論的には一部の人々にとって問題になる。一部の人々とは、芸術行為によって生計を立てている、伝統的に「芸術家」と呼ばれてきた数少ないエリートたちだ。今この時代、彼らが人々の関心を巡って――そして人々の関心によってもたらされる金銭的な後ろ盾や広告費を巡って――争いあう相手はもはや、同業の芸術家たちだけではない。芸術家たちの競争相手は今や、世界に住むすべての人々だ。そのうえ、現代の人々はいま総じて、いちばん低くて俗っぽい階層に引きずられつつあるように見える。人々がやっきになって追いかけるのは、猫の動画とろくでもないエロ写真ばかり。ソーシャルメディアに人々の注意をもっていかれたおかげで、芸術や創造性は今、破壊されつつあると語る専門家はあとをたたない。私たちはみなつねに、お知らせやピーッという警告音によって「この（くだらない）作品をぜったいに見るべき」と指図され、そうしてどんどん低レベルに堕ちていく。ちなみにその「ぜったい見るべき」作品を私たちのために選び出すのは、私たちが好んで訪れるサイトのアルゴリズムなのだ。

本書の共著者のマイケルがＮＰＲ（ナショナル・パブリック・ラジオ）のレオナード・ロパテのラジオ番組に出演して最新刊を宣伝しようとしたとき、彼の前に喋った作家のゲイリー・

シュタインガートは視聴者に向かい、ツイッターの世界では人々にすぐ満足を与えられるものがつねに求められているせいで、自分はもう何も生み出せなくなってしまったと語ったという。ファイル共有サービスという裏切り行為でアーチストの存続を危うくしたとされるナップスター社に、アメリカ議会がヒアリングを行って以後、シェリル・クロウや「メタリカ」のバンドメンバーなどのミュージシャンは、ファイル共有技術によって自身の楽曲が無料で複製されるようになれば、音楽業界で創作を促進しているインセンティブ・システムが死に体になってしまうと訴え続けてきた。

この不幸の予言はいささか眉唾ものだ。専属の（そして忍耐強い）市場に慣れきったビッグネームにとっては厳しい話かもしれないが、これまで視聴者に簡単にアクセスすることがいっさいできなかったすべての人間にとっては、事態はまったく逆だ。そしてよしんば個人レベルで、ソーシャルメディアによって創作行為を妨害されたと一部の人々が**感じた**としても、文化の創造全体を見れば、量においても多様性においても、そして質においても、過去になかったほどたくさんの仕事が生まれていることは明らかだ。コレクターとしてたえず美術品を収集するいっぽうで、映像やミュージック・ビデオや楽曲のプロモーターおよびプロデューサーとしても働いてきた私は、未曽有の創造的活力にあふれていると言っても過言でないこの時代に、つねに最前線に立ち続けてきた。

たとえ、ユーチューブ・ユーザーのロッツァフライのチャンネルで7600万人が「びっくりネコ」の動画を見たとしても、そして「びっくりネコ」の動画がたしかに人々の関心や、その動画がなければクラシック音楽のチェロ奏者やドキュメンタリー映画の制作者のもとに行ったただろうカネまで奪ってしまったとしても、彼らのチキン・リトル（＝悲観）的な芸術終末論が、アヒルの繰り言以上のものだという証拠はどこにもない。じっさい私は、現代の人々は無限の表現をもたらす新たなルネサンスの中に生きているとさえ考えている。

こうした意見をもっているのは私だけに限らない。著述家のスティーブン・ジョンソンは2015年に、ソーシャルメディアによって芸術的努力が破壊されているというテーゼを検証した。ニューヨークタイムズ・マガジンに掲載された「創造の黙示録はほんものか」というたいへんよくリサーチされた記事の中で[6]ジョンソンは、「創造の黙示録」とは、偏った利害関係のある集団から発せられた逸話にすぎず、事実ではないと主張した。ジョンソンは、アメリカ合衆国労働統計局がまとめているデータから「芸術、デザイン、娯楽、スポーツおよびメディアに関わる仕事」というカテゴリーの労働について検証し（このカテゴリーには、伝統的なメディアの合併によって首を切られた多数のジャーナリストも含まれている）、同時期の経済全体で雇用が150万件増加していたのに対し、この分野の仕事はそれを上回る180万件も増加していたことを確認した。ちなみに収入面では、このカテゴリーの収入増は40パーセントに上ったのに対し、それ以外の上昇率は38パーセントだった。

このデータからは、「音楽家」を自称する人々が同時期に15パーセント増加していたことも明らかになった。この調査のもっと広いカテゴリーにもフリーランサーは含まれていなかったため、ジョンソンは5年ごとの人口調査を参照し、2002年から2012年までのあいだに「独立系アーチスト、ライター、パフォーマー」を称する者、もしくは称する者を雇った事業の数がおよそ40パーセント増加し、収益も60パーセントの増加を記録していたことを確認した。インフレーションとともにそうした人々の収入は、他の人々と同じように増加していたわけだ。アーチストの収入はもちろん、たとえば投資銀行に勤めている人や、社会に貢献する以上に稼ぎを得ているレントシーカー（訳注：民間企業などが政府や官僚組織に働きかけをし、法制度や政治政策の変更を行うことで、自分に都合よく規制を設定したり、都合よく規制の緩和をさせるなどして、超過基準［＝レント］を得るための活動をする人）などが得ている法外な利益に比べれば、昔から今に至るまで、ずっとはるかに少ないままではある。

だがそれでもジョンソンは、次のように結論せざるをえないとしている。「過去15年間の社会の変動により、かつてないほど多くの人々が、歌を書いたり演奏したりすることで生計を立てるという経済状況が生まれたと思われる」。映画や書籍の世界でも同様の傾向があることを示したあと、ジョンソンはこう結論する。「［メタリカのドラマーの］ラーズ・ウルリッヒが2000年に案じたのとは逆に、今も〝アーチストたちの多様な声〟は私たちとともにあり、そして彼らの数は増加しているように思われる」。私はいつも、「権力者」に楯突くような作品をつくっているとされるラーズのような輩に失笑してしまう。彼やその他のアーチストらは結局、会社の子飼いとして背後に身を潜め、古い体制を必死に擁護せざるをえなくなったのだから。もしもそうしていなければ、彼らは新しい配信経路とコネクションを通じてファンに手を届かせ、ファンを擁し続けていたかもしれないのに。

もう一つ注目すべきなのは、ジョンソンの分析が、クリエイティブな作品から派生する雇用と収入に焦点を当てていることだ。彼の論文では言及こそされていないが、生計を立てるのと無関係に人々が制作したり複製したり共有したりしているコンテンツは、膨大な量に上る。そのほかにも、ヴァインのサイトに毎日新たに投稿される120万のコンテンツや、ユーチューブの風変わりな動画や、タンブラーのブログの創造的なアートや、レディットに投稿される山のようなミームがあることを考えると、それらをあわせた創造的なパワーはかつてないほど大きい。

一般人と共同して生態系がつくられる

今起きている芸術的なイノベーションがどのくらい多岐にわたっているかを感覚としてつかむために、デヴィアントアートのウェブサイトを見てみよう。このウェブサイトは3億2300万点のアート作品と3800万人の会員を抱え、1か月のページ・ビューは25億近くに上る。あるいはこんなふうに考えてもいい。現在、アマゾンのキンドルストアで手に入る

400万以上の電子書籍のおおかたは自費出版の本だが、その中の一部はみごとに躍進を果たし、アマゾン・キンドルのアルゴリズム主導のプロモーション・ツールに助けられ、一大ベストセラーにまでのしあがっている。

そのいっぽうで、ハリウッドは以前のような独占的な地位にはすでになく、音楽業界を牛耳ってきたEMIや他のレコード会社も今は、自分で自身の歌を制作もレコーディングも配信も販売も行うアーチストたちと直接争うことになっている（今日の音楽系アーチストに私がぜひ言いたいのは、君たちの愛してきたレコード・レーベルの配信システムはもはや君たちの収入の75パーセントの価値もないということだ。その価値は定額で10ドル程度だ――チューンコアやCDベイビーなどのプラットフォームで音楽を広く配信するのにかかる費用はそのくらいなのだ。じっさい、現在のレコード会社は、高額な料金、古びたモデル、そして音楽の権利に関する馬鹿げた四角四面のグループ規制という、いいところのまるでない給料担保金融業者《ペイディ・レンダー》も同然だ）。だが、そうした傾向ですら、いま現在どれだけの芸術的作品が制作されているのか、その質はどうなのか、そして社会における「芸術家の声」がどれだけ多様であるかを正確にあらわしてはいない。

芸術の表現とは、ミームの表現が自然に拡大したものだ。社会が長い時間をかけて示してきたように、芸術とは文化の成長と進化をけん引する機械だ。そして、その土台に存在するのが芸術的なミームだ。私たちは今、その機械へのアクセスを飛躍的に拡大し、さらに、その機械が人々に影響する力を激増させた。それが助けになって、新しいさまざまなジャンルの芸術表現が今、芽生えつつある。

たとえば、ビデオゲームの環境に使うマルチメディア設備を取り入れたビジュアル・ノベルでは、読者が物語を読み進めるにつれ、登場人物と相互に関わることが可能になる。ビヨンセのビジュアル・アルバム『レモネード』のような新しい作品も、そうした流れの一つだ。人々のつながりは芸術的プロセスにかつてないほど大きな協力関係をもたらし、いわゆる「ファン・アート」が徐々に本家のコンテンツに融合し、ある特定のアーチストやキャラクターに関連する提供品が増大した。こうしてまったくの他人同士や、ブランド化された芸術形式の背後にいるソフトウェア開発者と一般人が共同で仕事をしたりすることで、「ネットワーク化されたコンピュータと、ある特定の芸術形態への共通の愛によって結ばれた協力関係」という生態系がつくり出された。

「初音ミク」対エリート主義

「ボーカロイド」のファンの作品には、それが驚くべき形であらわれている。彼らは商標登録されたヴォイス・シンセサイザー・ソフトウェアにアクセスし、自分で歌をつくり、それを、コンピュータでつくられた特定の歌手キャラクターの特定の声で歌わせる。そしてそれを世界――その中には、ソフトウェアの背後にいる企業も含まれている――に向けて提示し、歌を聴いてもらい、共有してもらう。こうした貢献によって、もっとも人気のある永遠の16歳のボーカロイド、初音ミクの歌う膨大な量の楽曲が誕生した。

初音ミクは、世界各地で行われるコンサートで、嬌声をあげる満座の客の前にホログラムで登場し、生のバンドを後ろに従えて歌う。2007年にミクを制作した日本の会社「クリプトン」によれば、(7) ファンを主体にした活動によってこれまでに10万を超える曲が正式にリリースされ、ユーチューブには17万の動画が投稿され、ミクにインスパイアされたアート作品は100万点を超えたという。生身の歌手にはあれほどたくさんの作品を発表することは望めないし、ミクのように高音かつ早口で歌詞を歌いこなすことももちろんできない。じっさいミクは、コロニーを土台にしたホロニックな形をとる、新しい形態のボルボックスのようなものだとも言える。

こうした例からは、芸術の創作というシステムが過去数百年のあいだに非常に遠くまで旅をしてきたことがうかがえる。教会がトップダウン式のネットワークを率いていた時代には、芸術家として認められた人間の数も、彼らが利用できる表現手段——画家にとってのカンバス、作家にとっての本、彫刻家にとっての石など——も限られており、メッセージが早く遠くまで広まるようにはなっていなかった。芸術はエリートのためのものであり、それが文化の変化に与える影響はゆっくりしていた。のちに印刷技術やテレビに加え、プレ・インターネット時代のさまざまなマスメディアの局がこうした伝達の流れをいくぶん加速はした。

たとえば、ビートルズが「エド・サリバン・ショー」に出演して、アメリカの若者のファッションや社会的道徳観にたちまち影響を与えたことも、その一例だ。だが依然、それらはすべて門番によって――いいかえれば、放送網や雑誌や新聞などの内部の権力者によって――仲介されていた。芸術表現の創造および伝達が急激な発達をとげることになるのは、ソーシャルメディアの登場以後だ。

私はパートナーのスコットとともに世界中の美術品を収集してきたが、この古い「美術の世界」ののんきな寡占状態には、本能的に嫌悪を感じてしまう。私たちは美術館という場所そのものや、投資として美術を見ている輩が苦手だ。何がヒップなのか、あるいは何が芸術的なのかを誰かに教えてもらうという発想は、芸術が人間による、つねに変わりゆく表現形態だという考えを完全に否定している。私はこれまでに、とても多くの人たちから「どの作品を買うべきですか?」と聞かれ、「あなたが心を動かされた作品を買ってください」と答えてきた。美術のエリート主義は私たちの思考に、スノッブ趣味を押しつけただけではない。「芸術」とは何で構成されるかという定義にも、枷がかけられてきた。人々は芸術を、特別に排他的な「業界」の産物だと考えがちだ。そうした業界は、特別に才能のある一部の人々によって率いられており、彼らは芸術的でない人々のために自分たちの創造的な作品を提供するというわけだ。

だが、ソーシャルメディアにおいて、この「私たちと彼ら」という二元論はもはや通用しない。現代に生きる私たちはみな、ある意味において芸術家だ。これは、才能が等しく配分されているという意味ではまったくない。たとえば、私が美術と文学と音楽の世界でそれぞれ神と崇めるヒエロニムス・ボス、フラナリー・オコナー、トーキング・ヘッズのようになれる人物は限られている。だが、自分の芸術的作品を公に発表している人の総数は、確実に増加している。フォトショップで加工したミームのギャグや、他愛ない動画や、誰かの経験についての心からのコメントを投稿することで、私たちはこの芸術という業界の一部になっている。さらに言えば、芸術の世界がこれだけ巨大化したからこそ、アーチストがコレクターや視聴者と直接関係を築くチャンスはより大きくなっているのだ。

メッセージを拡散させるカギ

「芸術」産業の定義が難しくなりつつある今、それを「マーケティング」や「政治」や「ニュース」の業界と区別するのも簡単ではなくなってきている。ソーシャル・オーガニズムの中では、すべてのものごとが全体と融合した形で扱われるようになりつつある。ソーシャル・オーガニズムという有機体の細胞である私たち人間は、メッセージを他者に渡すか否かを決定する自律的なメッセンジャーであり、その私たちを導管としてマーケティング活動や政治的キャンペーンや芸術的表現は行われる。そうした中で、ある一つの仕事を残りの仕事と分離することはできない。

同じように、あるコンテンツの背後にある中心的アイデアが私たちの心に響けば——つまり、もしそれが、私たちが自分自身を公に向けて**演出**しようと思う方法に合致していれば——私たちは、コンテンツを最初につくった人やお金を出した人が何を目的にしていたかにかかわらず、それと相互に作用することを選びとる。私たちはそのコンテンツに「いいね」をしたり、他者と共有しあったり、あるいは何もしなかったりする。そうすることによって私たちは、何が社会に配信されるかの選択に参与している。もちろん、一部の人々がほかの人々よりきわめて大きな影響力をもつのは明らかではあるが——。

そこからは、マーケティング担当者や政治家やジャーナリストや物書きやアーチストなどにとってきわめて重要な問題が浮かび上がってくる。それは、ミームの複製の導管的役目を果たしている私たちが、どんな種類のコンテンツを選び取り、拡散させているかという問いだ。ブランドや政治家やアーチストはみな、ソーシャル・オーガニズムの細胞——つまり私たちの脳——のレセプターにとりつこうとしのぎを削っている。だが、私たちの脳は、処理のさいに貴重な資源を浪費しそうな情報を排除するべく進化してきた。その乏しい資源は、より魅力的で適切な情報の処理にあてなければならないからだ。私たちの脳にはこうして、潜在的ミームにとって大きな壁が築かれている。それを乗り越え、複製や拡散という目標を達成できるのは、いちばん的確な形で表現されたメッセージだけだ。

問題は、いったいどんな資質があれば、ミームが生き残るチャンスは最大になるかということだ。メッセージを拡散させるカギは何なのだろう？　伝染性のあるコンテンツとは、どのように定義されるのだろう？　この問いに対する答えを見つけるために、私は会社を打ち立てた。こうした洞察についてはまたあとで論じるが、それらを正しく理解するために、まずは細胞とウィルスのいる顕微鏡の世界を旅することにしよう。今はもう言い古された感のある「バイラルになる」「バイラルなコンテンツ」という言葉は、「ウィルス」から来ている。

「付着」「侵入」「複製」「飛散」するウィルスとミーム

ウィルスの目的はただ一つ。宿主の有機体の中で、その資源を吸収し、生きている細胞の遺伝物質を横取りすることだ。この強引な攻撃行為は、そう簡単には実行できない。たいていの有機体は侵入者から身を守るための免疫機能を発達させてきたからだ。宿主の細胞を乗っ取るためには、ウィルスは「付着」「侵入」「複製」「飛散」という四つの段階をくぐりぬけなければならない。ウィルスがそれら一つひとつの段階を切り抜けられる保証はないが、すべてクリアすれば、他の細胞へと広がることが可能になる。これは、ミームが大量に複製され、拡散されるまでの厳しいプロセスとよく似ている。

ウィルスのライフサイクルは、カプシドの名で知られる微細な乗り物の中で始まる。カプシドとは、簡単に言えば、ウィルスの遺伝物質を内部におさめた外殻のようなものだ。このカプシドが有機体の中に入り込み、宿主の細胞の一つに付着しようとする。そのためにカプシドは外側についている特別な突起を使い、標的にした細胞の外膜についている感受性の高い親和性受容体と結びつこうとする。これは、言うほど簡単なことではない。なぜなら、それぞれのタンパク質の構造に、互換性がなくてはならないからだ。だが、それは現実に起こる。そうして私たちは風邪をひくのだ。

カプシドが細胞に付着したら、ウィルスは自身の遺伝物質を挿入するために、細胞の内部に入り込もうとする。そのためにウィルスは、タンパク質をもとにしたさまざまなシグナルを用いて宿主の細胞をあざむき、自分（＝ウィルス）が栄養やその他の価値をもつ無害な分子なのだと信じ込ませる。そして次に、複製の段階が始まる。ここでもまた、その成功は宿主をあざむけるか否かにかかっている。ウィルスは宿主細胞のタンパク質製造プロセスを——いいかえれば「プログラミング」機能を——乗っ取り、細胞自身の遺伝暗号の指示ではなく、ウィルスのゲノムの指示に耳を傾けるようトリックをかけてしまう（あなたのOSにハッカーがコンピュータ・ウィルスを挿入するときにも、似たようなことが行われている。ハッカーはあなたのコンピュータのプログラミング機能をあざむき、本来のOSコードではなくウィルスの指示に従うようにさせてしまうのだ）。そしていったん指揮権を握ったウィルスは細胞に、ウィルスのゲノムを何度も繰り返し複製するよう指示する。

そしてその細胞が機能不全に陥り、膜が破れると、分裂したウィルスの子孫が代謝経路をつたって有機体の体内に飛散し、新たな宿主細胞を探す。そして先ほどのサイクルがまた新たに繰り返される。ある程度までそれが繰り返されると、ウィルスは、先の四段階を経ながら爆発的に増大する。そして少なくとも、宿主の有機体の免疫システムが抗体をつくり、攻撃を停止させるまで、ウィルスの増加は続く。あとでいくつかのハッシュタグや他のミームの運命をたどっていくさいわかることだが、それらのミームもやはり爆発的に増殖したのち、人々の意識のレーダーから急速に姿を消すことがある。

ウィルスとミームのふるまいの共通点は、それだけではない。先にウィルスについて述べた四段階のライフサイクルは、ミームにもほぼあてはまる。ミームが「宿主」に――つまり、標的にした視聴者の脳に――とりつき、拡散を助けてもらうためには、四つの段階での淘汰をつねに戦わなくてはならないのだ。最初の段階は、ベルギー人の人工頭脳学者フランシス・ハイリゲンが「同化」と呼ぶもので、(8)これは細胞へのウィルス付着に該当すると考えていいだろう。

ここで重要なのは、ターゲットにした人々の「親和性受容体」とミームとのあいだに、ある程度の互換性が必要だという点だ。同化を達成するためには、ミームの設計は、宿主となる個人の中にすでに存在する認識の枠組みにそぐうものでなければならない。脳はまったくの白紙状態ではない。脳にもともと存在している世界観にうまく連結できなければ、新しい情報が付着するのは不可能だ。そこでミームは、心の認識パターンの能力を利用する。これは、異なる型のタンパク質を細胞が認識する能力を生物学的なウィルスが利用し、宿主の気づかないうちに、外膜から細胞の内部へと侵入するのと似ている。パターン認識はまた、私たちの体がそうした攻撃に抵抗するための重要な戦略でもある。人間の細胞の中にあるいわゆる「トル様受容体《ようじゅようたい》」の仕事は、パターン認識によって病原菌が「外敵」であることを見定め、防衛のために集合するよう免疫系に合図を送ることにある。

伝達、複製、変異

ソフトウェアの設計にも類似の現象が認められる。パターン認識は、「マシン・ラーニング」という技術の主要な要素の一つだ。コンピュータ科学者はこのマシン・ラーニングの技術を初期的なＡＩの開発に用いている。こうした認識技術はまだ完璧には遠いが、皮肉にもそこから、ＡＩをもとにした興味深い芸術形態が新しく生まれている。興味がある人は、グーグルの「Deep Dreams」というアプリをチェックしてみてほしい。このＡＩのシステムは、宿主の目にうつる事象を、過去に読み込んだ映像の辞書と照らし合わせ、ＡＩが自身の「考え」にもとづいてパターン認識した結果生まれた、驚くべき新しいヴィジュアル・アートだ。

パターン認識に導かれた同化――言ってみれば、標的とした受信者の「関心をキャッチ」

すること——はミームの活動の初期段階にすぎない。ミームが生き残れるかどうかは、(9)ハイリゲンいわく「保持」「表現」「伝達」の三段階を乗り越えられるかにかかっている。ターゲットの関心をあおり、核となる考えやコンセプトの同化に成功すれば、ターゲットになった人物はそのミームを「保持」し、一種の記憶化を行うことになる。次に必要なのは、彼らがその概念をアクティブに「表現」することだ。言葉を換えれば、その概念に形を与え、言語化するということだ。そして最後に必要になるのが、新しく表現された概念が他者に「伝達」されること、つまりコミュニケートされることだ。この段階までくれば、新たに複製されたミームは、外殻が破れてウィルスが外に飛び出すときのように、新たな宿主を見つけるために外に飛び出していく。そして新たな宿主が見つかれば、先のサイクルがまた繰り返されることになる。

時間がたつにつれて——そして適者生存のアルゴリズムが働くにつれて——ミームは、標的とする視聴者の有限の情報処理資源を巡って、他のミームとつねにしのぎを削るようになる。だが、自然界でもっとも狡猾な適応力をもつウィルスの場合と同じように、ミームにも秘策がある。それは突然変異だ。ミームの中心的アイデアは、有機体の基本的なゲノムと同じように機能する。つまり、有機体が存在するための土台を提供するのだ。だがミームは、ある宿主から別の宿主へと飛ぶときに、変化する可能性もある。読者はここでおそらく、インフルエンザ・ウィルスの変異のことをすぐに思い浮かべたかもしれない。医師らが毎年、新しいワクチンの開発を迫られるのは、ウィルスが変異するからだ。だがそれは、ソーシャルメディアの中で発生する電光石火のようなミームの変異とは比べるべくもない。前に紹介した「アーマーガード」や「サクセス・キッド」をはじめとする、ソーシャルメディアによって広まったギャグの例を見れば、それは明らかだろう。

特筆すべきは、アーチストの権利を扱う弁護士らがこうした一連の翻案を「派生的な」作品と呼んでいることだ。インターネットの世界における混乱したコピー文化の中でそれが制御可能かどうかはともかく、先の概念には著作権にまつわる明らかな法的含意が伴っている。だが、これらはどちらかと言えば机上の空論に近い。なぜなら、アイデアがいかに拡散し文化がいかに反復されるかという広い文脈において、この借用と複製のプロセスは今まさに、ミームの複製というかたちで現実に進行しているからだ。こうして知識は共有され、発展する。私たちの社会はこのようにして進化するのだ。

生き残るミームの特徴

ハイリゲンは、複製される確率の高いミームの——いいかえれば、彼の言う四つの段階をくぐりぬけやすいミームの——特徴を次のように分析および分類している。まず同化の段階で何より重要視されているのは、「独自性」と「新しさ」だ。いうなれば、あるコンテンツが

――たとえば何かのプロモツイートが――客観的にどれだけ独特でユニークだと人々に受けとめられるかということだ。だがもう一つハイリゲンが重視するのは、宿主の中にすでに存在する認識の枠組みにミームが**適合**するかという点だ。さらに、宿主の社会的道徳観とミームとの**適合性**は、「同化」と「保持」の双方にとってきわめて重要な要素だ。まとめて言えば、人々が新たに着目する傾向にあるのは目新しいアイデアだが、そのまま吸収され保持される確率が高いのは、中心的なアイデアがあまりとっぴでなく十分理解可能であり、文化的に快適な域に収まっているものなのだ。

そのほかに、ミームが同化されたり保持されたりするのを助ける要素としてハイリゲンが挙げているのが、「権威」だ。つまり、情報の出所に信頼がおけるか、信用性が高いか、あるいは単純に価値が高いかという点だ。もちろん、科学的な根拠にもとづいて信頼がおけるという必要はない。重要なのはただ単に、十分多くの人々がその情報源を「権威」と見なすかどうかだ。その証拠として、バスケットボール界のスーパースター、レブロン・ジェームズが出ている韓国の起亜（キア）自動車の広告のことを考えてみよう。車についての知識は私や読者のあなたとおそらくさして変わらず、ランボルギーニやブガッティの高級モデルをぜんぶ揃える経済力のありそうなレブロン・ジェームズが、キアの実用的なセダンK900を運転しているあの広告だ。つまり、そこに出ている人間次第で、コンテンツの重要度は変わるということだ。

表現と伝達の段階においては、「表現性」という性質が重要だとハイリゲンは指摘する。これは、ミームやアイデアがどれだけ簡単に他者に伝わるかの指標と考えていい。新しいアイデアは、比較的単純なかたちで表現することが可能ならば、そして既存の経験との強烈な類似性があるならば、複雑な概念よりもたやすく人々に複製される。だからこそ、真面目なジャーナリストらがなんと言おうとも、バズフィードやハフィントンポストなどのサイトは、「リスティクル」と呼ばれる箇条書きふうの記事スタイルと「クリックベイト（訳注：閲覧者のクリックを誘うこと）」を第一にしたやり方を崩そうとしないのだ。たとえば「大学卒業後、男子が着てはいけない18のアイテム」や「ゴールデン・グローブ賞のベスト・モーメント27」という記事。そして、「XはYを行い……次の展開にあなたは衝撃を受ける！」などのビデオの惹句。こうした形式は単純なパターンを形成し、そしてその予測可能な秩序ゆえ、容易に表現が可能で、容易に複製することもできる。(※)

最後に来るのが、「伝達」の段階だ。ミームがこの段階までたどりついたとき重要になるのが「宣伝」だとハイリゲンは言う。伝統的なメディアの環境では、「宣伝」の成功は営業がカネを出して買うコマーシャルの放映時間や広告スペースの大きさや、広報部がジャーナリストなどに効率的にはたらきかける能力に左右される。だが、第3章で述べたようにソーシャルメディアの時代においては、伝達の成功は人間のネットワークにかかっている。遠くまでそれが届くかどうかを決めるのは、人と人とのつながりとその広がりであり、さらには、新しいミームにさらされた人間がまわりにどれだけの影響力をもつかだ。

新しい宿主にミームが伝達されれば、複製と拡散の四段階はまた最初から繰り返される。そして新しい標的が見つかるたび、相手の意識に入り込むという新たな目標が生まれる。誰かの意識に入り込んだミームは、そこからまた送り出され、ちがう誰かに複製される。まるで、どこまでも終わりのない伝言ゲームのようだ。人から人へと伝達される中でずっと消えずに残るのは、最適の資質をもち、もっとも記憶に残るミームだけだ。もっと弱いミームは人々の心に残らず、伝達の過程で消えていってしまう。

「バズる」ための「感情のトリガー」

ソーシャルメディアの世界で働くマーケッターや宣伝係、ブランド・マネージャーらにとっては、配信ネットワークを見つけるのは、業務の中でいちばん困難な部分ではない。正しいコネクションと計画とカネがあれば、大衆にコンテンツを差し出す配信システムをうちたてるこ

※ニューヨークのベンチャー・キャピタル会社「ベータワークス」の主任データ・サイエンティストであるギラッド・ロータンは、バズフィードの異なるリスティクルがどれだけ共有されているかを検証し、ファクトイド（擬似事実）が「共有されうる」理想的な数は、平均で29であるらしいことを発見した。

とは可能だ。難しいのは、正しいコンテンツを思いつけるかどうかだ。自分のメッセージがミームの選択プロセスを勝ち残り、みごとに拡散されるという確証は果たして得られるものなのだろうか？　ジオーディエンスを営んでいたころ、新しいクライアントから中途半端なビデオを渡されて、「これを流行させてくれ」と言われることがよくあった。ジオーディエンスの広範囲に及ぶ配信システムに乗せれば、自動的にそれは叶うのだとみな勘違いしていた。でも私は錬金術師ではない。そのコンテンツが視聴者の共感を誘う正しい概念パターンをもっていなければ、それを魔法のように広めることなどできはしない。重要なのは**メッセージ**だ。ミームが適者として生存できるかどうかを決めるのはコンテンツなのだ。

　だが、どうしたら人々の心にミームをとどめられるのだろう？　どうすればヒットさせられるのだろう？　ここで私たちに必要なのは、情報を見るときについしがちな功利的な心のもち方を改め、感情とコンテキストというもっとぼんやりしたレンズで事態をとらえることだ。なぜなら、実のところ、ソーシャルメディアにおいて何らかのアクションが起きるのはそうした領域においてだからだ。感情は、ミームが「バズる」かどうかを決める重要な要素だ。問題は、どんな感情の引き金を引くか、そしてミームの拡散においてその感情がどんな役目を果たすかだ。

　ウォートン・ビジネススクールが次のような調査結果を得ている。[10]　ニューヨーク・タイムズの７０００件のオンライン記事と、それがタイムズ紙の「いちばんEメールされた記事」リス

図表7　記事の拡散と感情

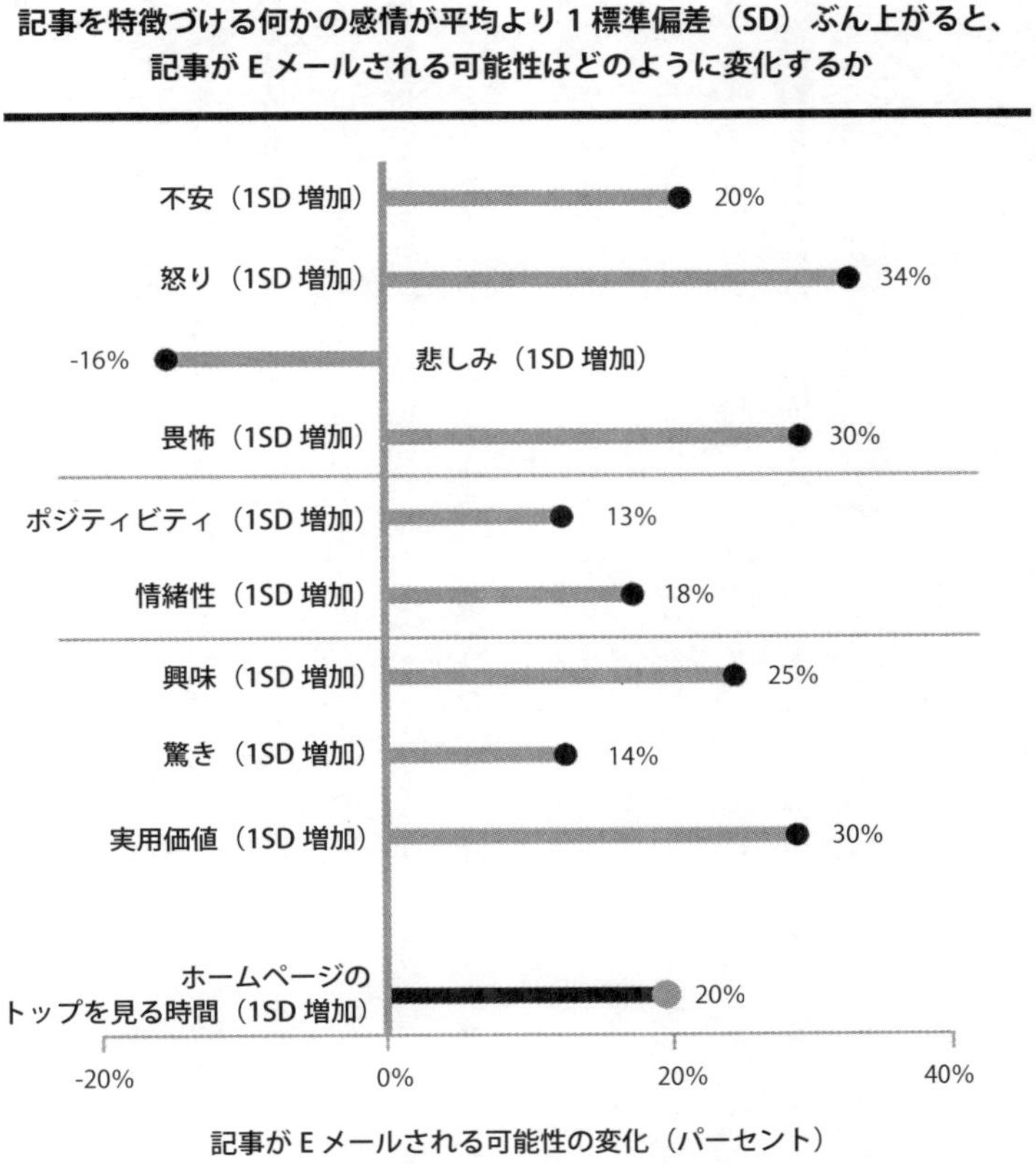
記事を特徴づける何かの感情が平均より１標準偏差（SD）ぶん上がると、
記事がＥメールされる可能性はどのように変化するか
不安（1SD 増加）
20%
怒り（1SD 増加）
34%
-16%
悲しみ（1SD 増加）
畏怖（1SD 増加）
30%
ポジティビティ（1SD 増加）
13%
情緒性（1SD 増加）
18%
興味（1SD 増加）
25%
驚き（1SD 増加）
14%
実用価値（1SD 増加）
30%
ホームページの
トップを見る時間（1SD 増加）
20%
-20%
0%
20%
40%
記事がＥメールされる可能性の変化（パーセント）

トにどれだけ登場するかの傾向を調べたところ、感情的な要素は二通りのやり方で結果に影響を与えていた。人々はまずコンテンツに対して――それがポジティブとネガティブのどちらの感情を引き起こすかという――二元的な価値観を抱く。そしてそれが、コンテンツを共有したいかどうかの気持ちに影響を与える。引き金を引かれた感情は次にさまざまな動機づけの効果を発し、さまざまな程度の「生理学的覚醒や活性化」をもたらす。この場合で言えば、コンテンツに心を動かされ、誰かにEメールを送りたくなるのだ。

最初の反応については、「流血は売れる」というジャーナリズムの法則とはうらはらに、ポジティブな内容のコンテンツのほうが拡散されやすいことを、ウォートンの教授であるジョナ・バーガーとキャサリン・L・ミルクマンは発見した。だが第二の反応については、二人は次のような発見をしている。それぞれの感情のトリガーはその記事が広く共有されるかどうかに異なる影響を与え、そうしたトリガーのリストのいちばん上に来るのは「怒り」というネガティブな感情なのだ。図表7に示されているように、さまざまな感情のトリガーの中で拡散を助けるものには、「畏怖」や「興味」や「驚き」のようにポジティブもしくは中立的な感情もあるが、「怒り」のほかに少なくとも一つ、「不安」というネガティブな感情がある。「悲しみ」という明らかにネガティブな感情だけは、「いちばんEメールされた記事」リストの中で明らかに、拡散に貢献していなかった。

ポジティブなホルモンを欲する

生物化学の進歩のおかげで、こうした考えはソーシャル・オーガニズムの生物学的な枠組みにもすんなりあてはめられる。感情の反応は外的刺激によって引き起こされるが、その表出は、脳内のさまざまな化学反応のはたらきによるものだと現在では多くの心理学者や神経科学者が考えている。幸福やその他のポジティブな感情は、ドーパミンやエンドルフィン、オキシトシン、セロトニンなどの神経伝達化学物質の放出によってつかさどられている。それらの化学物質は脳下垂体でつくられ、脳内で感情をコントロールする大脳辺縁系によって操られる。それらは痛みを和らげたり、悲しみに立ち向かうのを助けたりする。だからこそ、セロトニンの生成不足は鬱病と関連がある。こうした化学物質の分泌や減少の複雑なバランスにもとづいて、私たちは強い幸福感を抱いたり、深い憂鬱に突き落とされたりする。

科学の世界には、次のような主張が以前からあった。すなわち、喜びなどのポジティブな感情も不安や悲しみなどのネガティブな感情も進化の過程で生まれた特質であり、前者は生存に有利な行動を促すものとして生まれ、後者は己に害をなす行動を妨げるために生まれたのではないかというのだ。だが、私たち人間は社会的文脈によって独自に定義される生き物であり、現代人はつねに現代的な刺激にさらされている。刺激は先に述べたような感情を引き起こし、体内ではそれを埋め合わせるような化学的反応が起きる。生物化学的に言えば私たちは、ドーパミンの分泌に対する無限の渇望という形で、ジェファーソンの不朽の言葉「幸福の追求」を行っていると言える。

ソーシャルメディアとは、化学物質に敏感なこうした無数の脳が巨大な情報共有ネットワークの中で結合した総体だ。それぞれのノードは新しい情報を処理する有限の能力を備えており、それと同時に、外部からの刺激によって内部のホルモンのはたらきを左右されやすい本能的な傾向がある。こうした文脈で考えると、たとえばミームのジョークが人々にもてはやされるのは、ソーシャル・オーガニズムという生き物がポジティブなホルモンの分泌を集合的に欲しているためだとも見ることができる。というのも、微笑みや笑いにはそうしたポジティブな神経伝達物質を放出させる作用があることが、科学的にすでに解明されているのだ。可愛らしい動物の動画にも、同じような作用があるようだ（日本の調査によれば、そうした画像を見せられた被験者の生産性[11]は、見せられなかった対照群よりも高かったという。愉快な猫の動画を見ることは単なる時間の浪費ではないのかもしれない）。

怒りについてはどうだろう？　なぜ人々は、あれほどたくさんの不機嫌な言葉をソーシャルメディアの中に吐き出すのだろう？　どこまでも広がる怒りの巨大なキノコ雲は、どこからやってくるのだろう？　なぜ私たちは、破壊的な本質をもつものに本能で引かれるのだろう？　ここで考える必要があるのは、脳の辺縁系の中で行われている感情の全体的な統御についてだ。脳の辺縁系には、ファイト・オア・フライト(戦うか逃げるか)反応のコントロールをはじめ、さまざまな機能がある。それらの多くは、きわめて古い起源をもつ機能だ。天敵と戦う準備を肉体にさせるため、アドレナリンなどのホルモンを分泌するのもその一つだ。アドレナリンには中毒的な作用がある。その作用にはもっともな理由があるのだが、大きな繭《まゆ》にくるまれたような21世紀の都会生活においてはあまり意義をもたない。怒りはアドレナリンを放出する。だから私たちは怒りに引かれるのだ。

ここまでの議論はここでひとまず区切りをつけよう。ソーシャルメディアを建設的なやり方で最善に活用することについてこの先の数章で検証するさい、批判的な考察を行っていく。

カニエ・ウェストとエボラ出血熱のケース

この章では、ミームのどんな点が文化的な意味での遺伝子と言えるのかを論じてきた。ミームという伝達と複製の単位を土台にして、私たちはアイデアや感性や慣習や芸術的革新を共有する。ソーシャル・オーガニズムにおいて人々が何かを共有したいと思う気持ちは有限であり、その限られた資源になぜ一部のミームだけがアクセスでき、文化を築く礎石の一つとして選ばれていくのか、その理由をこれまで論じてきた。私たちの脳にソーシャルメディアのコンテンツという形でたえず外的刺激が流入する結果、何が起こるのか、脳の中ではどんな

図表8　西アフリカのエボラ出血熱のケース

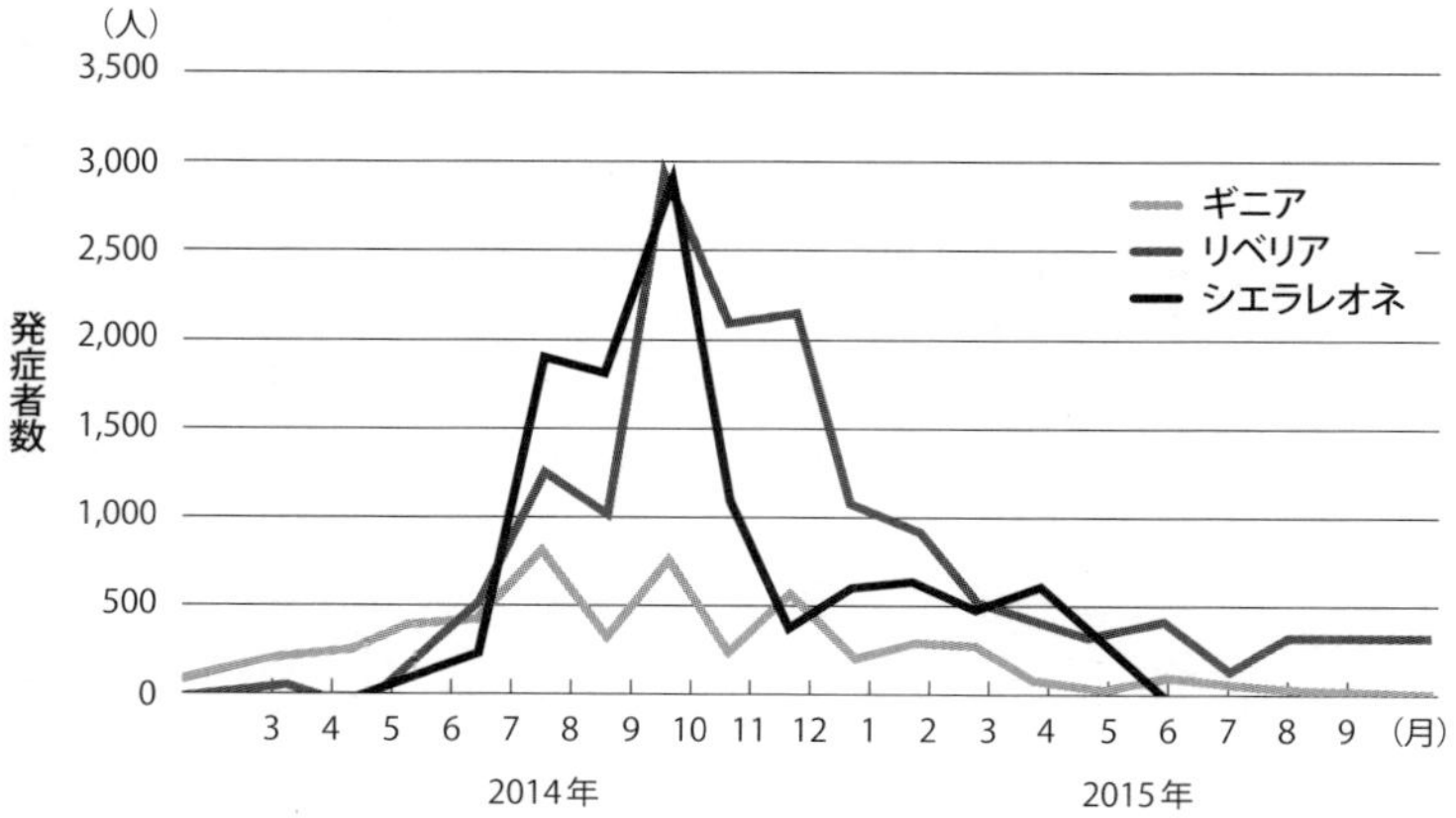

生化学的反応が起きるのか、そしてそうした構造にもとづいて、伝達の可能性を増大させたり減少させたりするどんな感情が引き起こされるのかを見てきた。

次の章に移る前にここで、現実世界における生物学的ウィルスがどのように広まるのかをいくつか紹介し、それを、ソーシャルメディアにおけるミームのふるまいと比較してみよう。まずは、西アフリカで近年猛威をふるったエボラウィルスについて見てみる（図表8）。２０１３年12月にギニアで最初の症例報告があってから２０１６年1月にWHOが西アフリカのエボラウィルス終息を宣言するまで、患者数は最初じわじわと増え、その後、リベリア、シエラレオネ、セネガル、ナイジェリア、マリへと爆発的に広がった。そしてアメリカやイギリスやスペインやその他の地域にまで広がった後、２０１５年の後半に急に終息に向か

図表9　#OutBoastKanyeについてツイートまたはリツイートされた数

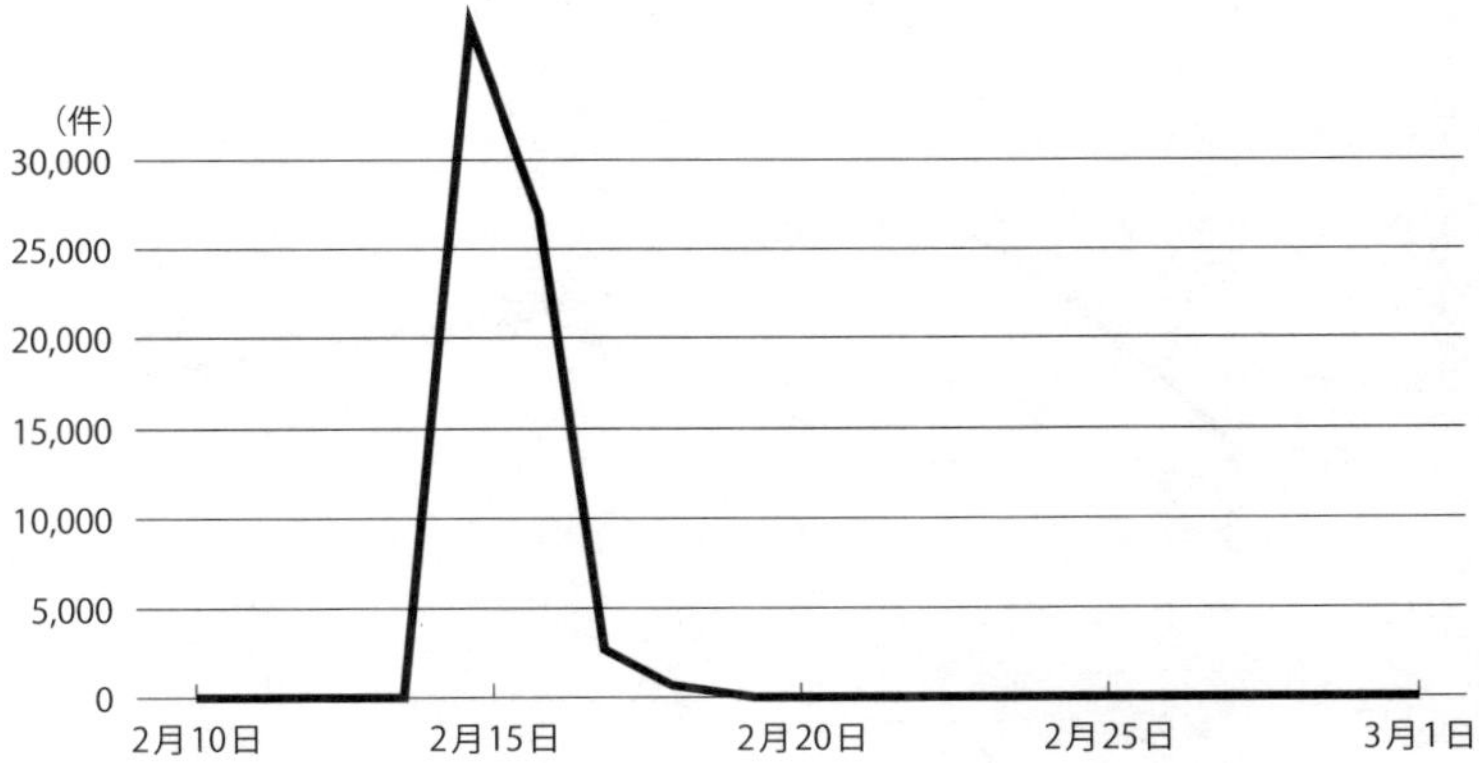

った。

これを、ハッシュタグ#OutBoastKanye（カニエの自慢を超えろ）がたどった運命と比較してみよう。2016年2月15日、カニエ・ウェストによる「俺は個人的には金もちだ。家族のために毛皮も家も買える」という馬鹿げたツイートを機にツイッターのユーザーがいっせいに冗談合戦を始めたことで、このミームは急速に広まった。#OutBoastKanyeのジョークは文字通り即座に広まり、その日の終わりまでに合計2万8227件ものツイートとリツイートがあった。いちばん人々を笑わせたのは、たとえば、@DatOwlTwitchが投稿した「#OutBoastKanye. 俺なんか、ミニッツライスを57秒で調理できるんだ」や、@Sadfaceotterの「俺なんか、時々ヨーグルトの蓋を舐めないで、そのままゴミ箱に捨てているんだ」などだった。翌日の2月16日も投

図表10　新規のHIV感染者数

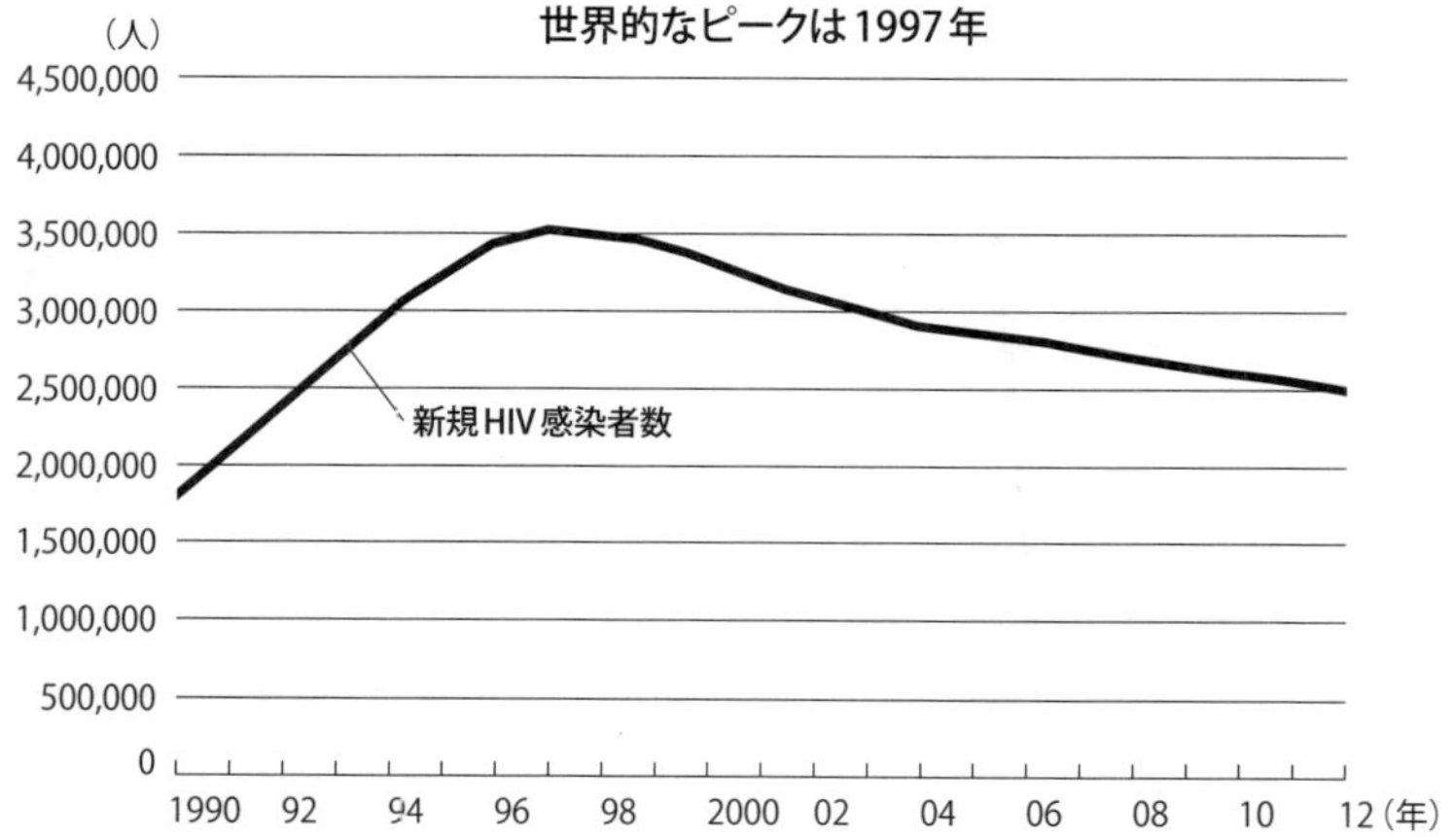

稿は続き、ツイートとリツイートの合計はその日だけで2万726件に上った。

だがエボラウイルスと同じように――いや、エボラよりもさらに急速に――#OutBoastKanyeへの投稿はあっというまに終息に向かった。翌17日の投稿数は2152件。18日には591件。そして最初の日からわずか5日後の19日には、281件にまで落ち込んだ。その後も下降は続き、同月の終わりには#OutBoastKanyeへのツイートは1日わずか1桁程度になった。そして、その年の夏が終わるころには、2日に1回程度のツイートしかなくなった。図表9の2016年2月の投稿数のグラフを見てほしい。

エボラウイルスの例と#OutBoastKanyeの例からはともに、生物の世界であれソーシャルメディアであれ、何かが流行るときの典型的なパターンが読み取れる。だが時おり、こうした「盛り上がって、しばらくしたら、燃え尽きる」というパターンがあてはまらない、特別に拡散力の高いウィルスが出現することが生物学の世界でもミームの世界でもある。それぞれを個別に検証していこう。まずは生物学的に並み外れて強力なウィルスとして、20世紀に猛威を振るい、3500万人以上を死に至らしめたHIVウィルスについて考える。HIVの新規の感染率が低下に向かうまでには長い時間がかかった。しかも今なお、新規の患者の数は高い数値のままで止まっている（図表10）。

跳ねるハッシュタグ

このように高い持続力をもつミームがソーシャルメディアにも存在する。その一つが本書の冒頭で紹介した#BlackLivesMatterというハッシュタグだ。このハッシュタグは2013年に黒人男性トレイボン・マーティンを殺害したジョージ・ジマーマンが無罪放免になったとき、人々の怒りの爆発とともに誕生した。だが、#BlackLivesMatterが本当に〝跳ねた〟のはその翌年にミシシッピ州ファーガソンでマイケル・ブラウン射殺事件（訳注：18歳の黒人青年マイケル・ブラウンが白人警察官によって射殺された事件）が起き、さらにニューヨークでエリック・ガーナー窒息死事件（訳注：警察官が逮捕にあたって絞め技を使用したために被逮捕者エリック・ガーナーが死亡した事件）が起きてからだった。これらの事件に対する大規模な抗議行動との関連で、

#BlackLivesMatterは大きなムーブメントを生み、一つの風潮にまでなった。
さらに2015年春、黒人青年フレディ・グレイが警察官による拘束後、死亡する事件がボルティモアで発生し、それに対する大規模な抗議が起こると、運動にはさらに拍車がかかった。その後、アメリカで選挙戦が始まり、#BlackLivesMatterの主要な活動家らが組織的な運動で抗議と政治的主張を行ったことにより、運動全体にけん引力と合法性が加わった。そしてついにリーダーである活動家ディレイ・マッケソンが、事件の起きた象徴的な町ボルティモアの市長選に出馬し、アメリカの民主主義に新たなページを開いた。マッケソンは、ハッシュタグから誕生した最初の政治家候補となったのだ。それとちょうど同じころ、ソーシャルメディアの時代における個人のアイデンティティという概念が再検証される中、タイム・マガジンは#BlackLivesMatterの運動を、2015年の「パーソン・オブ・ザ・イヤー」の次点に選出した。

その後、2016年夏にルイジアナ州バトン・ルージュで黒人男性アルトン・スターリングの、さらにミネソタ州ファルコン・ハイツで黒人男性フィランド・キャスティルの悲劇的な殺害事件が起きた。これらの事件は——そして残念ながら、#BlackLivesMatterの運動が保守派から「テロリスト」呼ばわりされる原因となった、ダラスおよびバトン・ルージュで起きた単独犯による8人の警察官の死傷事件は——運動全体にふたたび社会からの高い注目を集めた。これらの経緯の大半は、メディア・社会的影響センター（以下CMSI）が発表した印象的な

図表11　#BlackLivesMatterについてツイートまたはリツイートされた数

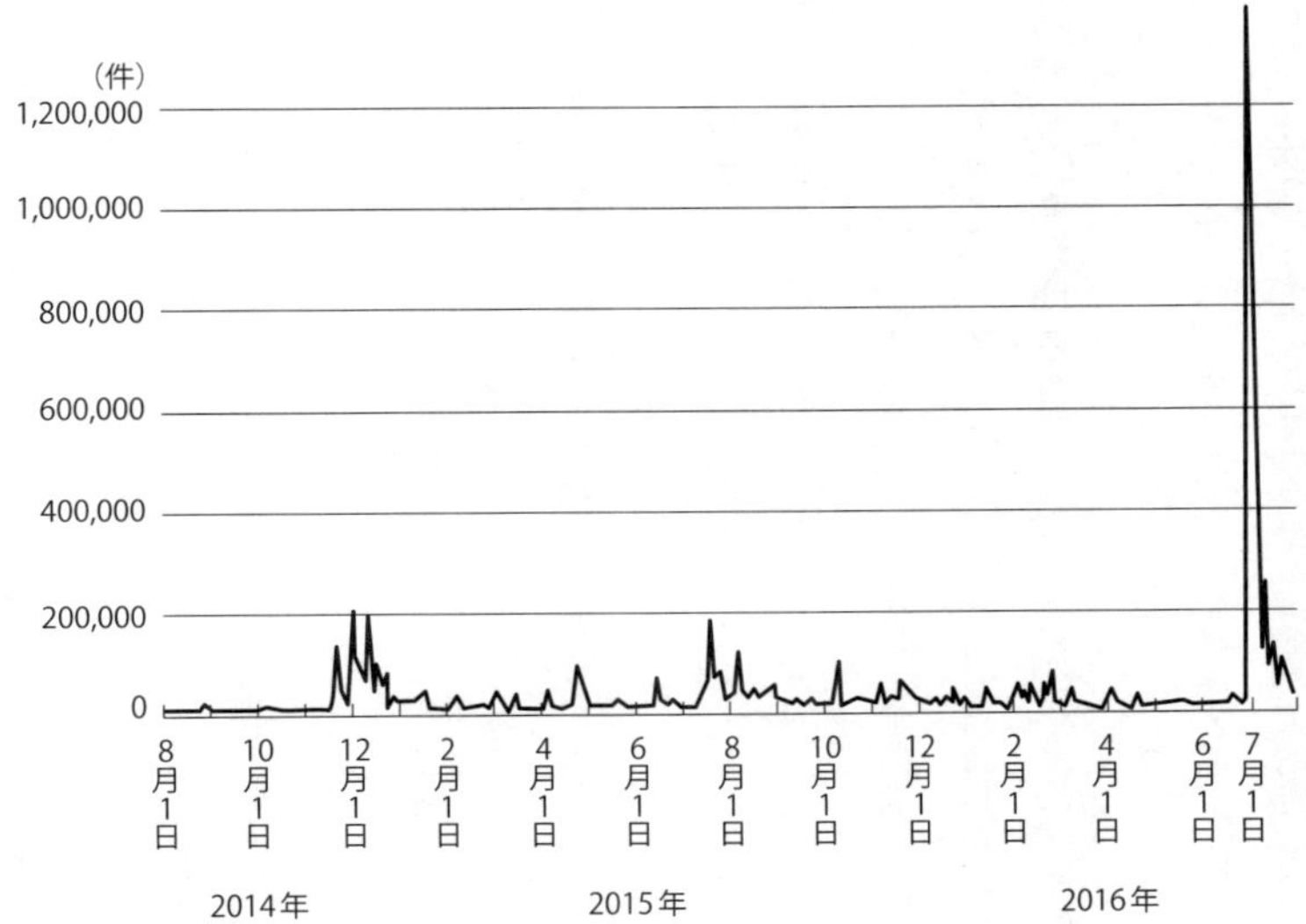

レポートの中で論じられている。レポートはアメリカン大学、ニューヨーク大学、ノーステキサス大学の3人の研究者によって書かれているが、彼らは#BlackLivesMatterの市民運動を巡ってソーシャルメディアの動きが何度も繰り返し活性化している点を掘り下げている。[12] 私はこうした波を、バイラルの「発生」と呼んでいる。[※]

こうした活動すべてを視覚的に理解するために、さらにもう一つ、MITメディアラボのソーシャルマシン研究所に所属するソロウシュ・ヴォスーギとデブ・ロイが提供した2016年のデータと、CMSIによる報告書につけられたあるグラフを紹介しよう（図表11）。報告書では、2014年から

２０１６年における#BlackLivesMatterの言及数が紹介されている。それによると、このハッシュタグが終息どころか、何度も繰り返し活性化していることが、そしてどんどん過激で強烈な盛り上がり方をしていることがわかる。２０１６年７月のある１日だけで、このハッシュタグへのツイートとリツイートは合計で１１０万件を超えた。

人間が生きるうえでの根本的な原則

こうした現象の分析や比較にあたり、まずＨＩＶについて特記しなければならないのは、そのウィルス独特の行動様式だろう。ＨＩＶウィルスは体の、病気に対する防衛システムに総攻撃をかける。そして、増殖を目的に宿主細胞を乗っ取るだけではあきたらず、ヘルパーＴ細胞の表面にあるＣＤ４レセプターにとりついてしまう。ヘルパーＴ細胞とは白血球細胞の一種で、外敵の侵入に反応して免疫系の他の白血球細胞をすべて活性化する役目をもつ。こうした細胞を乗っ取ることで、ウィルスは単にＨＩＶに対する防衛システムを無効にするだけでなく、**あらゆる**攻撃に対する免疫系の防衛能力を破壊する。ひとたびウィルスがその非道な役目を完了し、犠牲者がエイズに侵されたら、患者の命を奪うのはＨＩＶではなく別の何か——たとえば、癌や髄膜炎や肺炎などの病気だ。

次に、「black lives matter（黒人の命が大切だ）」という言葉そのものについて考えよう。この言葉もＨＩＶウィルスと同じように、システム全体に広く揺さぶりをかける。そしてそれにより、時代錯誤の欠陥システムに——いいかえれば、人種的偏見という意味でも公正という意味でも最適状態にまだ進化していないシステムに——活を与える働きをもつ。行動を呼びかける言葉として、これはきわめて強烈で根源的だ。この運動とそれに付随するミームは単に、狭義の政治的思想——たとえば、若い黒人男性への暴行事件についての考えや、貧しいマイノリティのコミュニティのために奉仕するという考えや、マイノリティ優遇措置についての考えなど——にだけ関連して定義されるものではない。「black lives matter（黒人の命が大切だ）」という言葉は、特定の問題に対する特定の解決策だけをうながすものではない。それが求めているのは社会全体が、人間が生きるうえでの根本的な原則を順守することだ。いってみればそれは、システムに対する総攻撃だ。そのやり方はきわめて劇的で、感情に

※大半の読者にとっては自明と思われるが、テーマが繊細なものであるだけに、次のことをあえて述べておきたい。本書で#BlackLivesMatterをウィルスの行動パターンになぞらえたのは、悪い病気のようなものだと言いたいからではけっしてない。それとは反対に私たちは、この新しい市民運動は文化の変化をもたらす強力で進歩的な力だと考えている。ウィルスとの類似性があるのは、アイデアがいかに伝播するかというメカニズムについてだけだ。ウィルスを引き合いに出したのは、ある種の環境下では文化的変化の担い手が、スーパーウィルスと似た印象的なライフサイクルを送る場合があることを示すためだ。じっさい私たちは、#BlackLivesMatterというミームがアメリカの社会構造に深く浸透し、人々の精神にまで入り込むことを、そして、ずっと待たれていた不正義への目覚めがこの言葉によって促されることを、期待しているのだ。

訴えかけるものだ。その言語は、明白なまでの単純さと、繰り返される物語および光景への明らかな言及ゆえに、強烈な力をもつ。「black（黒人の）」「lives（命が）」「matter（大切だ）」というミームは、それが生まれる以前から人々の心にあった辛い過去についての記憶を、集合的な意識に変容させたのだ。

そのほかの類似点は、変異のプロセスに認められる。HIVウィルスの中にあるRNA（リボ核酸）の変異のスピードは、生物の中では類を見ないほど速い。つまり、製薬会社の開発部門であるR&Dなどが追いつかないほどの速さで、進化のアルゴリズムが進むということだ。HIVの脅威を抑え込むには、抗レトロウィルス薬をいくつも組み合わせ、感染したヘルパーT細胞のDNAをウィルスRNAが乗っ取るのをブロックし、自己複製が歪められるのを防ぐ必要がある――それと並行して、より広い感染のメカニズムをブロックするために、コンドームや注射の使用を広く啓蒙しなくてはならない。それでもまだ、広く利用可能な治療法は現実にはまだ発見されていないのだが、本書の第7章では、HIVを克服した2名の患者のうちの一人に焦点を当てる。そしてそこから、文化的に病んだ社会をソーシャルメディアがどのように「治療」できるかについて、ヒントを探っていく。

「強烈なミーム」になるための条件

#BlackLivesMatterからは、さまざまな「変異」によってスピンオフ的な表現が誕生したが、それらはどれも、正義を広く求めるという本来のメッセージに忠実だ。そこからは、強烈なミームのもつ力が見てとれる。強烈なミームには、より大きなスケールにあわせて進化したり適応したりする能力がある。マイケル・ブラウンが殺害されたファーガソンでは、抗議行動のときに大勢の人々が「Hands Up, Don't Shoot（手をあげているから、撃たないで）」と声をあげ、それを示すジェスチャーをした。そこから派生したサブ・ミームとして香港でも、同時期に実施された民主化要求デモのさいに同じことが行われた。エリック・ガーナーの窒息死事件後、ニューヨーク警察への抗議行動が行われたときは、「I Can't Breath（息ができない）」というスローガンのもと、人々が自分の首を絞めるジェスチャーをした。そこからさらに、#Fergusonや#MikeBrownや#EricGarnerなどのハッシュタグが新たに生まれた。

本書の「はじめに」で紹介した#TakeItDownや#JeSuisBreeなどのハッシュタグも、チャールストンでの銃撃事件後、南部連合国旗の撤去に関連して登場したものだ（ＣＭＳＩでBlack Lives Matterの市民運動についてのソーシャルメディア研究を編集した3人の研究者は、このテーマに関してどれだけのコンテンツが生まれたかを示すために、２０１４年から２０１５年にかけて投稿された4100万件ものツイートを分析したという）。これらはすべて、アメリカ社会の中で二級扱いされてきたアフリカ系アメリカ人がそれまで感じてきた怒りを増幅するとともに、#BlackLivesMatterというもともとのミームに表現された価値観をあらためて強調した。それらすべてが本来のメッセージを増強し、卓越したものにした。

#BlackLivesMatterというハッシュタグの持続的かつ、さらに拡大するパワーがはっきり示されたのが、2016年のスーパーボウルのハーフタイムショーで、コールドプレイの前座としてビヨンセが登場し、ブラックパンサー党（訳注：1960年代から1970年代にかけてアメリカで黒人民族主義運動・黒人解放闘争を展開した急進的な政治組織）の衣装を着けたダンサーたちを従え、リリースしたての新曲「フォーメーション」を熱唱したときだ。この曲のミュージック・ビデオにはハリケーン・カトリーナに襲われたニューオーリンズの光景が多用され、歌詞には、人種的に分断された南部出身のビヨンセ本人のルーツについての言及がある。この曲が一大イベントの直前に披露されたことで、ソーシャルメディアはおおいに盛り上がった。ポップカルチャーの王座にある黒人女性ビヨンセの歌うこの曲に、#BlackLivesMatterの流れを直接受け継いでおり、今なお続く黒人たちの怒りの聖歌とも言える。

この発表の意味をさらに増したのは、スーパーボウルという全米じゅうにテレビ放送される、年に一度の大イベントのさいにそれが行われたことだ。スーパーボウルを主催するのはNFLという全米規模の組織で、そこではいまだに、フットボールチームの序列の中に人種格差が厳然と、ほとんど議論もされないまま存在している。ハッシュタグ#BlackLivesMatterは誕生から3年がたった今も健在であるだけでなく、舞台の中央にとどまり続けている。HＩＶがスーパーウィルスなら、こちらはさしずめ、スーパーミームだ。そして、強力なウィルスと同じようにこのスーパーミームは今や、ドナルド・トランプのようなヘイト・モンガーらが頼みにする時代遅れの人種差別的文化の遺産にまで感染する力をもっている。

もちろん、何かのメッセージをもっている人がみな、#BlackLivesMatterのような強烈なインパクトを私たちのミームの暗号にもたらせるわけではないが、遺伝子や生物学的ウィルスから引き出した教訓は、私たちすべてにとって価値をもつ。人々はみな、このソーシャルメディアという新しい複雑なコミュニケーション構造の中で、自分の話を誰かに聞いてもらおうと四苦八苦しているのだから。だが、ソーシャル・オーガニズムの内部の働きについて学ぶべきことは、こうした教訓のほかにもたくさんある。ここらでそろそろ、ソーシャル・オーガニズムの代謝がどのように機能しているのか、ソーシャル・オーガニズムがいかに成長し、いかに内部の安定性すなわちホメオスタシスを保っているのかを考察することにしよう。これは生物の七つの法則の二番目と三番目、そして四番目にあたる。

第5章

「荒らし」にエサを与えてはいけない

有機体には最高級の有機質肥料「コンテンツ」を

2016年1月のデヴィッド・ボウイの死は、本書の共著者マイケルや私の仲間たちの心を大きくかき乱した。人々のフェイスブック上には、ミュージシャンとしても俳優としても輝かしい才能を誇ったボウイに捧げる言葉があふれた。X世代の人間は、自分自身の青春の象徴でもあったボウイの死を悼んだ。人々は、古くからの友だちやオンラインで出会った他人も含め、地球規模で哀悼を捧げ、悲しみを共有した。

デヴィッド・ボウイはビートルズのような圧倒的な影響力こそもたなかったかもしれないが、私たちの世代にとってその死はある意味、ベビー・ブーマーたちにとってのジョン・レノンの死と同じほど重い意味をもった。人々はみな、その日こそが「音楽が死んだ日」だと感じた。

デヴィッド・ボウイという「突然変異体」

人々がボウイの真の天才性を理解できたのは、彼の死後とも言える。変幻自在のキャラクターや複数の別人格をもちあわせ、気まぐれな展開の人生を送ったボウイは、帰らぬ人となってはじめて、なぜ生前の彼がこれほど重要だったかを私たちに示した。ボウイはほとんど独力で、カテゴリーにとらわれない流動的なアイデンティティというポストモダンな概念を築き、それを主流にした。当時の無数の若い男女は、性別や性的志向や肌の色やその他の厳格な定義に従って人間を分類しようとする社会に、自分の身をあわせようともがいていた。そんな彼らにボウイは、人と違っていてもいいのだと、そして変であることはクールにもなりうるのだと示した。

それは、当時の私にとって——アメリカ南部社会の厳しい制約の中で、自分がホモセクシュアルであることに折り合いをつけようとしている青年にとって——力にあふれたメッセージだった。その音楽性、セクシュアリティ、そして表現ゆえに、今の私はボウイを一種の「突然変異体」として見ている。彼は私たちの文化にたくさんの新しいＤＮＡをもたらし、己がいかなる存在かについて、私たちがそれまでもっていた考えをぬりかえた。ボウイは、私たちの免疫の境界線を引き直し、想像の自由を拡大した。

ボウイのメッセージは人々を解放しただけではない。そこにはまた、先見の明があった。ジギー・スターダスト、シン・ホワイト・デューク、アラディン・セインなど複数の別人格をもち、セクシュアリティを故意にあいまいにしたボウイの生き方は――彼は自分のことをゲイと言ったりバイセクシュアルと言ったり、隠れ異性愛者と言ったりした――現代の、ソーシャルメディアを土台にした新しい存在のあり方の先を行くものだ。ニューヨーカー誌の風刺漫画家ピーター・スタイナーが「インターネット上では、誰もあなたが犬だということを知らない」と書いたように(1)、インターネットの匿名性は、人類学者が「遂行性」と呼ぶものを新たにほとばしらせてきた。遂行性とは、人間は社会的文脈に応じて異なる「自己」をたえず演出するという考えだ。ソーシャルメディアは、私たちみなの中にいたボウイを外に出したのだ。

本書でこれまで、ソーシャルメディアがけん引する新しいコミュニケーション・システムと生物の世界との類似点を追究してきたことを考えると、デヴィッド・ボウイの自在に変化するキャラクターをあらわすのにいちばんよく用いられてきたメタファーが自然界に由来するというのも、当然な気がする。ボウイはしばしば、カメレオンになぞらえられてきた。一九七九年に発売されたオーストラリア限定のベストアルバムのタイトルが、ずばり「カメレオン」

であるのはおそらく、偶然の一致ではない（このアルバムは、マイケルの古いレコードコレクションの中でもお宝アイテムの一つだ）。カメレオンはむろん、瞬時に自分の体の色を変えるという、生き物の世界でも比類のない能力をもっている。カメレオンの皮膚は四つの異なる色層からできており、皮膚の色は明るい緑からくすんだ茶色へ、そして鮮やかな虹のような色へと変化できる。カメレオンが体の色を変える一つの目的はカモフラージュであり、その場合はまわりの環境にとけ込むような色合いが選ばれる。

だが、心の状態や交尾への欲望が、色にあらわれる場合もある。まるで、その時々に置かれた「社会的」文脈にあわせて、異なる自己を演じているかのようだ。その目的は、競争者を撃退することだったり、求愛だったり、乏しい資源をめぐる争いからライバルのカメレオンを引き下がらせるためだったりする。

欺きの芸術「擬態」

カメレオンは、こうした擬態を行う動物の中でもとりわけ印象的な一例だが、同じような行動は動物や植物の世界のあちこちで認められる（物まねを表す言葉「擬態（ミメシス）」は、リチャード・ドーキンスが「ミーム」という言葉を着想したのと同じ、ギリシャ語の「mimeme」に由来する）。擬態は、生命の重要な側面の一つだ。

たとえば、「海のカメレオン」とも呼ばれるコウイカは、他の個体とコミュニケートしたり、自分をカモフラージュしたり、捕食者を脅したりするために、体の色を変えるだけでなく、皮膚の模様や質感や形をも変えることができる。ネコは、予期せぬ侵入者を威嚇するとき背中を丸め、本来よりも大きくて獰猛な攻撃者であるように見せている。クジャクは求愛のとき羽を広げ、威厳を装う。中央アメリカのジャングルに生息するヒキガエルは、天敵から身を隠すために木の葉と似た色になる。メキシコのミルクヘビは毒をもたないが、有毒のテキサスサンゴヘビと酷似している赤と黒と白の輪の模様によって潜在的捕食者を威嚇している。また、さまざまな植物が、農作業をする人々にむしり取られないように、穀物と見まがうような外観に進化してきた。その一つが、イネとよく似た外観をもつタイヌビエだ（じつはライ麦は最初、小麦の概観を模したペテン植物だった）。

擬態とは、欺きの芸術だ。そこでは、手品師が聴衆をだますのに用いるのと同じトリックが用いられる。それは、どんな有機体でも視覚や聴覚や嗅覚の能力には限界があるという事実を逆手にとって行われる。私たち生き物には、生まれ落ちる前からパターン認識の能力がプログラムされている。いいかえれば私たちの五感は、そうしたパターンの外にあるものを受信するのが不得手だということだ。私たちはつねに何らかの秩序を探し、一貫した、予測可能なパターンを見つけ出そうとする。そうすることで、身のまわりにひそむサインを見極め、正しい反応をすることができる。

だがいっぽうで人間は、異なる秩序のパターンに気づかない傾向がある（それは視覚のほか、聴覚や嗅覚や触覚や味覚にも言える）。認識能力は、遺伝的に受け継いだものと、人間のような高等な生き物の場合は学習で身につけるものの両方から構成されているが、いずれにしろごく狭い範囲に限られている。だから私たちの脳は、こうしたパターンにあてはまらない感覚的な信号を受け取ったとき、その本来とはちがう――でも真実でないわけではない――現実に、簡単にだまされてしまう。本質的に擬態とは、何かのパターンをまねることだ。それは、私たちの内なるコンピュータに備わった、外界を探索する読み出し機能を混乱させてしまう。

「物語」が世界を変えた

自然界における擬態という行為について考えるもう一つの方法が、「物語」だ。擬態は、現実の一**ヴァージョン**をあらわしている。それはけっして間違ったヴァージョンというわけではない。ある有機体によって語られた――あるいはもっと正確に言えば「演じられた」――世界の状態についての物語が擬態だ。その目的は、他の有機体の認識に影響を与えることにある。この「物語」の能力を人間ほど広く完成させた生き物はいないといっていい。

ユヴァル・ハラリは著書『サピエンス全史』（柴田裕之、河出書房新社、２０１６年）の中で[2]、文明の起源についての圧倒的な説明を繰り広げ、人間が何かを説得したり物語をつくったり神話をつくったりする能力は社会の組織を発展させるうえで非常に重要な役目を果たしたと述べ、さらに、人間が地球を支配するようになったことにもこの能力が関連していると主張した。独自の認識力を兼ね備えた人間は、認識の技術や表現の技術を新しいレベルまで引き上げ、その過程で世界を変化させてきた。人間は、赤の他人を何百万と集めて社会というものをつくり、その他人たちに、社会の外にいる何百万もの他人をともに殺しにいかなければならないと思い込ませたりした。人々がそれに従ったのは、「国家」という定義のぼんやりした何かに所属する結果、まわりの人々と共有することになる「共通の価値」に訴える物語がそこにあったからだ。宗教や国家主義や政治的忠誠心や、さらには竹馬の友や敵などでさえ、人々がたがいに語り継ぐ物語の周辺に形成されるのだ。

物語を求めるのは、人間にもともと備わった性質だ。もしそれがなかったら私たちは、人生に目的があると信じることが果たしてできるだろうか？　NPRの人気番組「ラジオラボ」でトム・フレンチが次のようなエピソードを紹介している。[3] 未熟児として生まれた娘が保育器の中で生死をさまよっているとき、彼はかたわらでハリー・ポッターの本を読み聞かせていた。じき彼は、本を読んでやっているときは、娘のバイタルサインが向上することに気づいた。トムはそれを娘からの、保育器のスイッチを切るなというサインだと——たとえ何かに頼って生きることになっても、生きる戦いを放棄したくないというメッセージだと——考えた。物語を聴くことで体に反応があらわれたという事実が科学的にどう説明されようと、そして、それが単なる偶然にすぎなかったにしても、重要なのは、そのとき「何かをする」ことを切望していた父親がこの出来事によって、人間とはいかなるものかについての本質的な洞察を得たことだ。「娘は章が何かなんて知らない。でも彼女は自分なりのやりかたで、次の章を話してほしいと訴えていた。生きたいと思うことはつまり、次に何が起こるかを知りたいということだ。それ以上にうまい表現を僕は思いつかない」。トムはインタビュアーにそう語った。娘のジュニパーは今、元気でおてんばな幼児に成長した。

オーディエンスとフィードバック

インターネットの誕生と、とりわけソーシャルメディアの誕生は、「物語」が置かれる文脈を劇的に変化させた。その大きな原因は、聴衆の数がケタ違いに大きくなったことだ。ソーシャルメディアに情報を発信する者はみな、しばしば無意識のうちに擬態を行い、他者の行動やイメージを真似て新しいアイデアやコンセプトやミームをつくる。そしてそれらが何らかの形でフィードバックされることを人々は願う。私たちソーシャルメディアのユーザーは、若い層はことに、複数の化身《アバター》やオンライン上のあだ名をたびたび使い分けしたり、ツイッターやタンブラーのアカウントをいくつもつくったり、ときにはロールプレイング用の別人格をつくったりする。しかも、「リアルの」人格とオンライン上の「フェイクの」人格の分かれ目をぼやけさせるようなやりかたでそうしていたりする。

聴衆がつねに耳を傾けてくれるおかげで、私たちはフィードバックを経験する。そして、そこからまた新たな「物語」が生まれる。私はこの新しい物語の織り方を「文化の培養基」として（培養基とは、バクテリアを培養するさいに科学者がペトリ皿に入れる混合物のことだ）、あるいは時間や空間に関係なく人々が結びつき、新しいアイデアを花開かせる「フラットな」場所としてとらえたいと思う。会社で冷水器のある場所はかつて、社員同士が集まってその日のことや前の日のことを話す井戸端会議の場所と決まっていた。今私たちはオンライン上に無数のそうした場所をもっている。それらは、空間の制約にとらわれずに寄り集まることができる場所だ。

擬態がグローバルに拡散することで、混乱が生じる可能性もある。それは、人間が世界を理解するパターン認識の技術に限界があることを浮き彫りにする。議論の余地のない事実だと私たちが思っていることが、じつは、共通の経験のパターンから形成された主観にもとづいていることを、ソーシャルメディアはしばしば明らかにする。それを突きつけられたとき、私たちは自身の目や心にいかにあざむかれているかを知って愕然とする。たとえばひところ話題になったハッシュタグ#TheDressでは、投稿された写真のドレスが白と金のストライプに見えるか、青と黒のストライプに見えるかについて、数百万人を巻き込んだ世界規模の論争が起きたし、#Findthesheepではカメラでズームしないかぎり、写真に５００頭もの羊が映っていることに私たちは気づけない。

これまでの分類はあてはまらない

このように私たちの目がうっかり何かを見誤る奇妙な例よりもっと重要なのは、ソーシャル・オーガニズムの模倣のプロセスを通じて文化が変化した結果、既存の認識パターンが揺らぎつつあることだ。私たちは社会秩序の指標を理解するときに、この認識パターンを用いている。性別、性的志向、人種など、伝統的に人間の分類に用いられてきた指標は、長年使われてきた強力なものではあったが、しょせん社会がつくりあげた代物でしかない。自分はそうしたカテゴリーの外に属すると感じる人はいつの時代も存在していたが、社会は——プラトンの「洞窟の比喩（訳注：洞窟の中で縛られ壁に向きあった囚人は、影だけを見てそれを実体だと思い込んでいる）」に登場する囚人と同じように——そうした人々をあるがままに認めることができなかった。そうした人々の独自なアイデンティティの形は、社会が築いてきた分類の範疇に入らず、それゆえ社会的に不適格なものと見なされてきた。だが、ソーシャルメディアの発達した現在、そうした人々も、連帯するグループをたやすく築けるようになっている。

現在中学生と高校生の子どもをもつ共著者マイケルの観察によれば、一世代前よりもはるかに多くのティーンエージャーが非常に早い段階で、自分がＬＧＢＴＱであることに折り合いをつけているという。その一因は彼らが、じっさいの近親者を超えてオンライン上のコミュニティに、自分を支えてくれる人を見つけられたからかもしれない。こうしたソーシャルメディア上の友情は彼らに、そのままの自分でいいという自信を与えてくれた。私が子どもだったころにもしもそうしたツールがあったら、ミシシッピの田舎で同性愛者であることを隠していた私の人生は、どのように変わっていただろうか？　私の母親はいつも通学用にコーデュロイのズボンを用意し、けっしてジーンズははかせなかった。そしてたったそれだけのことで、私は学校でのけ者にされた。異質なものは悪魔的で奇妙だと見なされ、変わり者らのサーカスのショーを盛り上げる材料程度にしか見なされなかった。

そのことを作家のキャサリン・ダンは小説『異形の愛』（柳下毅一郎、河出書房新社、2017年）の中でみごとに寓話化している。[4]　この小説は、自分の「特異性」が仲間内での価値を定義するという設定で展開する。私たち人間は、環境が押しつけてくるものとともに成長する。だが、インターネットで社会が結ばれた今、人々は地理的な制約にとらわれず、価値観を同じくする仲間とつながることができるようになった。

こうした全体的な現象を解釈する一つの方法は、生物多様性と同じことが社会でも起こりつつあるのではないかということだ。自然は、南米に生息する「ピンクの妖精」と呼ばれる小さなアルマジロと、北米で見られる九本縞で鼻の長いもっと一般的なアルマジロがほとんど似ていなくても、何も頓着したりしない。「ピンクの妖精」は、部分的にはネズミのようにも見えるしモグラのようにも見える。背中に載っている波模様の甲冑のような殻のおかげで、かろうじてアルマジロのようにも見える。そんなことには関係なく、彼らは穴を掘り、食べ、他の「ピンクの妖精」アルマジロと交尾する。カモノハシは毛でおおわれた哺乳類だが、卵を産み、泳ぎ、そしてアヒルのようなくちばしをもっている。カテゴリーを無視したような生き物である彼らも、それでちゃんと生きている。

ソーシャル・オーガニズムはそのもっとも広範で異種混合的なレベルにおいて、人々を、自然と同じような無関心さで受け入れ、彼らのための場所をつくっている。それはモラルによる配慮ではなく、有機的でホロニックな構造物の自然な機能だ。この構造の土台にあるのは、一人ひとりのメンバーの物語を結ぶ主観的な関係性であって、すべての人間が従わなければならない「客観的」であらかじめ分類済みの秩序ではないのだ。

ソーシャル・オーガニズムの内部にも、おそらくたくさんの区分けがある――それについては次の章で議論しよう――が、それでもまだ、過去には存在していなかったものを新たに受け入れる余地がある。

可能性に満ちたオープン・スペースの中で、そして映像とテキストによる巨大で混沌とした地球規模の交流を通じて、人々は先駆者であるデヴィッド・ボウイがしたのと同じように、自分のもう一つのアイデンティティや人格を模索している。この自己表現の実験を積み重ねるうち、私たちは、他者を識別するのに用いていたルールがもはや、過去に思っていたほど明確なものではなくなっていることに気づかされるだろう。私たちが自分という人間を定義するプロセスそのものが変化しつつある。それは、迷走を招く可能性もたしかにある。そうならないためには、シェイクスピアが数世紀も前に認識していた何かを理解する必要がある。「この世の中はすべて舞台」なのだと。

「モラル警察」を恐れない自己演出

遂行性の理論は、50年代に社会学者アーヴィング・ゴッフマンが書いた文章に由来する。[5] それによれば、会話や映像やジェスチャーなど人間のコミュニケーションのツールは、単に情報を伝えるためだけではなく、自分という人間の概念を打ち立てるためのものだという。私たちはそうしたツールを使って、いうなれば、異なる役を演じているのだ。ゴッフマンの主張によれば私たち人間はそうしたパフォーマンスを——そして、世界に向けて提示するさまざまな「自己」を——さまざまな「枠組み」やコンテクストにあわせて調節している。そうした枠組みやコンテクストを定義するのは、目や耳を傾けてくれる人々や、環境や、さらには、私たちの言葉や行動が解釈される手法だ。つまり、私たちが外で旧友と酒を飲むときに演じている自己は、自宅の寝室で演じる自己や、未来の雇用者に提出する履歴書に書かれた自己とは別だということだ。

90年代において、哲学者のジュディス・バトラーはこの理論に革新的な転回をもたらした。バトラーは、ジェンダーとは物理的な性の違いのような明白な事実ではないと主張した。ジェンダーとは、少年や少女や男性や女性が、構築された社会的コンテクストに応じて、世界という総体に対して演じる役の機能をさすというのだ。

ツイッターやインスタグラムやフェイスブックが全盛の現代において、こうした考えはふたたび注目を集めつつある。こうしたソーシャルメディアのプラットフォームが地球規模の巨大なステージを提供しているという事実、そしてその視聴者の構成は予測不可能だという事実は、過去にない新しい枠組みをつくりあげ、新しいタイプのパフォーマンスを人々に促している。視聴者からのフィードバックは必ずしも建設的なものではない――私はジャスティン・ビーバーがときおり向こう見ずで恐れを知らない行動をとるのは、ファンの存在のせいではないかと――つまり彼がツイートやインスタグラムを投稿するたび、ファンがすぐに「いいね」をつけるからではないかと考えている。フィードバックはまた、私たちの行動に対する冷酷な監視者でもある。それを証明するのは、ソーシャルメディアの「モラル警察」による過剰な努力に被害を受けた人々だ。だが、擬態や自己演出が生物学的に組み込まれた性質である以上、私たちはそれをし続けるしかない。そしてこの先も、ソーシャル・オーガニズムのサインに耳を傾け続けるしかないのだ。

ソーシャルメディアの世界におけるもっとも図々しい演出行為は、まちがいなく自撮りだろう。この一種の自己陶酔現象について人々がどう思っているにせよ、それが世界中に広まったという事実は、人間の中にもともと、世界に向けて自分の魅力的な顔を提示したいという欲望があったことを物語っている。コンテンツを広めたいというユーザーの根深い欲望に対応するためにフェイスブックやツイッターの「共有」や「リツイート」ボタンがつくられたのと同じように、自撮りというユニークな自己演出形態の潜在的需要を満たすべく、あるツールの産業界が誕生し、進化した。まだスマートフォンが誕生する前の2003年、ソニー・エリクソン社は、人々が将来、他人を写真に撮るための背面カメラだけでなく、自分自身を撮るための前面カメラも欲しがるようになると看破し、携帯電話のZ1010のモデルにその機能を組み込んだ。そしてまもなく、人間はその虜になった。パリス・ヒルトンの名言にあるように、(6) カメラ付き携帯電話は「21世紀の自著《サイン》」になったのだ。

以来、この商売道具の機能はどんどん洗練され、ユーザーが画像を修正し、いちばん気に入った画像を提示できるようにまでなった。そしてあの、画期的な成功をおさめた自撮り棒という製品――シニカルな人々には「ナルシスの杖」もしくは「ナルシスの棒」などの名前で知られている――が生まれてからは、人々の自己演出は背景を写し込むことで、さらに新しいレベルに引き上げられた。人々はそこにこんなメッセージを込めた。私を見て。今、タイムズ・スクエアにいます。今、エッフェル塔の前にいます。今、ビヨンセのコンサートに来ています、というように。自撮り写真は一種の控えめな芸術形式になった。それは、あるジャンルの掟の――私たちがみなすぐに認識できるミームの暗号の――範疇にある芸術だ。

私たちの誰もがみなキム・カーダシアンのように、自撮り写真をカネのなる木に変えられるわけではない。でも、十代の子どもたちの多くは、憧れのソーシャルメディア・スターがもっている（らしい）カーダシアンのような「イット・ファクター（訳注：生来備わった要因）」に手を届かせようとするのをやめない。独自性という通貨は――あるいは少なくとも、外観の独自性や演出の独自性という通貨は――今や、同じ心のフォロワーを獲得するのにきわめて高い価値をもつ。そして、そのための第一歩はそれにふさわしい「顔」を出すことだ。

私たちはみな、ある意味、カーダシアニストだ（この言葉を私は使ってみたくてしかたなかったのだ）。ちょっと考えてみてほしい。私たちの多くはどれだけの時間を、ソーシャルメディアのプロフィール写真の選択に費やしているだろうか？　私自身が、あまりかしこまっていない露出用に選ぶ写真は、たとえば舌を出している写真や、口も鼻の穴もぽかんとあけて上方を見つめている自称「O《オー》フェイス」の写真や中指を立てている写真など、どれも演出の一形態と言っていい。だが、私の相棒のマイケルも、やや抑制された作風とはいえやはりそういう演出をしている。彼がツイッターのプロフィールに使っているのは、娘が描いたアニメ風のイラストだが、人前で何かを話したりするときには、知性的な表情を浮かべたしかるべき写真を使っているし、リンクトインやその他の「プロフェッショナル」な場では、申し分のない笑顔を浮かべた上半身の写真を用いている。プロフィール写真は、現代における自己演出の不可欠な一部と言える。

自撮りやプロフィール写真は、人々がソーシャルメディア上で自分を演出するもっともあからさまな手法の一例にすぎない。私たちがフェイスブックに投稿する発言も、政治的な点数を稼ぐために行うツイートも、誰かの投稿に対する気の利いた、あるいは当を得たコメントも、家族と過ごす休暇の写真も世界にお見せするペットの写真も、どれもみなパフォーマンスの一つだ。そして私たちは、ただ一つの人格ではなく、複数の人格のパフォーマンスを行っている。デジタルの時代は私たちすべてをカメレオンに変容させたのだ。

ただ、どれだけ熱心にこうしたアイデンティティの形成や再形成を行っても、オンライン上の人格を全体的に統御するのは不可能だ。私たちが世界に向けてどれだけ、自分の望むイメージや印象を押しつけようとしても、世界はそれ自身の解釈を考え出す。自分の映像が――たとえば前章のErmahgerd!（アーマーガード）のような――インターネット・ミームに利用されているのを見た人々からの教訓は、つまるところ、そうなったら私たちに選択肢はほとんどなく、ソーシャルメディアの世界がそこにどんなイメージを与えるかのプロセスを受け入れるほかないということだ。

アイデンティティを揺るがす「バンクシー」

レイニー・グライナーが2007年に、赤ん坊のサミーが拳を握っている写真を投稿すると、マイスペースやレディットやその他のプラットフォームでつぎつぎに画像の複製が始まり、写真は「サクセス・キッド」という陽気なミームとして広く拡散した。だが、それに対して母親のレイニーが示した最初の反応は、落胆だった。「あの写真がどんどん盗まれていって、[7]とても悲しい気持ちでした。あれは私の赤ちゃんの写真なのだから」。もともと写真を投稿したフリッカーのスレッドに、彼女は嘆きのコメントをした。だがそれから4年後、レイニーは同じスレッドに次のように書いた。「みんな、どうもありがとう！　このささやかなインターネット上の名声が、今の私にはとても幸せ。もう鬱陶しいなんて思わない。あんなにたくさんの人々があの写真を見て、気に入ってくれたことがとても嬉しい。あの子は素晴らしいおちびさんよ」。

それからさらに3年後、レイニーは「ささやかなインターネット上の名声」を用いて夫の腎臓移植手術のための基金を、オンライン上のクラウドファンディングで募り、10万ドルを集めることに成功した。その後、彼女はこうコメントした。「ジャスティン・〝サクセス・ダッド〟・グライナーはつい1週間前、長いあいだ待っていた腎臓移植の手術を終えました。グライナー家にとって、とても素晴らしい、人生を変えるような出来事でした。みなさんの支援に感謝を捧げます。#successkidney」

似たような事例で2015年の終わりに、レオン・ミッチェル・ジュニアという男性が自分の写真を「メス・カリー（Meth Curry）」というミームに使われた件は、もっと問題含みだった。そのミームに含まれた冗談とは、ミッチェルの痩せ細った顔が、NBAのスター、ステフィン・カリー選手がもし麻薬中毒になったらという顔に酷似していると笑ったもので、ツイッターやインスタグラムでたちまち拡散された。だがその1週間後、当のミッチェルが投稿したインスタグラム[8]によって、人々の笑いは瞬時に消えた。ミッチェルはインスタグラムの中で、自分の痩せ細った外観は数年に及ぶ癌治療の結果だと説明し、次のように結んだ。「もしこの先もこうした拡散を認めるのであれば、良い目的でやろうじゃないか！　僕はただのミームではなくて、父親であり、夫であり、サバイバーであり、指導者《メンター》であり、コミュニティ・マネージャーなのだ。僕はいつも前向きな心持で話をしているし、これまでさまざまなことを耐え忍び、乗り越えてきた自分を誇りに思っている！」それから1週間のうちに、ミッチェルの投稿には9万の「いいね」と7500近いコメントが寄せられた。コメントはどれも、励ましと称賛の言葉にあふれていた。ミッチェルのインスタグラムのフォロワーは、2万人に急増した。もともとの「メス・カリー」ミームを共有していたソーシャルメディアのユーザーたちは、ミッチェルにコンタクトをとり、謝罪をした。

これらの出来事が人々に知られたことは、ミッチェルの着ている「K.N.O.E.」という洋服のブランドにも恵みをもたらした。「K.N.O.E.」とは「Knot Now or Ever（つながろう。今もこれからも）」の頭字語で、ミッチェルは癌と戦っていた時期、よくこのフレーズを妻と冗談に使っていたという。ミッチェルの事例のおかげで多くのソーシャルメディア・ユーザーが、結論に飛びつく前に二度考えるようになったかどうかはまだわからない。だが、このエピソードについては、初めはともかくその終わり方は人間の良い面を信じさせるものだったと結論して、よいのではないだろうか。

これらの例が私たちに改めて突きつけるのは、ソーシャルメディアという動的な世界においてつねに変化する「自己」の——そして私たちのペルソナに付随する「物語」の——定義は双方向的だということだ。それは一部には、当事者自身が世界に提示した自己演出から構築されているが、それに対してコミュニティがいかにフィードバックをしたのかにも同じほど左右される。視聴者のフィードバックは、新しいアイデアを広めるのに役立つ。それはまた、グーグルが検索結果においてページのランク付けをするさいのアルゴリズムにも影響を与える。視聴者のフィードバックは、オンラインの世界のステイタスを決定づけるきわめて重要な要因なのだ。

この双方向的なプロセスは、一種の折衝《ネゴシエーション》だ。戯曲的なメタファーにこだわるならコンテンツ消費者は観客というよりむしろ、「私」というパフォーマンスをともに行う仲間でありキャストだ。私たちは主人公であり、コンテンツ消費者は劇の中で言えば、こちらに共感的な脇役にもなれば、完全な敵対者にもなる。どちらにしても、私たちと彼らとの相互作用が物語に肉づけをし、その印象を完成させる。

この、観客であると同時にキャストメンバーでもある人々とのあいだで、きわめて巧妙な相互作用を見せつけたのが、バンクシーの名で知られる覆面芸術家だ。この不詳の落書き芸術家による挑発的な作品は、こうした異端芸術のどんな実践者もかなわないほど、強く人々の心をとらえた。バンクシーはこのソーシャルメディア時代において、さまざまに形を変えるアイコンであるだけでない。彼は、自分のパフォーマンスを強調するためにテクノロジーをうまく使うすべも心得ている。

2013年10月に1か月間ニューヨークに〝居住〟したときバンクシーは、(9) 30日間連続で市内のちがう場所にこっそりと新しい挑発的な壁画を、すべて人目につかないように描きあげた。それと同じくらい重要なのは、夜中のうちに不法な芸術作品を完成させると翌朝必ず彼(バンクシーは男性だと広く考えられている)が、作品の画像をウェブサイトに投稿したことだ。投稿された画像には、その作品の社会的論評としての意義を説明する、美術館のガイドを真似た音声録音が添えられた。多くのニューヨーカーは、バンクシーの新しい作品を見つけるのに夢中になった。そしてひとたび作品が発見されるとソーシャルメディアに情報が流れ、大勢の人々が現場に押し寄せ、その結果として起きた大混乱を人々がスマートフォンにおさめ、出来事を世界に向けて何倍にも増幅して伝えるという現象が起きた。外観も本名も不明な彼は、「バンクシー」というペルソナの**演出**のためにソーシャルメディアの巨大な視聴者をどう使えばよいかを理解しており、それを実行することで、「バンクシー」を等身大の人間よりもはるかに大きい芸術家の英雄に仕立てあげた。

バンクシーのように、ソーシャルメディアの大衆の視点を自分の要求に完全に沿わせる能力をもつ人間はごくまれだ（2016年の電撃的な選挙戦のあいだ、@realDonaldTrumpというツイッターアカウントがいかに効果的に使われたかを見るかぎり、ドナルド・トランプはそれと似た才能をもちあわせているように見える）。そうでない残りの人間は、用心しなくてはならない。公共の領域において自分のアイデンティティをどう表現するかに私たちは注意をすることができるし、注意しなければならないが、それでも、私たちのアイデンティティをソーシャル・オーガニズムがどのように解釈し、どのようにそれを構築したり再構築したりするのかを、私たちが制御することはできない。それに抗するよりも、共生するほか、私たちには選択肢がないのだ。

「荒らしにエサをやるな」

これは簡単ではないし、公正でもない。ソーシャルメディアの暴徒が、標的とした個人に仕掛けるリンチまがいの横暴な行為に、当事者は深く心を傷つけられてきた。そうした行為は、誰かが反社会的なことをしたという、多くは文脈から切り離された情報にもとづく不確かな証拠をもとに行われる。この後の数章で、ソーシャルメディアにおけるこの傾向を社会として制御するにはどうすればよいかを論じていく。今ここでは、次の格言を記憶しておけば十分だろう。それはソーシャルメディアには、ネガティブにではなくポジティブに取り組めということだ。ネガティブに取り組めば、相反する意見を反射的にあおることになり、下手をすれば大炎上へとエスカレートしかねない。

私は著名人の顧客にはいつも、「荒らしにエサをやってはいけない」と忠言してきた。相手の怒りをかきたてることだけを目的にしたコメントやツイートは無視し、そうした輩の思いどおりに関心など払ってやらずにいれば、腹立たしい行動はそのうちに止むものだ（荒らしとは、量子の粒のようなものだといつも私は言っている。観察によって認識しなければ、それは存在しないも同然なのだ）。この教訓を2016年の夏に、コメディアンのレスリー・ジョーンズは痛感したはずだ。ことの起こりはジョーンズと、女嫌いの「オルタナ右翼（訳注：右翼思想の一種。アメリカ合衆国における主流の保守主義への代替案として出現。共和党のドナルド・トランプを支持する）」のリーダー、ミロ・イアノポウロス――ゲイを公言している右翼のメディア評論家でもある――のあいだでオンライン上の議論が起こり、イアノポウロスが自分の支持者らを動員してジョーンズに人種差別的かつ性差別的な罵詈雑言の一斉射撃をしたことだ。そしてジョーンズが攻撃を受けて立ったことで、イアノポウロスの支持者らはさらに燃え上がった。ツイッターはこの状況をもっと悪化させただけだった。ジョーンズがイアノポウロスのツイッターアカウントをブロックすると、とたんにイアノポウロスは殉教者に祭りあげられ、彼のファンたちによる#FreeMilo（ミロに自由を）という運動が始まった。一部のいかがわしい連中はジョーンズのツイッターアカウントを乗っ取って偽のアカウントをつくり、彼女自身がホモフォビア（同性愛嫌悪）的な頑迷な発言をしているように見せかけさえした。

ジョーンズの広報係がこの件で私に助言を求めてきたとき、私は定石通り「無視しろ」「荒らしにエサをやるな」というシンプルな回答をした。ジョーンズは丸2日間、ツイッターから離れ、戻ってきたときには完璧な対応をした。彼女は、ソーシャルメディアの不詳の哲学者の次の言葉をツイッターに引用したのだ。「阿呆に説明を試みるなかれ。噂好きなクソ野郎ではないのだから」。

このエサのメタファーは、逆の教訓にも利用することができる。つまり、他者に訴えかけるような人格をつくりたければ、そして一部の人々や狙った市場にポジティブな印象を与えたければ、前向きな何かを伝えるコンテンツを提示すべきだということだ。生物の法則の二番目と同じように、ソーシャル・オーガニズムには「栄養を与えなくてはならない」。すべての生き物と同じように、成長するためには――つまり新しいノードや細胞をつくっていくためには――ソーシャル・オーガニズムは代謝機能を通じてエネルギー源を取り込み、咀嚼し、そして不要なものを排出していかなければならない。それがうまくいくためには、健康的な食べ物つまりコンテンツを与えてやる必要がある。多く与えればそれだけ、大きな成長が得られる。

レイニー・グライナーは、息子の写真にミームの冗談好きな人々が押しつけた「サクセス・キッド」という別人格を、ソーシャル・オーガニズムの望むまま料理させてやるほうが、自分もハッピーになれるのだと学んだが、私もいくつかの企業と仕事をするうち、やはりソーシャル・オーガニズムの滋養になるような手法こそが、自身のアイデンティティを――あるいはブランドを――ソーシャルメディア上にしっかりと確立するうえで最善の道だと痛感した。最初にこれを思い知ったのは、動画コンテンツのスタートアップであるレヴァーを立ち上げ、イーピー・バードのクレイジーな「科学者」たちによる有名な「ダイエットコーク＋メントス」のビデオを発見し、収益化したときだ（この動画をご存じない方は、ぜひユーチューブで検索してみてほしい）。ミント味のメントスを投入したダイエットコークが泡を立てて勢いよく飛び散るようすは、伝説的といってよい見事な演出で披露され、さまざまなプラットフォームで少なくとものべ5000万回視聴された。メントスはすぐに、この画像に強烈な拡散力という価値があることを認め、いくつかのヴァージョンのスポンサーになった。いいかえればメントスは、ソーシャル・オーガニズムに栄養を与えることを選んだのだ。そしてこの決定が迅速に裁可されたことで、ほどなく同社の看板商品であるメントスミントはスーパーのレジ台にしばしば姿を見せるようになった。

いっぽうコカ・コーラは当初、この件から距離を置いていた。件の映像には、コカ・コーラというブランドの社内的な定義にそぐわないメッセージがあると判断されたからだ。「われわれは人々に、(ダイエットコークで)実験をするよりも、飲んでほしいと希望している」と当時のスポークスマンはウォール・ストリート・ジャーナル紙に語った。[10]「例のメントスのふざけたあれは……ダイエットコークのブランド・パーソナリティと一致しません」。このスタンスによってコカ・コーラというソフトドリンク会社は、あの愉快で懐の広い対話を、もっと強烈なブランド認知戦略に転換する機会を逸した。私が思っていた通り、のちにコカ・コーラは北米におけるダイエットコークの売り上げが例のお祭り騒ぎのおかげで5パーセント以上増加したことを受け、それまでの方針を変更した。以来、コカ・コーラはイーピー・バードの2人組とタッグを組んで、ダイエットコークやゼロコークなどを使ったさまざまな「実験」を行っている。

飽和脂肪酸のような著作権弁護士

ダイエットコークとメントスの最初のパフォーマンスが行われてから10年、たくさんの企業が、ソーシャルメディアに敵対するよりも、積極的に熱狂をあおることの重要性について教訓を学んできた。レストランチェーンのレッドロブスターのような、保守的でお堅いブランドでさえ、ビヨンセが衝撃的な新曲『フォーメーション』の中で、挑発的な声で「レッドロブスター」と口にしたときには――「彼が上手にしてくれたら、ご褒美にレッドロブスターに連れていってあげる」――おそるおそるとはいえ積極的な何かをしなければならなかった。曲のリリースでソーシャルメディアが騒然としてから8時間後、レッドロブスターはようやくツイートを発表した。その内容は、定番メニュー「チェダーベイビスケット（Cheddar Bay Biscuits）」の真ん中をビヨンセのニックネームである「Bey」に入れ替えた、「チェダーベイビスケット（Cheddar Bey Biscuits）っていい響きだよね。そう思わない？ #Formation@Beyonce」というものだった。あまり気が利いているセリフとは言えない――。そして8時間も時間がかかった事実からは、レッドロブスターの営業チームがこの、頼みもしないのに自分たちのブランドに押しつけられた明らかな関連性に、対処しあぐねていたことがうかがえる。

だが究極的には、彼らは「抗うな。巻かれろ」という正しい反応をしていた。余計な手出しをせず流れに任せていたレッドロブスターは、集団的精神やソーシャルメディアのウィットのおかげで、ブランド認知度を過去数十年で最高のレベルに押し上げることができた。わずか1時間のうちにツイッター上でレッドロブスターへの言及は4万2000回に及び、曲のリリースから初の週末の売り上げは前年比の33パーセント増になったと、レッドロブスターは発表した。

昔ながらの会社でさえ今は、ソーシャルメディアに敵対するのではなく、共生していかなければならないことを理解しているし、自社ブランドについて**自分たちで**組み立てた「こうあるべき」というイメージに固執してはいけないとわかっているが、そうした組織の内部における既得権益は、この有機的なプロセスに抗い続ける可能性がある。たとえば、まるでテレビのニュースキャスターのごとく、自分の語るヴァージョンだけが人々に伝えられるべき物語だという精神態度は、今もまだ広く残っている。あるいは、まさに営業の人間が、ソーシャル・オーガニズムに栄養を与えるのを拒否することさえある（一つ言っておきたいのだが、営業チームが今でもサンセット大通りの看板を使い続けるのは、通行人には看板に直接反応するすべがないからだ。そういう看板を使っているかぎり、ネガティブなフィードバックからは隔絶していられる）。

また別のときには、弁護士らがソーシャル・オーガニズムを飢餓に陥れようとする。所有者の権利を守るという法的行為に及ぶさい、弁護士はソーシャル・オーガニズムの代謝経路をすべて切断し、流動ダイナミクスを断ってしまう可能性がある。これは生物の二番目の法則に大きく関連する。つまり生き物は、良く機能するためには栄養を取り入れなければならず、それを変換したエネルギーを体じゅうに運ばなければならず、さらに、体を成長させたり統制したりするために必要な化学反応を起こさせなくてはならない。

いいかえれば、コンテンツを複製したり模倣したりというミーム的なプロセスを、邪魔だてせずにおくべきだということだ。商標や著作権の管理が度を越して、検閲が行われるような事態になったら、それは、動脈硬化で酸素や栄養素が体をうまく循環しなくなったのと同じだ。つまり、ソーシャル・オーガニズムの側からすれば、著作権の弁護士は飽和脂肪酸のようなものなのだ。弁護士の行為は、肉体で言うところの悪玉コレステロールの蓄積につながり、健康的な血液の流れを阻害することになる。

ジオーディエンス時代、私たちは、権利者のあるコンテンツを企業が厳しく管理することを、意図的に抑制していた。そうすれば、同意のプロセスに時間をとられず機敏に動くことができ、メッセージを広げるチャンスを逃さずにすむからだ。それでも私たちはしばしば、企業弁護士と衝突する羽目になった。

ちょうどいい例を紹介しよう。私たちはザ・チェインスモーカーズの「#Selfie」の歌とビデオ映像を制作し、リリースしたとき、46人のインフルエンサーに協力を求めた。それぞれのインフルエンサーの大勢のフォロワーを使って、曲をネットワークの世界に送り出してほしいという内容だった。その戦略は完全にうまくいくように思えた。それは、私たちが熱心に後押ししてきたミームの突然変異の力によるところが大きかった。私たちはバウアーの歌う「ハーレム・シェイク」の偶然のヒットを手本にし、フリーコンテンツの爆発的拡大について自分たちが観察してきたトリックをすべて「#Selfie」に用いた。音楽投稿サイトのサウンドクラウドにあらかじめ、「#Selfie」の断片を6秒間と15秒間と31秒間の3ヴァージョン、プログラムしておき、それを使って人々が自分自身の曲をつくれるようにした。私たちはこの現象のいわば種まきをしっかりと行い、例を積極的に示し、インフルエンサーの力を利用してそれらを拡散させた。その結果、オリジナル曲のサビのメロディーである「でもまずは、自撮りをさせてね」に対する無数のパロディーが、「でもまずは、プロテインを飲ませて」や「でもまずは、**あの**写真を撮らせて」などのきわどい内容のものまで、山のように出現した。そしてそれが、原曲「#Selfie」の売り上げを大きく押し上げ、10か国でプラチナディスクにまでなった。

だが、この躍進は突然終わった。ザ・チェインスモーカーズがこの曲をユニバーサルに売ると、同社は直ちに、ユーチューブに投稿された派生的作品をすべて排除する厳格な政策をとり、同曲のネットでの再生を14か国だけに、しかもヴィーヴォ（VEVO）だけに限定するという措置を行った。それまでの破竹の勢いは、そこでストップした。曲の新しい所有者がミームの複製を阻んだおかげで、ソーシャル・オーガニズムは飢餓に陥ってしまったわけだ。

ポジティブに共鳴させるコンテンツ

これまで論じてきたように、メッセージをただ単に多くのインフルエンサーに押しつけるだけでは、それを育むには足らない。ソーシャル・オーガニズムのグローバルな配信システムをうまく利用して最大の効果を引き出すためには、メッセージのコンテンツが良いものであることも必要だ。巨大なミームになった芸術作品にはかならず、人の心の奥にある感情に訴える何かがある。沸き立つような喜びを歌ったベートーヴェンの『歓喜の歌』。心を奮い立たせるマーティン・ルーサー・キング・ジュニアの「私には夢がある」という演説。硫黄島でアメリカ人兵士が星条旗を掲げている、愛国心を揺さぶる写真。あるいは何世代もの潜在的革命家を鼓舞し続けてきた、アルベルト・コルダの撮った、決然たる意志にあふれるチェ・ゲバラのポートレート。このソーシャルメディアの時代において、他者の琴線にふれる能力はあらゆるコンテンツの成功にとって、かつてないほど重要なものになっている。

ソーシャルメディア上で新しい「物語」を共有したいかどうかの気持ちに、さまざまな感情のトリガーがどんな影響を与えるかについて、ウォートン・ビジネススクールで研究が行われたという話を前にした。オンライン上のコンテンツに対する私たちの反応は、コンテンツが引き起こす感情によって変化する。研究者らによれば、反応はまず、その**感情**がポジティブかネガティブかという二元的な問題に影響され、次に、その感情が多かれ少なかれ行動の動機づけになるかという、より微妙な問題に影響される。

だが、これを打ち破る第三の道がある。そもそも私たちは、どんな種類の反応を引き起こしたいと望んでいるのだろうか？　何かの画像やテキストが共有されたからといって、そのミームの複製が自動的に、発信者がもくろんでいたポジティブなイメージや人格やブランドマネジメントを確立するわけではない。たとえ私たちが望ましいヴァージョンの自分を「演じて」いるつもりでも、見る人の目にそう映っている保証はない。「演技」に人々がどう反応するか、そして私たちをどんな人物としてとらえることを彼らが選ぶかは、こうしたあらゆる相互作用からどんな公的人格が生まれるかにきわめて大きな影響を与える可能性がある。そういう意味では、ソーシャルメディアのオーディエンスは、「あなた」の演技に参与するキャストを構成しているとも言える。

生物学的な類似点に話を戻そう。さまざまな栄養素の摂取による影響を生物学者が調査するように、感情をかきたてるさまざまなコンテンツを検証してみると、世に発信された多様な種類のメッセージは多様な種類の食物のようなものだと考えられる。それぞれのメッセージは他と異なる独自の作用を、ソーシャル・オーガニズムの健康に及ぼす。そして、有機体の代謝機能が必要としているのは、バランスの取れた栄養素のはずだ。怒りのメッセージにはアドレナリンを放出させる力があり、誰かにリツイートボタンを押させる強力な動機づけになりうるが、長い目で体を支えるという点ではけっして健康的な栄養源ではない。怒りのメッセージは負の感情を広い範囲で育み、ウォートンでの研究によれば長期的には、コンテンツの共有欲を減退させるという矛盾した効果をもたらす傾向がある。ビッグ・マックと同じように怒りはエンドルフィンを放出し、一時的な満足感を与える。だが、私たちの大半が知っているように、チーズバーガーばかりを食べ続けるのは健康によくない。

ソーシャルメディアという構造の中でいちばん成功するコンテンツは、恐怖や悲しみや怒りにもとづくものではない。うまくいくのは、感情を良い感じに、ポジティブに共鳴させるコンテンツだ。ジオーディエンス時代に私たちが飯のタネにしていたのは、そういうコンテンツを見つけることだった。どんなコンテンツをネットワークのインフルエンサーやノードに送るか決定する前に、最適な感情のトーンを決めなければならない。コンテンツはじつに多様で、それぞれのメッセージが醸すムードには微妙なニュアンスの違いがある。でも、私たちはいつもとにかくポジティブなものを探し、いつも自分にこう問いかけた。このコンテンツは相手の心に訴えかけるだろうか？　相手の気持ちを高揚させるだろうか？　楽しませるだろうか？　コンテンツはどれも、ポジティブな感情のリトマス試験をパスしなければならなかった。

最適な感情の反応を引き出すためにもう一つ大事なのは、いうなれば、食べ物を最適にパッケージすることだ。詳しく言えば、コンテンツは非直線的かつ客観的な「物語」の形式で配られる必要がある。この教訓の根底には、何千年にもわたるコミュニケーションとストーリーテリングの歴史がある。にもかかわらず、現代の企業の営業部のお偉方は、そのことを忘れてしまったらしい。伝統的に、物語は形式に従って語られてきた。パターン認識のことを、そしてミームの暗号構造を利用して、脳内レセプターに外来の情報がとりつくことを思い出してほしい。語られる物語がなじみのパターンに従っていれば、受け手の脳はそれを咀嚼できる。このようにしてコンテンツは宿主の守りを突き破り、自己増殖を始める。そしてミームになる。

ジョン・ラセターから学んだ教訓

私はピクサーのジョン・ラセターから学んだ教訓を、クライアントにアドバイスすることにしている。それは、何かのメッセージを伝えようとして物語を書くなら、愛すべき人物を中心に話を組み立てろということだ。その人物は、見る者の手に汗を握らせるような存在であるいっぽう、一定のルールに従って生きていなくてはならないのだ。だが、ソーシャル・オーガニズムの中に置かれれば、最高の筋書きを整えておいた物語でさえ、生きたストーリーに変容し、反復されていく。それを私たちが完璧にコントロールするのは不可能だ。ソーシャル・オーガニズムにどのように受け入れられるかによって、筋書きは変化していく。

これを正しく行うのは、科学というよりむしろ芸術に近い。ソーシャルメディアはいまだ、揺籃期にあるからだ。私がたとえとしてよく言っているのは、物語を一度、写真と映像と動画に分割し、たくさんの経路を通じてできるだけ広く拡散し、そのあとハッシュタグや検索エンジンを通じてもう一度、物語性のあるスレッドに織り直すというものだ。コンテンツがどのように受け入れられたり扱われたりするかを予測するのは難しい。まったく無害で偏見のないメッセージに見えていたものが、予測もしなかったネガティブな逆引火《バック・フラッシュ》を招くことはよくある。だがこれは、学習可能な芸術だ。自分のブランドのまわりに否定的な何かを不用意に育ませない方策を見つけるには、第一歩として、ソーシャルメディアが呼吸をしている生き物だということを理解しなくてはならない。これは、静的かつ一方向的な配信メカニズムに対するアンチテーゼだ。それは、多人数参加型の複雑な対話のようなものであり、それに対してコンテンツのつくり手が及ぼせるコントロールは限られている。

ＪＰモルガン・チェースはこうしたソーシャルメディア戦略に関して、手痛い教訓を得たことがある。[11] 同社がハッシュタグ#AskJPMを利用してツイッターのユーザーを、オンラインのQ＆Aセッションに招き入れようと決断したときのことだ。寄せられた質問には、投資銀行部門の新リーダーに任命予定の人物が答えることになっていた。銀行によるこうした対空射撃的なやり方は、ツイッターが銀行顧客用の機密のヘルプラインではないことを失念した見当違いの代物だった。ツイッターは公のフォーラムであり、あなたの投稿したコンテンツは別の参加者の自己表現やアイデンティティの演出のために利用されたり、再解釈されたり、操縦されたりする。

もう一つ、メガバンクの広報の専門家が失念していたのは、それが２０１３年の11月だったということ――つまり、その昔の世界恐慌以来最大の金融危機が起きてから、まだやっと５年しかたっていなかった事実だ。２００８年の金融危機のおかげで数百万人の人が仕事を失い、さらに数百万人が家を失った。そしてそれらの諸悪の根源はＪＰモルガンのような企業やその銀行幹部による強欲と無謀さだと、多くの人々が批判的な意見をもっていた。そのちょうど2か月前、JPモルガン銀行は司法省に対して130億ドルの和解金を、悪質な住宅ローンを売り歩いたことに対して支払ったばかりで、さらにロンドン勤務のトレーダーがデリバティブ市場の操作を行ったことに対して9億2000万ドルの罰金を科されていた。

#AskJPMへの招待を告げるツイートがJPモルガンから発せられると、すぐに次のような質問が寄せられ始めた。

「ビジネスモデルが成功したと確信できるまでに、何人の人生を破滅させる必要があるとお考えでしょうか？　具体的な数字を教えてください」

「貧乏人や権利剝奪者のためのどんなセクションをこの先開発し、利益を上げていくおつもりですか？　そのために今取り組んでいることを教えてください」

「ジェイミー・ダイモン（CEO）が赤ん坊を食べるとき、焼き加減はどうしていますか？　私の理解では、ミディアム・レア以上のものはすべて野暮だと見なされるはずですが」

数時間後、1000を超えるリツイートが寄せられたころ、@jpmorganのアカウントから次のツイートが投稿された。「明日のQ&Aはキャンセルします。不了見でした。振出しに戻ります」。この日以来、#AskJPMという名称はソーシャルメディアによるPRの悪い決断の代名詞として用いられるようになり、また、アンチ銀行的な感情をあおろうともくろむ活動家にも利用された。これはハッシュタグの失敗の典型例だ。金融崩壊後という背景事情を考えれば、JPモルガンがソーシャルメディアを使って大衆から何であれ率直な質問を引き出せたとは想像しにくい。もしJPモルガンが自分の扱っている野獣のことを適切に理解していれば、広報担当者はそもそも、ああした方策を行うべきではないと結論していたかもしれない。

『トイ・ストーリー3』成功の理由

おおかたの企業はJPモルガンほど、ネガティブな世論によって痛手を負ってはいない。そして、もし企業側がそうしたコントロールをしようとするのをきっぱりやめれば、ソーシャルメディアは巨大な視聴者に手を届かせるための、そしてポジティブなブランドイメージを形成するうえでの、きわめて有効な手段になる可能性がある。だが、ソーシャル・オーガニズムが生きている有機体であることを、そして栄養を必要としていることをひとたび理解できたら、次は何を食べさせるかの選択にあたって「するべきこと」と「するべきでないこと」を定義しなくてはならない。経験則の一つとしてここで紹介したいのは、「ソーシャル・オーガニズムに自分で考えさせろ」というものだ。

私が初めてこうした教訓を得たのは、ディズニーからソーシャルメディア戦略担当として雇われてからだ。私に任されたのは、2010年の映画『トイ・ストーリー3』のプロモーションだった。『トイ・ストーリー2』からすでに11年がたっており、最初の2作で主人公のバズ・ライトイヤーやウッディに夢中になった当時6歳から8歳くらいの子どもたちは、高校生や大学生になっていた。テレビで行われた広告は——例によって女性と子どもに的をあてた見当はずれな代物で——こうしたミレニアル世代のことを無視していたが、いずれにせよ、この世代の若者はテレビを見さえしなかった。彼らは、フェイスブックという独自の新しい娯楽の形を見つけていたからだ。というわけで、こうした若者とつながり、第3弾のトイ・ストーリーへと戻ってこさせるために、利用すべきいちばんの媒体はフェイスブックだろうと私たちは決断した（私たちは彼らのことを、アンディ信奉者と呼んでいた。アンディとはもちろん、『トイ・ストーリー3』の中心人物である青年のことだ。私たちがターゲットにしたミレニアル世代と同じく、『トイ・ストーリー3』の中でアンディは大学に行くために家を離れ、古いおもちゃの処分を決めなくてはならなくなる）。

私がマーケティングチームに入ったとき、チームの面々はこう言った。「おめでとう。これが新しい映画のポスターだ。拡散をよろしく頼むよ」。そこには二つの問題があった。一つ目は、黒字に黄色で「3」とだけ書かれたポスターそのものであり、二つ目は、チームが私にぜひ使うようにと主張した「おーい、子どもたち！　これが新しい『トイ・ストーリー3』のポスターだよ。いかしてるだろ？」というコピーだった。それをフェイスブックにあげてからわずか5分で500近い反応が寄せられたが、そのほとんどがさまざまな形で「クソ（fuck）」という言葉を使っていた。たとえば、「クソ黒い背景に3だけって、ぜんぜんクソいかしていない」とか、あるいはいちばん反響が大きかった「ディズニーのクソ野郎。俺の子ども時代をよくもぶちこわしたな」などだ。

私はポスターの制作者のところに行って、なぜこのポスターがそれほど憎まれるのだろうかと、意見をたずねた。彼はこう言った。「オリバー、彼らが憎んでいるのはポスターではないよ。このコピーのトーンが問題なんだ。なぜなら、修辞的な言い方ではあるけれど、こう考えろと彼らに命令しているからね」。そこで私たちは、コピーを「これが新しい『トイ・ストーリー3』のポスターだよ」という直截的な言葉だけに削って、もう一度フェイスブックに載せた。すると反応は、100パーセントポジティブなものになった。世論がこんなふうに180度転換するのを私は初めて見た。ソーシャルメディアにおいては、人々に「こう考えろ」と命じることはできない。ドグマはネガティブな反応を招くだけだ。

「何かをしてはいけない」という用心の話のほかに、もっと何か、感情に訴えるコンテンツを建設的に使う方法はないのだろうか。やはり『トイ・ストーリー3』のマーケティングの最中のもう一つの経験から私は、ソーシャルメディア上で人々の感情のトリガーを正しく引けば、多くの視聴者に手を届かせられ、従来の伝統的なメディアでは到底望めなかったほど大きな影響力をもたらすことができるのだと知った。映画の最初のポスターがフェイスブックで公開されてから数か月後、私はピクサーの美術作品の素晴らしいアーカイブを見せてもらえることになった。そして、アーカイブを管理するアーキビストたちが、すてきな絵を探し出してくれた。オリジナルの絵コンテに載っていたもので、グワッシュ画法を使ってバズとウッディが腕を組んでいるところが描かれている。

私たちはこの絵に、トイ・ストーリーの1と2の主題歌に使ったランディ・ニューマンの歌の題と同じ「You've got a friend in me（僕は君の友だちだよ）」というキャプションを添えて、ふたたびフェイスブックに載せた。それがどんなインパクトをもたらすかは、正直まったく予想できずにいた。フェイスブックに投稿されたその絵はなんと、25万回近くも共有された。フェイスブックの友だちのネットワークのおかげで、この絵は約2億回もニュースフィードに登場したという。

『トイ・ストーリー3』が2010年6月12日に封切になると、その日が終わらないうちに切符の売り上げの合計は4100万ドルという驚異的な額に達した。結果的に興行成績は10億ドルを超え、2014年に『アナと雪の女王』に記録を塗り替えられるまで、アニメ映画では最高の収益記録を誇った。それほど多くの人々を劇場に向かわせた要因は何だったのだろう？　市場調査によると、広告会社が絶対に信じたがらないような現象が起きていたことがわかった。映画『トイ・ストーリー3』を見にきた人のなんと42パーセントが、莫大なカネをかけたテレビコマーシャルを見たからでもなく、友だちの口コミで薦められたからでさえもなく、ディズニーによるフェイスブックへの、ほぼ無料の投稿に動機づけられて映画館に足を運んでいたのだ。

これは映画のマーケティングを根本から揺るがす変化だった。そして、こうしたことが起きた理由は、観客に狙った人々の感情に訴える独自な力を「僕は君の友だちだよ」というミームがもっていたからに尽きる。ソーシャルメディアの小さなマジックによって私たちは、『トイ・ストーリー3』が大ヒットする手助けをすることができた。郷愁、やさしさ、親友への忠誠心などたくさんのポジティブな感情を解き放った結果、私たちは18~24歳の人々をもう一度、ウッディとバズとアンディの物語に引き寄せることができたのだ。

愛と憎しみのソーシャルメディア

私はこうした教訓をジオーディエンスでも取り入れ、愛ややさしさなどの感情に訴えることが結局、ソーシャルメディアでメッセージを拡散するいちばん効果的な手法なのだと認識した。たとえば、あるソーシャルメディアの研究で私たちが、歌手のアッシャーのプロモーション・キャンペーンを請け負ったときのことだ。ポップ界のアイコンとしてのアッシャーの公的人格をもっともよくあらわすと思われるさまざまな画像を私たちは選び、それぞれの反響を調べた。選んだ中には、いかにもアッシャーらしい上半身裸のセクシーな写真や、色男ふうの写真や、博愛主義者らしい写真もあった。だが圧倒的に多くの「いいね」や「共有」を集めたのは、二人のハンサムな息子と一緒にうつっている写真だった。のちにつくられた「ダディ・スワグ（いかしたパパ）」というイメージは、同じように子どもをもつ中年女性の共感を呼び、ファン層の成熟に貢献した。子煩悩な父親というアッシャーのイメージは、値千金の拡散力をもったのだ。

私がジオーディエンス時代に関わった中でいちばん気に入っている一つが、肌と髪のケア製品メーカーであるダヴのキャンペーンだ。普通の化粧品会社は、お客に自身の容姿に対する不安や怯えを抱かせ、それをもとに製品を買わせるという毒のある戦略をとるが、ダヴはそうしたやり方に異を唱えてきた。そしてダヴが制作した「リアルビューティースケッチ」というビデオは、オンライン上の広告ビデオの中で最高の視聴回数を誇る（いちばん最近の数値では、ユーチューブ上の視聴回数は6670万回に達している）。ビデオの中では、プロの似顔絵捜査官（モンタージュ画家）が数人の女性たちの似顔絵を、顔を直接見ることなく、本人の言葉による説明をもとに描いていく。描き終えたあと、同じ女性の似顔絵をもう一度、今度は本人に会ったばかりの他者による説明をもとに描く。マジックが起こるのは、モデルになった女性が二通りの似顔絵を見せられたときだ。どの女性の場合も、本人よりも他者の説明をもとにしたほうが美しい顔が描かれていたのだ。

この「リアルビューティースケッチ」プロジェクトのために私たちは、17言語による

1000以上の補助的コンテンツを制作した。それらはどれも、女性の生涯の独自な一瞬に結びついている。この動画はカンヌライオンズ国際クリエイティビティ祭でグランプリをはじめ、いくつもの賞を受賞した。その後私たちはダヴの、「ビューティーパッチ」というフォローアップ・キャンペーンにも携わった。これは、被験者の女性たちの二の腕に、貼るだけで科学的な美容効果が期待できる「RB-X」という科学的な（というふれこみの）ビューティーパッチを貼る実験で、女性たちは自身の容姿に前向きな変化が生じたように感じていたが、じつはこのパッチは何の薬効もないプラシーボであることが実験後に明かされる。それを知らされた女性たちは涙を誘うようなポジティブな反応を示した。ビューティーパッチに何の成分も含まれていなかったのは、美しさとは結局、心の状態なのだということを示すためだった。この動画の視聴回数はいちばん最近の数値で2100万回を超えている。

読者が今何を考えているか、私にはわかる。ソーシャルメディアが愛ややさしさなど、人生を肯定するようなメッセージにそんなにも良い反応をするのなら、なぜ現実のソーシャルメディアはこれほど多くの憎しみであふれているのか？　この明らかな矛盾にどう対処するのか？　人間の体と同じように、ソーシャル・オーガニズムにはそうしたネガティブな侵入物や危険を撃退する免疫機能のようなものがはたらいている。その機能は、良い状態に保っておかなくてはならない。それが、次の章で論じるテーマだ。

第6章

アルゴリズムの犯した「罪と罰」

招かざる脅威にいかに対応するか

夜中に子ども部屋から3歳の娘が忽然と消え、そのまま行方知れずになってしまったら、両親の嘆きは想像するに余りある。だが、地獄はそこで終わらないかもしれない。ジェリーとケイトのマッキャン夫妻の悪夢は、2007年にポルトガルのホテルの一室から娘のマデリンが姿を消し、犯人も娘も以後消息不明というだけにとどまらなかった。その原因をつくったのは、ソーシャルメディアの「荒らし」たちだ。ずさん極まりない（とあとでわかった）最初の鑑識報告が発表された直後から、デジタルの番人たちの世界には陰謀説がつぎつぎに浮上した。最初にそうした陰謀説を――たとえば、夫妻が娘を殺害しただの、懲罰を受けるのを恐れて、事故で死んだ娘の遺体を隠しただのと――言い出したイギリスのタブロイド紙は、名誉棄損訴訟で損害賠償金の支払いと謝罪を余儀なくされてからは、長らく論調を抑えている。だがソーシャルメディアにおいては、告発の太鼓の音は高まるいっぽうだった。新たに行われた調査によって初期捜査の大きな失点が明らかになり、誘拐説へと流れが大きく傾いても、ソーシャルメディアの世界では論調に変化がなかった。

それから数年がたった今まで、中産階級のイギリス人夫婦が微笑む写真を「これが有罪の証拠」と言わぬばかりに掲げたユーチューブの投稿に、何百万人もの視聴者や辛辣なコメンテイターが引き寄せられてきた。投稿者たちは、弁の立つ夫のジェリー医師が政治家に接近したことを不審がり、ほんとうの「真実」を探して安楽椅子探偵よろしくあれこれ持論をこねくり回した。そして、マデリンの失踪の前年にサービスを開始したばかりだったツイッターは、無慈悲な野次や耳障りなハラスメントが渦巻く地球規模の広場のような場所に進化し、それらの声はどんどん大きくなっていった。マッキャン家は2015年に@FindMadeleineの公式アカウントを閉鎖した。告発者たちの「毒のある」投稿が原因だったと夫妻は言う。

ネガティブなフィードバックのメカニズム

だが、このセイラムの魔女裁判を思わせる批判の嵐の犠牲になったのは、マッキャン夫妻だけではない。ソーシャルメディアがおそらく助長したこうした批判の嵐の中で、ある意味、批判者もまた苦しめられてきた。自身の本能的な意見を何のフィルターにもかけずそのまま発信したことは、たしかに責められるべきだろうが、それでも、彼らもある意味では犠牲者なのだ。ケリー・ニーダムを例にとろう。

彼女は労働階級の母親で、ベンという生後21か月の赤ん坊がいた。その子が2001年にギリシャのコス島で突然姿を消した。母親のケリーは、息子の失踪がマデリン・マッキャンの失踪事件のときと同じように大きく扱われないことや、政府がマッキャン事件に対するような協力を自分にはしてくれないことに強い不満を抱き、自身の意見をソーシャルメディアで発表した。マッキャン夫妻がケリー・ニーダムのツイッターアカウント@FindBenNeedhamをブロックしたことで、ケリーは夫妻から、「有害な」攻撃者の一味だと暗に言われたように感じ、それは不公正だと公に向かって発表した。(1) 悲しみに暮れている二つの家族はたがいを中傷しあうようになり、この争いはイギリスにおける一種の階級闘争にまで発展した。

もう一つの事例は、@sweepyfaceというツイッターアカウントの所有者であるブレンダ・レイランドに関するものだ。(2) このアカウント上で、マッキャン夫妻を「地獄で焼き殺せ」、「石油の準備も」万端だという発言が行われた。2014年10月、ジェリー・マッキャンが警察に、@sweepyfaceのような「卑劣な」荒らしに着目してほしいと要求すると、スカイニュースはアカウントのもち主がレイランドであることを暴露し、レスターシャーにあるレイランドの自宅近くにまで取材に押しかけ、本人とのやり取りをその後、放送した。それから1週間後、63歳の母ブレンダ・レイランドは自殺した。この悲劇的な出来事全体について、テレグラフ紙のコラムニストであるエマ・バーネットは次のように書いた。これは私たちみなに対する「目を覚ませというウェイクアップ・コール」であり、「現実の生活とオンライン上の生活の不愉快な分裂と私たちが対決しなければならないという」教訓なのだと。

なぜこんなことが起きてしまうのだろう？　なぜレディットのスレッドやツイッターの「荒らし」のアカウントには、恐怖や怒りや復讐がこれほど無慈悲に吐き出されているのだろう？なぜネットの世界ではこれほどたくさんの「暴徒」が、（彼らの視点によるところの）過ちをおかした誰かをやっきになって攻撃するのだろう？　そしてその結果、相手のキャリアを破壊するという、もともとの「罪」をはるかに上回る「罰」をしばしば与えてしまうのだろう？なぜＩＳＩＳのような過激派組織はソーシャルメディアを利用して、野蛮な目的に賛同する若者を集め、西欧社会に恐怖をあおりたてるのに成功したのだろう？

ここでまず私が言いたいのは、ソーシャルメディアの醜い面ばかりに焦点を当てるのは、木を見て森を見ないのと同じだということだ。問題は、いちばん危険を感じさせるネガティブな投稿こそが人々の関心をとらえるという、単純な事実だ。そのせいで、道理をわきまえたサイレント・マジョリティの存在がかき消され、全体的な変化はポジティブなものでありながら、それがゆがめられる可能性がある。私に言えるのは、読者にぜひ、暗い面ではなくパワフルで発展的な事柄にも目を向けてほしいということだ。たとえば、アラブの春を扇動するのにソーシャルメディアがどんな役目を果たしたか。自然災害のとき、生死に関わる情報をソーシャルメディアがどれだけ迅速に拡散できたか。2015年11月にパリでISISのテロが起きたとき、パリの人々がいかにソーシャルメディアを使い、安全な場所についての情報を共有しあったか――。

だが、こうした答えだけでは不十分かもしれない。ソーシャルメディアが、社会に害をなす非常に効果的な道具に**なりうる**のは事実だし、その大きな原因が、本書でこれまで述べてきたヴァーチャルなミームの概念にあることもたしかだ。名前をもたないアバターやオンライン上の別人格の背後に隠れた人々は、どれだけ罵詈雑言を尽くしても、こちらの正体が誰か相手に知られている場合に比べて、復讐を恐れなくてすむ。ネガティブなフィードバックのメカニズムはそうした人々を止めることはできない。

「類は友を呼ぶ」アルゴリズム

ソーシャル・オーガニズムは幅広い人間性を内包しており、そこからは、本質的には統合を希求する一つの市場がつくり出されるはずだ。問題は、ネットワークの包括的な異種混交化が阻害され、同質なものだけが集まって孤絶することだ。全権力を握るソーシャルメディアのプラットフォームは、ニュースフィードを調整する道具をさし出し、私たちが(あるいは彼らが)まさに望んでいたコンテンツを受けとれるようにつじつま合わせをする。私たちはこの多様性を含む巨大な世界を、「友だち」や「フォロワー」などの同質の人間のサブグループに細かく切り分けてしまった。その結果生じるエコーチェンバー効果によって、個々の人間の創造性は集団志向の腐敗した影響に服従させられる。

この「類は友を呼ぶ」という本能は社会学的には「同類性」と呼ばれ、けっして新しいものではないが、ソーシャルメディアはそのプロセスを増幅した。そして、それがさらに強力になったのは、プラットフォームの管理人が視聴者の読書習慣を管理するアルゴリズムを利用するようになってからだ。その目的は、同好の士と思われる人々をひとまとめにして、広告会社や政治的行商人に標的市場としてさし出せるようにするためだ(最近のウォール・ストリート・ジャーナルのオンライン記事から「Blue Feed, Red Feed」[3]というタイトルの図表入り記事をぜひ参照してほしい。そこには、2016年のアメリカ大統領選挙のあいだ、保守とリベラルのそれぞれの「同類性」がフェイスブックによってさらに高められたことが、驚くほど明確に示されている)。このようにして分断された集団の多くは今、たえずおたがいを攻撃しあっている。もちろん人間は何世紀ものあいだ、そうした戦いをしてきたのだが、今それは、隔絶されたニュースフィード越しの不断の応酬として演じられている。

前の章で、愛ややさしさなどの感情を喚起するコンテンツに、ソーシャル・オーガニズムが前向きな反応をすることを示した。しかし、ある集団が「愛」を感じるものは別の集団にとってはまったくそうでなかったりする。ある集団にとっての「テロリスト」は、別の集団にとっては自由の闘士にもなる。1930年代にヒトラーが多くのドイツ人から愛されていたころ、ドイツの人々の心はゲルマン人としての誇りで満たされていた。それはナチスの鍵十字やガチョウ足の行進などのイメージが人々の感情をゆさぶったからだ。だがヒトラーは、ドイツ以外の国民からはまったく愛されていなかった。

もう一つ重要なのは、現代においては、人々が自分と同じイデオロギー信奉者に感じる「愛」は、ボタンのクリックで表現できるということだ。ソーシャルメディアのプラットフォームにおいては、「いいね」のボタンのほか、感情の反応を示す選択肢として読者に提示されるものは、ほとんどいつもポジティブなものだけに限られている。長いあいだフェイスブック上では、「いいね」以外の反応を投稿することは不可能だった。今では反応の選択肢はもっと広がっているが、「嫌い」という反応を投稿することはやはりできない。怒りや笑いや畏れや悲しみをアイコンの表情で伝えることはできるが、それでも、投稿者の視点を批判するものより、連帯をあらわすもののほうが傾向的に多い。もちろん、コメントで反対意見を表明するのは可能だが、ソーシャルメディアの基本的な構造は、同志が集まるのを助長するような傾向にある。

ソーシャルメディアの「派閥争い」

ソーシャルメディアにおける分断は、まったく民主主義的ではない。デジタルな教育やデジタル機器へのアクセスの不均衡ゆえに、そしてソーシャルメディアのプラットフォームの検閲構造（これについては後の章で論じる）や、物理的な世界からもち込まれた既存の偏見や不平等ゆえに、いくつかのオンライングループは、たとえその主張が人間性を広く呪うような内容であっても、ほかのグループに比べて大きな影響力をもつことができる。それはあなたの声がどれだけ大きいか、あなたの輪の中にどれだけ多くのインフルエンサーがいるかという問題なのだ。

この現象について考えるうえで役に立つのが、2014年から2015年にかけて起きた#ゲーマーゲート（Gamergate）スキャンダルだ。これは、オンラインゲームのコミュニティの男性――その多くはハンドルネームの陰に身を隠している――が、ゾーイ・クインなどの女性のゲーム開発者を攻撃した事件だ。「ゲーム文化は男の牙城」という考えを吹き込むための一種の協調努力のようにも見えるこの事件は、まるで、21世紀のハイテク環境に19世紀的な精神態度《マインドセット》をもち込んだかのようだった。きわめて退行的な思想をもつ「荒らし」たちの攻撃の高まりはゾーイ・クインやその支持者らを打ちのめし、何人かはレイプや殺人の脅迫を恐れて身を隠しさえした。

それから1年後、この騒ぎで#ゲーマーゲートは広い社会から嫌悪を抱かれたものの、それでも争いに勝ったのは蔑視者たちのほうだと言わざるをえない。男性が支配的なオンラインゲームというサブカルチャーの世界では、このきわめて反社会的な意見をもつ人々は十分に数多く、声高で、しかもテクノロジーには精通しており、彼らは巧みに議論を乗っ取り、それを自分たちにとって有利な方向にしむけた。「オンライン・テクノロジーは包括性をつちかう」というシリコンバレーのバラ色の物語は、これにより水を差されることになった。

時には、ソーシャルメディアの派閥の争いが、どちらも勝者にならない一種の均衡状態につながり、建設的な対話は何も行われないまま、ただ辛辣な言葉の応酬だけが続くこともある。アメリカの政界がまさにそうだ。この世界では保守派とリベラル派がある種の袋小路に半永久的に閉じ込められ、小競り合いをしている。ツイッターのフィードやニュースサイトのコメント欄やフェイスブックのディスカッション・グループからは、共和党と民主党の人間が永遠に折り合えない立場にあることが浮き彫りになっている。

アメリカ議会の政策の行き詰まりにもはっきり見てとれるこの膠着状態は、1980年代にケーブルテレビで放送されたニュース番組での分裂からもう始まっていた。相互作用や交渉を不可能にした初期の貢献者は、CNNの討論番組「クロスファイア」だ。この番組は、視聴者の「客観性」に対する関心にいくらかでも役立つようにと、それぞれの党から選んだ超自己中心的な人物を、たがいにテーブルをはさんで議論させるという手法をとった。今では、これと同種の性格攻撃や短気な争いが、二つの党の内部ですら起きていることは周知のとおりだ。2016年の共和党予備選挙のさい、討論の低次元化はとどまるところを知らず、ドナルド・トランプはテレビ討論の場で自分の性器の大きさを誇らしげに語りさえした。それに対して一般の人々は、「そういうヤツだから」とそろって肩をすくめただけだった。

永遠の争いという傾向は腹立たしいものではあるが、それでも、ソーシャル・オーガニズムがストレスにいかに対処するかを理解するうえで有効な土台になる。それを理解すれば、人々の怒りや憎しみをトーンダウンし、思いやりや愛を助長するようなメッセージやメカニズムをつくるのに役に立つ。驚くべきことではないが、こうした平衡に向かう傾向は自然の営みにも一貫して見てとることができる。すべての生き物は――生き物の法則の四番目にあるように――自身の内部の環境がホメオスタシスつまりバランスを保てるように、つねに働きかけをしている。生き物にはエントロピーではなく、安定性が必要なのだ。そしてしばしばそれは、二つの相争う勢力がどちらもたがいを圧倒できない点を探し出すことを意味する。

「怒りの菌」を迎え撃つ文化的「抗体」

ユーチューバーのC.G.P.グレイは「このビデオはあなたを怒らせる」と題する動画によ

って、ソーシャルメディアの機能不全的な側面について説明をしている。[4] グレイの本名はコリン・グレゴリー・パーマー・グレイだと広く信じられているが、彼は生物の世界との類似性を引き合いに出しながら、アドレナリンを発散させる動機づけとなる怒りが、同じ考えの人々にいかにして大きなインパクトを与え、拡散されるかを描写する。

まず彼は、ソーシャルメディアに投稿されたアイデアを「思考の菌」と表現する（本人は認識していないかもしれないが、彼が語っているのはまさにミームのことだ）。その菌が、それに共感する人々（＝細胞）のレセプターにとりつく。グレイの主張によれば、中でもいちばん強力なのが「怒りの菌」だ。ウォートン・ビジネススクールの研究からも示されたように、深い憤りを誘う思考には、ソーシャルメディア上で同じ考えを共有してくれる共鳴者を高速で求めるきわめて強い力がある。こうした怒りの菌が、同じ意見を抱く人々に新たに出会うと、菌はどんどん増殖し、爆発的に広がっていく。

だがほどなく、こうした怒りの噴出はソーシャルメディア上で、反対意見をもつ人々のグループに目をつけられる。そして同じほど激しい怒りの反応を引き起こす。それぞれのグループがフィードバックのループを始め、それが徐々に激化すると、両者は激しい争いへと突き進んでいく。「それぞれのグループは相手に対する〝思考の菌〟を生み出し、その中でもいちばん怒りを誘う――だがいちばん正確とは限らない――ものがいちばん速く拡散されていく」。しばしばこの競争的なプロセスは、「共生」に帰結すると、グレイは付け足す。「共生」

とは「二つの〝怒りの菌〟がきわめてうまく共生し、生態学的な安定に到達した時点」をさす。これはホメオスタシスの一つの形態だ。

だが、怒りを引き起こすすべての思考が、アンチテーゼ的な考えとソーシャルメディア上で均衡を保てるわけではない。あまりに受け入れがたいアイデアはそうした二者間の関係をつくることができず、その場合ソーシャル・オーガニズムはすみやかにそれらを消散もしくは中和してしまう。このプロセスは、有機体の外部から侵略者が入り込んだときと似ている。均衡的で安定的な状態だと定義されていたもの――ソーシャルメディアに関して言えば、受容可能な行動の文化的規範として定義されていたもの――はそうした侵略者によって脅かされる。受容可能な範囲を超えたアイデアは、病気を運ぶ細菌や寄生虫のような脅威として受けとめられ、ソーシャル・オーガニズムの細胞はすみやかに防衛反応を起こす。ここで適用できるのが、生物の法則の五番目だ。すなわち、有機体は外部の刺激に対して適応するか自己を守るかのどちらかの、あるいは両方の反応をするのだ。

こうした現象がじっさいに起きたのは、2015年にミネアポリスの歯科医師のウォルター・パーマーがジンバブエのワンゲ国立公園で、人々に愛されていたライオンの「セシル」を狩猟用の銃で撃ち殺してしまったときだ。大勢の人々がソーシャルメディア上で、パーマーの行動への不同意を表明し、それはネットの世界だけにとどまらず、彼の実生活にまで影響を及ぼした。パーマーの別荘の壁には「ライオン殺し」とスプレーで落書きがされた。(5) 経営する歯科医院のイエルプ（訳注：ローカルビジネスの口コミサイト）のページにはネガティブなレビューがあふれ、(6)歯科医療ではなく政治的な理由によると思われる多数のレビューが削除されたのちも、歯科医院の評価は星一つまで落ち込んだ。さらに、アメリカをはじめ複数の国の航空会社が狩猟のトロフィー（戦利品）の輸送を禁じるという反応をした。(7)

私たちの体の中には、人間が進化や過去の経験を通して築いた防御抗体があり、寄生虫や細菌やその他の招かざる物質によって運び込まれた抗原がそれらの防御抗体に接触したとき、免疫系統の引き金が引かれる。先の例にあてはめれば、ソーシャル・オーガニズムという有機体はウォルター・パーマーの行動を有害な外部物質と認識し、「はじめに」で紹介した南部連合国旗の場合と同じく、排除すべき脅威として判断した。ソーシャル・オーガニズムには人体の広範な免疫系統とよく似た働きがあり、文化的規範の現状を維持するためのネットワーク・システムを集合的かつ無意識的に進化させてきた。もしも有害で正反対の考えに含まれている抗原が、ソーシャル・オーガニズムを構成する人間の脳内のレセプターに接触したら、私たちの文化の中で攻撃的概念に対して育まれてきた「抗体」が抗原を迎え撃つ。こうした招かざる寄生虫は、それが関与した人間の細胞もろとも、すみやかに拒絶され、追い払われることになる。

だが、ソーシャルメディアにおけるこの種の集団警備は、一般社会に広まっている基準にいつも忠実なわけではない。先のウォルター・パーマーの件が問題になったのは、彼の行動が社会の規範の外にある（ライオン殺しは今日では、かなり眉をひそめられる行為だ）からというより、ソーシャルメディアの中にもともと存在した特別な恒常的均衡の対極にあるものだったからだ。#ゲーマーゲートの女性蔑視者らの言動は、現存の性の平等にまつわる西洋的考えを反映してはいないが、ソーシャルメディアの進化のあの時点においては、権力のダイナミクスにも助けられ、議論をコントロールする十分な頭数を保持していた。もしも同じくらいよく組織され、モチベーションも高く、強気のサファリ・ハンターたちがソーシャルメディア上でパーマーの擁護に回っていたら、あるいは彼の事例はまったく違うふうに展開していたかもしれない。ソーシャル・オーガニズムの免疫系統は文化的規範の裁定者として機能するが、社会全体の規範を十分にとらえてはいない。

だが、ソーシャルメディアにはまだこの先、成長の余地が多々存在する。アメリカの銃規制問題については、それが私たちの目の前で激しく展開されつつある。ほぼ連日のように新しい大量殺人が起きている今、アメリカ社会はどこかの時点で憲法修正第二条（訳注：個人が銃器を保有・所持する権利を保障する）や全米ライフル協会についての際限のない意見をひっくり返し、それらの存在が文化に与える有毒な影響について、何か行動を起こすことになるかもしれない。

興味深いことに、50人のゲイの男性が射殺されたフロリダ銃乱射事件についての議論は、依然静まる気配がない。この事件の犯人はさまざまな顔を併せもっており、権利を剥奪された精神病患者であると同時に、自己嫌悪的な同性愛恐怖症でもあり、ＩＳＩＳのメンバーであり、イスラム過激派の一人でもあった。そして、ソーシャルメディアの専門家や活動家のグループは、自分たちの指針にあうヴァージョンの物語をそれぞれ自動追跡した。

「ネットリンチ」で人生を壊された人たち

ソーシャルメディアの粛清のプロセスは、行きすぎてしまうこともある。ジャーナリストのジョン・ロンソンは著書『ルポ ネットリンチで人生を壊された人たち』[8]の中で、ソーシャルメディアのユーザーの群れが、ある個人の行動や発言を文脈から切り離し、それを攻撃することですさまじい影響をもたらした多数の事例を詳説している。その一つが、ジャスティン・サッコの事件だ。ヒースローで飛行機に乗る前に彼女は、ツイッターにある発言を送信した。「アフリカへ向かっています。ＡＩＤＳになりませんように。なんて、冗談よ。私は白人だもの」というその発言は、本人いわく、ただの辛辣なジョークのつもりだったというが、それを送信してしまったのが命取りになった。サッコはそれまでにも、人種的なステレオタイプをネタにしたたくさんのツイートを送信しており、それらをすべてあわせて見れば、問題のツイートの真意は、レイシストへの、あるいは彼女自身の所属する特権階級へのからかいであったようにも見える。

だが、ソーシャルメディアはアイロニーの扱いに長けていない。そしてサッコが世界の動きから切り離されていた11時間のフライトのあいだに、彼女の知らないうちに、彼女のツイッターでは罵詈雑言の嵐が起きていた。怒りのリプライが投げつけられ、サッコは人種差別主義や人でなしとののしられた。彼女が機上にいるあいだに#HasJustineLandedYet（ジャスティンはもう着陸したか）というハッシュタグが立ち上げられ、トレンド入りまでした。ケープタウンで飛行機を降り、ツイッターアカウントの大炎上を知ったサッコを、プロとアマチュアを含め多数のジャーナリストが待ち受けていた。彼らはサッコの到着のようすをドキュメントしようと待ち構えていたのだ。それから数時間でサッコは解雇され、彼女のキャリアはぼろぼろになった。たしかに彼女のジョークは発想がまずいし、ソーシャルメディアに対する無知が浮き彫りにされている。だが、これほどの代償を負うべきものだったのだろうか？

同じ疑問が浮かんでくるのは、ノーベル生化学賞を受賞した生物学者にして分子生理学者であるティモシー・ハントだ。彼はソウルでの会議の前に、女性を研究室に入れることの問題は「彼女があなたに恋してしまうこと。そしてあなたに非難されると泣いてしまうこと」だとジョークを言い、それがもとでユニバーシティ・カレッジ・ロンドンの名誉教授職を解雇されたことで有名だ。この事件の広範な分析を、イギリスの元国会議員ルイーズ・メンチがのちに行っている。(9) それによると、ハントの発言について報道し、ソーシャルメディア上に怒りと冷笑を引き起こした当のジャーナリストは、ハントが「これは皮肉であり自虐だ」と示した明らかなサインを見落としていた。彼はこのとき、女性科学者や女性ジャーナリストを前に話をしていた。彼のような頭の良い人間が、そんなにもあからさまな性差別的発言をするとはおよそ考えにくい環境だ――それが皮肉でないかぎりは。事件から1か月後に発表された当日の録音テープからは、聴衆がハントのジョークに対して笑っているのがわかる。

これは、ジョークの後で場内が静まり返ったというレポーターの記事とは矛盾しており、むしろ、完璧には遠い自分の容姿とモテなさぶりをネタに不器用なジョークを言っただけだという、ハントの主張を裏づけるように思われる。最終的にハントは、ユニバーシティ・カレッジ・ロンドンからふたたび以前のいくつかのポストに任命された。それは部分的には、大学側の過剰反応がかえって大学に対する反発を引き起こしたからだった。だが一度受けた傷はもとには戻らない。

進化の不完全な状態

こうした群衆主導の過剰反応について考える一つの方法が、私たちの体の免疫システムにどんな欠点があるかを考えることだ。免疫系統には、事態を過剰に推し進めてしまうという危険がある。もしもあなたにアレルギーがあったら、おそらく春は一年で最悪な季節だろう。あなたの免疫系統が、本来は無害な花粉の中に誤った抗原信号を読み取り、相手を脅威とみなし、敵を一掃するために大量の粘液を分泌したり、涙管を開いたりしてしまうからだ。結局のところ、抗原とは一つの「パターン」であり、体はそれを認識することを学んできた。だが体はこうしたパターンを読み違えることもある。免疫系統がこうした過剰反応をするかしないかは、遺伝子の機能の問題だ。同じ原則は、ソーシャルメディアのミームに関しても適用できるのではないだろうか。

私たちに必要なのは、ミームの暗号をもっと洗練された方向へと進化させ、人々が他者のコメントを解釈するさいに背景事情を鑑みたり、自分がソーシャルメディア上で発信した反射的なコメントがどれほど大きな害をもたらすかを、背景事情を含めて認識したりできるようにすることだ。ソーシャルメディアというテクノロジーと、その周辺に築かれたオンライン社会はまだ若く、発展途上だ。そこには往々にして、微妙なニュアンスが欠落している。それを解決するにはおそらくソーシャルメディアの経験を重ねながら、もっと多感覚な世界を育てていかなくてはならない。ヴァーチャルリアリティの技術はいつかきっと、それをもたらしてくれるだろう。だが今のところは、進化の不完全な状態と取り組んでいくほか、選択肢はない。ソーシャルメディアが健康的で進歩的な進化を遂げるのをどうすれば後押しできるのか、考えなければならないのだ。

ソーシャルメディア内部の緊張に関するそのほかの例は、脅威のすみやかな排除や内部の均衡保持よりも、ソーシャル・オーガニズムという有機体の中で複数のミームが優勢をかけて長期にわたって戦うことに関連している。このケースにおいてもまた、反応とそれに対する応酬には、免疫系統の働きとよく似た点がある。#BlackLivesMatterの市民運動がソーシャルメディアを通じて整えたデモ行進や大衆行動は、人種差別主義的な思想や組織を消し去るための協調的試みのように見える。

だが、強硬な反対勢力があるせいで、#BlackLivesMatterの運動はけっして順風満帆ではなく、敵の追放にただちに成功しているわけではない。たとえば警官による過去の暴行事件の中で、有罪判決を受けた警官はいないし、殺人罪に問われた者すら皆無だ。いっぽうでこれまで述べてきたように、ソーシャルメディアに先導された#BlackLivesMatterをはじめとする市民運動の蓄積によって、ソーシャル・オーガニズムの中に進化的な変化がたしかに芽生えつつある。それらの運動は時間をかけて、より広い層から大きな支持を集めるようになってきた。いずれ、ソーシャル・オーガニズム全体により良い方向への変化が起こると私は信じている。

「突然変異原」の戦略

#BlackLivesMatterは、ソーシャル・オーガニズムの中に外部から入り込んできた建設的なアイデアだ。だが、破壊的なミームもまた、同じ方法で中に入り込むことができる。それら

はソーシャル・オーガニズムの細胞の構造を利用し、代謝経路を乗っ取って憎しみや苦しみをあちこちにばらまく。ＩＳＩＳのことはすでに述べたが、ほかにも心配な事象は少なくない。

たとえば、一部の人々が他者の外見を侮辱するときの冷酷さについて考えてみよう。それは見ず知らずの他人に向けられることもあるし、テニスプレイヤーのセリーナ・ウィリアムズのような公人に向けられることもある。セリーナはしばしば、その筋骨たくましい体型ゆえにソーシャルメディア上で人種差別主義者や性差別主義者の標的にされてきた。セリーナの事例は、人間の行動の中でもっとも思いやりに欠けた側面を示している。

こうした憎しみの暴発は、社会にとっての悪性腫瘍のようなものだと私は考えている。それらは癌と同じように、有機体の本来のシステムを利用して、普通でない成長のために栄養分を確保し、腫瘍を育てる。そして腫瘍の成長は、普通の細胞の成長を追い越してしまう可能性がある。通常であれば免疫系統は、発癌性物質が腫瘍形成の引き金を引くのを巧みに阻止することができる。癌の出現を防ぐのには失敗しても、その成長を抑制し、転移を防いでくれたりする場合もある。だが、往々にして戦いに勝利するのは癌のほうだ。

だからこそ、この種のさまざまな疾患は、世界じゅうの医学研究者から照準を定められている。健康な非癌細胞から栄養を盗み取ることによって、悪性の腫瘍は有機体を飢えさせ、化学療法や放射線療法がうまく行われないかぎり、有機体を死に至らせてしまう（ここでもまた諸悪の根源は、誤ったパターン認識にある。もっともたちの悪い癌は一種の変装をして、変異した細胞の増殖が外部からの侵入者の仕業であることを気づかせないようにする）。ソーシャル・オーガニズムの体全体に害をなすミームについても、同じように考えることが可能だ。ソーシャル・オーガニズムはこうした病に打ち勝つのに必要な防衛機能を、最終的には備えるようになると私は信じているが、今のところはこうした病はまちがいなく、ソーシャルメディアの建設的な価値を阻む方向に働いている。

こうしたソーシャル・オーガニズムにとっての悪性腫瘍を、どうしたら食い止められるのだろう？　解決策として私たちが参考にするべきは――読者もお察しのとおり――またしても人間という生き物の生物学であり、とりわけ、癌の治療について生物学が教えてくれる情報だ。ここでのキーワードは「突然変異原」だ。これは、放射線であれ化学治療であれ、とにかく遺伝子に変異を引き起こす媒介をあらわすときに、医師が使う言葉だ。多くの突然変異原は、タバコの煙に含まれる化学物質と同じように、歓迎されることがない。なぜならDNAを変化させることによって、癌の成長を誘発する可能性があるからだ。だが、突然変異原は、癌と戦うための有効な武器にもなりうる。化学療法や放射線治療が行われる目的は、さまざまな種類の癌の基礎にある細胞構造に無理やり変化を生じさせ、細胞の増殖を止めたり後退させたりすることにあるのだ。

これと関連したアプローチが、免疫療法という現在急成長中の新しい医療の分野で、私のジオーディエンス時代のパートナーでひどいアレルギーもちだったショーン・パーカーは、6億ドルという巨額の資金を提供して研究を熱心に支援している。この療法がめざすのは、癌などの真の敵を体がきちんと見極め、よりよく戦えるように鍛えることと、そして（ショーンの場合で言えば）ピーナッツや貝類などの本来無害な物質を体が脅威と見なさないようにすることだ。遺伝子の変異のプロセスを修正することも突然変異原の戦略の一つに含まれるが、免疫療法の基本は、情報の解釈の仕方を免疫系統に教えることにある。だがどちらの場合も、そこで起きているのは一種の「再符号化」だ。この概念は、ソーシャル・オーガニズムがヘイトに対する防衛機能を高めるうえで、鍵になるかもしれない。

「コミュニケーションという病」への抵抗

本書の冒頭から繰り返し述べているように、ソーシャルメディアが体現する新しいコミュニケーション構造を過去へと巻き戻すことはできない。だから、この新しいシステムの前向きな特徴をよりよく活用し、醜い面や良くない面を抑制するためには、新しい戦略を開発し、より多くのものを受け入れる共感的な社会を育てていくしかない。そのためにまず考える必要があるのは、ソーシャル・オーガニズムにおけるミームの暗号の一部にどんな変異や書き換えが起これば、社会的道徳観や文化に根源的な変化が誘発されるか、そして憎悪に満ちたコミユニケーションという病への抵抗性をどれだけ高められるかという問題だろう。

どうすればミームの暗号を意図的に修正できるのだろうか？　最初の一歩として可能なのは単純に、より健康なミームのプールを拡大することだ。有機体の体力や回復力が、ポジティブで強い遺伝子の数によって強まり、また、個体を病気にかかりやすくする弱い遺伝子によって損なわれるように、ソーシャル・オーガニズムの健康はミームの正しい混交によって決定される。だから、より健康的でポジティブなソーシャルメディア環境を築く一つの方法は、単純に、ポジティブな気持ちをもたらすコンテンツや心を浮き立たせるようなコンテンツを大量につくることだ。人間らしい心を祝福し、それを促進すること。そして、思いやりや共感や尊敬を育み、寛容と包摂の橋を架け、文化や芸術に持続可能性をもたらし、敵との和解と関係回復を模索することが必要なのだ。

当たり前のことを言っているように聞こえるかもしれない。何世紀ものあいだ、詩人や聖職者はもっと思いやりをもつようにと人々に呼びかけてきた。ソーシャルメディアの誕生前のレンズで見れば、少々青臭い、理想主義的な意見に聞こえるかもしれない。だが、今これだけコミュニケーション技術の進んだ新しい時代だからこそ、善意を広めるためのどんな戦略にどれだけの効果があるかをテストし、データで測定することは可能になっている。ソーシャルメディアはマッピングや調査研究や数量化が可能な、いわば生きているラボだ。たがいに結ばれた無数のノードは、強力なコンピュータによって分析することができる。もちろん、ツイッターのようなソーシャルメディア・プラットフォームの中心的データにアクセスするためには、天文学的な料金が課されるため、現在のところ、そこから何かを学びとるには限界がある。

だが私はそのせいでむしろ、分散型のソーシャルメディア・システムを発展させたいという気持ちを強めている。いかなる個人もしくは企業の所有でもない、新しい分散型のソーシャルシステムの構想については、第8章で詳述する。しかし、こうした複雑なデータのすべてに正しくアクセスすることができれば、社会的な相互作用をもっと厳密な科学として研究する一歩が踏み出せるはずだ。これを実行に移した一つの例が、カブリ財団による「ヒューマン・プロジェクト」という研究だ。これはニューヨーク市民1万人の行動から採取した数十年分の巨大なデータセットを、複数の異なる分野にまたがって分析したものだ。カブリ財団の説明によればこのプロジェクトの目的は、「人間に対する伝統的な研究ではこれまで不可能だった新しい理論や治療学や政策提言を発展させること」にあるという。

ジオーディティエンス時代の私たちの仕事の多くは、カブリ財団の研究ほど厳密ではないにせよ、人間の社会化の研究に関連していた。建設的なメッセージの拡散を利益につなげたいと考えている顧客の役に立つように、私たちはデータの調査研究を行い、善意を広めるうえで正しい手法は何かを見つけ出そうとしてきた。ビッグデータや機械学習（マシンラーニング）、そして洗練された分析論のある今ならば、ソーシャルメディアの世界のあちこちで繰り広げられているさまざまな戦略の効用を、かなりの精度で計測できる。その過程で、より好意にあふれた健康的なソーシャル・オーガニズムを築く手伝いがきっとできるはずだ。

ネガティブなコンテンツがいかにして有毒なフィードバックのループを生み出すかを研究するより、ソーシャルメディアのどんな部分が寛容や包摂を促進しているかをまずは観察するほうが、より有益かもしれない。多くの発信者たちはすでに、ポジティブで浮き立つような気持ちを生み出す大きな能力を示しつつある。先の章で私はジオーディエンス時代に、人生を肯定するようなコンテンツをもとにつくられた広告が広く拡散されたことをお話しした。同じことは今、新しい形のジャーナリズムや非商業的でクリエイティブなコンテンツの中で起きている。ソーシャル・オーガニズムをむしばむ冷笑を除去する手助けをしてくれる人々は、たしかに存在しているのだ。

「共感」の複製装置

どのようにソーシャルメディアを御すれば思いやりやさしさを増強できるかを示すまたとない例が、フォロワー数１７００万人を誇るブランドン・スタントンの大人気ブログ「Humans of New York（以下ＨＯＮＹ）」だ。スタントンのやり方はシンプルだ。毎日のブログは、普通の人々を写した一枚の写真と、それに添えた文章で構成される。文章にはモデルになった人の夢や心配事などが語られ、それに対して読者から心のこもった励ましのコメントが毎日のように寄せられる。写真は、特に変わったところがあるものとは限らないし、寄せられる文章も同様だ。だが、1日1日と積み重ねられる投稿は、ユニークで人間らしい物語を形成し、それを拡散しようという効果を読者にもたらす。スタントンの投稿は、世界中の数百万人の人々に共有される強力なミームとなっている。HONYは一種の社会現象になり、ブルックリンの貧しい界隈で撮られた一人の少年の写真から、教育基金を募る運動が起こり、140万ドル以上が少年の学校に寄付された。それだけでなく、少年とカメラマンと学校の校長はホワイトハウスに招待までされた。

一部の批判的な人々は、HONYの投稿は表層的で、リアルなつながりや知識ではなく感傷を生むだけのものにすぎないと言ったりした。だが、ソーシャル・オーガニズムの進化やその中における感情や共感の重要性についての私の見方をもとにするかぎり、人々のあいだにポジティブな気持ちをつくることはまさに、社会への価値ある貢献にほかならない。HONYのことを私は、共感の複製装置のようなものだと思っている。そういうものを、もっと私たちは築いていく必要がある。活動家や政策立案者、教育者、ジャーナリスト、そして企業ブランドにさえ――とにかく、ポジティブな変化をつくろうとしている人なら誰にでも――このモデルは通用するはずだ。それは、癌を追い払うために有機体が必要とする健康な生き方のようなものだ。なぜならそうした姿勢こそが、地球上のすべての存在がたがいに祝福しあうように働きかけるからだ。ＭＩＴメディアラボのメディア理論家であるイーサン・ザッカーマンはそういうものを「デジタル・コスモポリタニズム」と呼ぶ。[10]「デジタル・コスモポリタニズム」とは、同類性のしみ込んだニュースフィードから人々を解放し、尊敬と思いやりをもって他者の視点を扱う包括的なモデルだ。

ポジティブなアプローチをとるその他のコンテンツプロバイダには、たとえばアップワーシーがある。アップワーシーへの投稿は、動画にポジティブで人間的なメッセージを組み合わせたものが典型的だ。２０１３年3月の始動からわずか数か月で、アップワーシーへの投稿は急増し、フェイスブック上でのシェアや「いいね」の数では第3位に輝き、同年11月にはシェアと「いいね」の総数が１４００万を記録した。アップワーシーの成功を受けて、２匹目のドジョウを狙う者が次々にあらわれた。Distractify.comやViralNova.comやLiftbump.comやFaithit.comなどがそうだ。冷笑家たちは、そういうサイトはどれもただの「クリック釣りサイト」だと非難した――そしてそれはたしかにその通りなのかもしれない。だが、ポジティブなものを祝福するクリック釣りサイトなら、大いに結構ではないかと私は思う。

ソーシャルメディアはまた、オンラインの外の世界で行われた感動的な行為を拡散し、地球規模の影響をもたらすこともある。癌を乗り越えた5歳のマイルス・スコット少年の「バットキッドになりたい」という願いをメイク・ア・ウィッシュ財団が叶え、ゴッサム（またの名を、サンフランシスコ）の町を救う役を演じさせてあげたのもその一例だ。プロの俳優やサンフランシスコ市長などの協力を得て、町のあちこちで素晴らしい映像が撮られ、オバマ大統領もヴァインのループで激励の言葉を送った。だが、いちばん大きな役目を果たしたのはソーシャルメディアの力だった。ソーシャルメディアは大衆に、見物人として撮影を応援してあげてほしいとメッセージを送り、また、この出来事を世界中の視聴者に報道するうえでも活躍した。ソーシャルメディアのおかげでこの一件は世界からの称賛を集めることになった。

ニュージャージーの食堂でウェイトレスをしていたリズ・ウッドワードの事例[11]も紹介しよう。彼女は、食堂を訪れた二人の消防士のテーブルに、地域に貢献してくれている感謝のしるしに朝食の代金を個人的に奢らせてほしいというメモを置いた。消防士の一人であるティム・ヤングはそれを写真に撮ってフェイスブックに投稿し、友人たちにその食堂を訪れたら「チップをはずんで」あげてほしいと声をかけた。リズの気遣いについてのティムのこの投稿は、広く拡散された。そして、ニュースフィードの中にこの投稿を見つけたロレイン・ハッチャーという女性が、ティムにメッセージを送り、リズが病気の父親のために車いすで利用可能なヴァンを買う資金を貯めていることを伝えた。消防士たちはそれを受けて、ウッドワード家のオンラインによるキャンペーン「GoFundMe」を独自に支援する運動に乗り出した。

こうして一連の出来事は良い話として大きく報道され、世界中から寄付が次々に集まり始めた。じきに基金は、ヴァンやその他のものを買うのに十分な8万6000ドルに到達した。このエピソードはトーク番組「エレンの部屋」にも取り上げられ、全米に知られることになった。そして、ウッドワード家の明るさがこぼれ出るようなフェイスブックでは数か月間、リズが、自分の人生が前向きに変わったこの出来事についての投稿をした。彼女は、善い行いが善い行いを引き起こすことを目の当たりにし、自身の世界観を再確認した。「こうしたチャンスを探してみてほしい。なぜなら、それはどこにでもあるのだから」とリズは言う。別の投稿で彼女は次のように語った。「変化をもたらすことは、あなたにもできるはず。素晴らしい何かを制作したり努力したりしなくてもいい。いつだって、ほんの小さな出来事が、とてつもないインパクトをもつようになるのだから」。

良い感情がつぎつぎに人々の間に伝わっていくこのような現象は、ソーシャルメディアが生まれる前の時代にはありえなかったことだ。

クリック一つで分断を越える

それにしても、たえまなく流れ込んでくる人間の冷酷さにまつわる数々の記事を目の当たりにし、気の滅入るような釣りタイトル（たとえば、「高校卒業記念パーティーの**ありえない**ドレス15選」など）を見せられていると、ぐったりした気持ちになることは否めない。前述したような心の温まるストーリーは、こうした暗い気持ちの圧倒的な奔流に対してはろくに役に立たないように見えるかもしれない。

マイケルと私は、ソーシャルメディアこそが、ポジティブな変化をもたらす最大の貢献者になるはずだと信じている。あらゆるテクノロジーと同様、ソーシャルメディアにもネガティブな副作用はある。だが、私たちがすでに当たり前だと思っているような多くのものごとにおいて、ソーシャルメディアは私たちを助け、日々の生活に利便性と安全性をもたらしている。ソーシャルメディアのおかげで知識のクラウドソース化が可能になり、質問を投げかければ、知り合いのフェイスブックのグループや同じ関心をもつ人々のフォーラムから、すぐに答えが返ってくるようになった。ネットワーク上の個々のノードがなだらかに貢献しあい、システム全体を良くしていくための情報共有アプリは今、都市の顔を変化させつつある。その一例が、グーグルのトラフィックがウェイズ（カーナビアプリ）のサービスに取り入れられた結果、地震や災害の発生から市場行動にいたるまで、さまざまなものごとの初期の警告サインを送るうえで、ツイートの分析が活用されるようになったことだ。

だが、利便性よりもさらに重要なことがある。ソーシャルメディアのテクノロジーをさらに重要なものにしているのは、人々がともに胸に抱いている「人間らしい気持ち」を、ソーシャルメディアのおかげで個々人が力強く発信できるようになった可能性だ。２０１５年にテロリストがパリを攻撃した翌日、目隠しをした一人の男性が共和国広場にあらわれた。彼は「私はイスラム教徒です。私は、テロリストと言われました」という紙と「私はあなたを信頼します。あなたは私を信頼しますか？　もし答えがイエスなら、私を抱きしめてください」

という紙を地面において立っていた。人々がつぎつぎに彼を抱擁するうち、その言葉は、格好の媒体であるソーシャルメディアに広まり、交流のようすを写した動画や写真は世界中で共有された[12]。しばしばそれは#JeSuisParisという、人々のパリへの連帯感を表すハッシュタグによって広まった。パフォーマンスアートの一作品が、和解のために強力な貢献をすることになったのだ。

次の章で論じるように、インターネットおよびソーシャルメディアの発達によって、社会はより寛容で、より非暴力的なものになった。まったく反対に見えるかもしれなくても、それははっきりした証拠で示されている。このテクノロジーを上手に使えば、現在の社会の分裂を越えて、新しいデジタル社会をより包摂的な未来へと推し進める助けになるはずだ。職業も文化も宗教も政治的見解も異なる10億を超える人々が今では、フェイスブックやツイッターやタンブラーのようなプラットフォームを使っている。そしてそのホロニックな構造ゆえ、ただ一つの利益集団だけが他のすべての集団に権力を真の意味でふるうことはありえない。人々は共通の利益をもつ集団の中に隠れているかもしれないが、マウスのクリック一つでこうした分断を越えて、異なる背景をもつ誰かと共通する人間性を見つけることができる。

だが私たち人間には、こうした技術をあやまって使う可能性もたしかにある。わざわざ遠くを探さずとも、たとえばドナルド・トランプはこうしたテクノロジーを利用して2016年の選挙戦のあいだ、人種差別主義者や外国人嫌いをどこからともなくぞろぞろと引きずり出すのに成功した。私たちは、前述したような文化的変化のポジティブな力が、いつか自己修正的な作用をもつようになり、こうした排除や頑迷さへの先祖返りという心配な現象を逆転させられるのではないかと期待している。

しかし、それが自然に起こるという保証は何もない。定義によるならば、進化とは私たちが細部まで管理できるようなものではない。そのかわりに私たちができるのは、ポジティブで前進的な進化を促すような正しい前提条件を整えること――そしてさらにもっと重要なのは、ソーシャル・オーガニズムの進化をよこしまな方向へ操縦しようとする人間を回避することだ。害虫ボル・ウィーヴィルを毒で殺そうとして、結果的に、もっと抵抗力の強い困った種をつくり出してしまった綿花農家のような真似を、私たちはしたくない。そして類似性をさらに推し進めるなら、検閲制度は政府が行うものであれ、ソーシャルメディアのプラットフォーム自体が行うものであれ、アメリカ農務省の科学者たちが南部の綿花畑に散布したDDTのようなものだと言える。

ヘイトスピーチ検閲の功罪

イギリスで女性の権利のために活動していたキャロライン・クリアド＝ペレスがツイッター上で受けた性的嫌がらせの類(13)を見るとき、私たちが直感的に考えるのは、こうした憎悪に満ちた表現を抑制する決まりをつくるべきだということだろう。その直感的思考は十分理解できるものではあるが、そうした厳格な対応の副作用は普通、長い目で見れば利益よりもむしろ害悪を多くもたらす。だからこそ私は、2016年にヨーロッパ連合がフェイスブックやツイッターなどのソーシャルメディアのプラットフォームにヘイトスピーチへの検閲を強制しようとしていることに、危惧を抱いている。検閲のラインはたちまちあいまいになる可能性があるうえ、そうした禁止措置は乱用や無分別を招きやすいからだ。

一つの大きな問題は、検閲制度が情報の門番――それは政府であるかもしれないし、伝統的なメディア企業であるかもしれないし、ソーシャルメディアのプラットフォームの会社の所有者かもしれない――に事実上のライセンスを与えてしまうと、彼らがそれをお墨付きとして利用して、自身の利益を追求したり守ったりするために言論を統制する危険があることと、そしてそれが前例として確立されてしまう心配があることだ。この先のページで議論していくのは、何らかのソフトウェア・アルゴリズムをソーシャルメディアのプラットフォームに投入することが、ポジティブな言論を盛んにする動機づけにならないだろうかという問題だ。これは、ニンジンを鼻先にぶら下げるような、ある意味甘いやり方であり、それがうまくいくのか、あるいは何かのひずみを招いてしまうかは、いまだ未知数だ。だがこの業界に何年も身を置く私には、鞭のタイプのアプローチがぜったいにうまくいかないことは、はっきりわかっている。鞭のアプローチでは人々はいつまでも愚鈍なままだ。

もう一つの大きな問題は、次の章で語るように、たとえどんなに憎悪に満ちた言論であっても、それにふれる機会を完全に遮断すると、文化に良い影響を与える方向にソーシャル・オーガニズムが進化する能力が削がれてしまう可能性があることだ。私たちが何としても避けなければならないのは、ソーシャルメディアのヘイト・モンガーを、どうやっても破壊できない化け物のようなボル・ウィーヴィルに変異させてしまうことなのだから。

第7章 「共感」で文化の免疫系統を強化する

病原体に立ち向かう

ダーウィン的な進化と同じように、ソーシャル・オーガニズムの進化にも痛みや争いはつきものだ。たとえばヨーロッパで今起きている難民危機は、外国人嫌いを噴出させ、きわめて非人間的な反応を引き出した。そしてそれらの流れは例のごとく、ソーシャルメディア上で展開された。これを端的にあらわしているのが、2015年にイギリスで誕生したハッシュタグ#wearefull（ここは満杯だ）だ。これは、先にオーストラリアで政府の厳格な難民政策と歩調を合わせるように誕生した#FUWK（Fuck off : we're full［失せやがれ。ここは満杯だ］）という下劣なミームの変異体と言える。#wearefullはのちに#Brexitという多くの人を巻き込んだ巨

図表12　砂浜に横たわるアイラン少年（イラスト）

大な運動へとつながった。こうして辛辣な言葉が飛び交う中、1枚の痛ましい写真が、人々の議論に驚くような劇的な作用をもたらした。ニルファー・デミールが撮影した3歳のシリアの少年アイラン・クルディの写真だ。顔をうつぶせにして波打ちぎわに横たわった少年の遺体の写真は、フェイスブックやツイッターで大きく広まった。

それから何日かたって、数十人の人々がモロッコの海岸で、アイラン少年と同じ色の上下の服を着て同じ姿勢で砂浜に横たわるという抗議のパフォーマンスをした。ガザとインドでは、少年の亡骸をかたどった巨大な砂山がつくられ、少年への哀悼が捧げられるとともに、今も逃げ続けている難民に思いやりをもとうというアピールが行われた。世界中のアーチストがこの写真についての詩的な表現を行い始め、写真はなかば神格化された。(1) フランクフルトでは、欧州中央銀行本部にほど近いマイン川沿いの壁に、砂浜に横たわるアイラン少年を描いた巨大な壁画がつくられた（図表12）。これらは地獄的情景のミームとして、ナパーム弾の攻撃を受けて裸で逃げるヴェトナムの少女や、硫黄島の星条旗などの歴史的写真と並ぶ象徴的な映像となった。

この映像のもつ巨大な力が示されたのは、それからほどなく、世論にはっきりと変化の兆しがあらわれたときだった。スコットランドでは、あるタブロイド新聞が始めたキャンペーンをもとに、#wehaveroom（まだ場所はある）というミームが誕生した。[2] ハンガリーから流入する難民に門戸を開くことを政府が決定したドイツでは、数千人が国境の入り口に立ち、難民の到着に歓迎と激励の意を表した。ふだんは乱暴ぶりで知られるドイツのサッカーチームのファンたちも、ウェルカムバナーを掲げるという思いがけない行動を見せた。試合の会場に「難民歓迎」という横断幕が掲げられた映像はソーシャルメディアに拡散され、機を見るに敏ないくつかの企業はこのチャンスを利用して、自身の社会的意識の高さを宣伝した。サッカークラブのバイエルン・ミュンヘンは難民に対する100万ユーロの寄付をすぐに表明し、[3] イギリスのサッカークラブも連帯の日を設けることでそれに続いた。

だからといって、フランスのマリーヌ・ル・ペンのような排他的主張が力を失い、人々の不安をあおりたてなくなったわけではない。パリ襲撃事件の後は、特にその傾向が強まった。だが一連の出来事は、それまで否定されていた共感に、ともかくテーブルの座が与えられたことを意味していた。現在ソーシャルメディアでは、ミームの生き残りをかけて異なる視点が相争うという文化的な戦いが起きているが、先のようなミームの登場は社会のＤＮＡに永続的でポジティブな変異をもたらすうえで、力強い働きかけをしたと言える。

ウィルスの変化と人間の進化

「ポジティブな社会的変異」が何を意味するかを解くために、まず、生物学的にポジティブな変異の例について探究してみよう。こうした変異によって明らかに恩恵を受けた人のケースについて、これから語っていく。「ベルリン患者」として有名なティモシー・レイ・ブラウンは、[4] ＨＩＶを機能的に完治させたことで知られる唯一の人物だ。高額な抗レトロウィルス治療でＨＩＶのウィルスを眠らせ、ウィルスと共存している１０００万人余のＨＩＶ患者と、ブラウンは一線を画している。

ブラウンは２００７年に白血病の治療を受けたとき、ＣＣＲ５遺伝子にＣＣＲ５－Δ《デルタ》32として知られる変異をもつドナーから幹細胞の移植手術を受けた。この遺伝的形質を保持する人は、Ｔ細胞のレセプターに一種の保護膜を貼られるおかげで、ＨＩＶウィルスが宿主細胞への入り口を見つけるのを阻むことができる。ヨーロッパに祖先をもつ人の約10パーセントはこの形質をもつと信じられているが、それ以外の地域ではその割合はきわめて低い。

ＣＣＲ５－Δ32の変異は数世紀にわたって受け継がれてきたもので、科学者たちは今、ヒトの遺伝子の歴史を分析することでその起源を研究している。最初、この変異は腺ペストの克服者《サバイバー》に端を発すると考えられていた。だが今、科学者たちが着目しているのは、過去2000年以上のあいだに起きた疫学上影響力の高い出来事の積み重なりだ。紀元前5世紀のローマ人による征服。紀元前430年ごろに流行した「アテネの疫病」と呼ばれる病気。そして18世紀ごろまでヨーロッパの一部の民族が、重い伝染病である天然痘に対して示していた抵抗性。

私たちにわかっているのは、ヨーロッパの歴史の流れの中で民族の混交が起きたことが、この価値ある遺伝的形質を広める一助になったということ、そして、破壊的な病気が流行して自然選択のプロセスが激化するたび、遺伝的な系統の中でそうした形質の存在は増しただろうということだ。そして科学の発達した今この時代、こうした有益な変異を複製し、必要としている人に譲り渡すことは潜在的には可能になっている。

HIVや天然痘やエボラの流行に関してポジティブな何かを想像するのは難しいが、今、科学者たちはこうした病気のウィルスが進化において重要な役目を果たすことを理解している。こうした病気は遺伝子の変異を促進し、ひるがえって病気への耐性を生む。ティモシー・ブラウンに移植されたCCR5-Δ32はその一つだ。じっさい、ヒトのゲノムの中には、先祖が感染したウィルスの遺伝的形質がたくさんある。HIV感染によって免疫機能不全になった何人かのエイズ患者の血液検査からは、はるか昔、ヒトとチンパンジーが分化してまもない600万年前に、ウィルスが再活性化した痕跡が発見されたという。(5) ソフトウェアのエンジニアは完璧未満のコンピュータプログラムを「バグだらけ」と呼んだりするが、それなら私たち人間のDNAも「バグだらけ」と言えるのかもしれない。

ウィルスの変異と人間の進化の関係についての知識は増加しており、また、抗原と抗体が並行するように発展と進化を遂げていることもわかってきたおかげで、免疫療法のような期待のもてる新しい治療法が生み出されつつある。人間の遺伝子やウィルスの遺伝子の変異の原因とそのパターンを突きとめれば、医者は患者の免疫系統にそのパターンを認識させ、免疫系統を私たちの健康の強力な防衛者に変えることができる。

このプロセスの中にはまた、ソーシャル・オーガニズムがミームの暗号の変異を通じていかにして文化的進化を遂げるかについての教訓もある。生き物の法則の七番目を思い出してほしい。すべての生き物は適応し、進化するのだ。私たちが社会の成長を願うのなら、そしてソーシャルメディアを、人間存在を向上させるための建設的なフォーラムに変えたいと願うなら、文化の中にはびこる憎悪や不寛容や威嚇などの「病気」に、あえて身をさらさなければいけない。それは、検閲とはまったく逆のやり方だ。

多様性を受け入れる

1990年代初頭にインターネットやソーシャルメディアが誕生して以降、人間の社会性という傾向に顕著な向上があったことは、さまざまな調査から明らかだ。そうした結果をもたらした要因がテクノロジーだと断言することはできないが、「ソーシャルメディアが社会に大きな害悪をもたらした」という多くの人々の見解に、これらの結果ははっきり異を唱えているように思われる。

ソーシャルメディアが発達する前に比べて、今の時代の人々は四六時中、昔よりはるかに汚らしくてはるかに規模の大きいメディア環境を通じて、ディスプレイ上で人間同士の争いにさらされていると批判する人々もいる。だからといって、社会がより冷酷さを増したことにはならないはずだ。それとはまったく逆のことが起きているのが、証拠によって示されている。

手始めに、犯罪についての統計を紹介しよう。西欧社会全体の警察のデータや病院のデータからは、1993年以降、暴力犯罪が急速に減少していることがわかる。1993年とは、インターネットが初めて社会の主流に入り込んできた年だ。何より驚きなのは、アメリカのデータにもとづけば[6]、12歳から24歳までという伝統的にもっとも暴力に関わりの大きかった

図表13　年齢別暴力犯罪件数

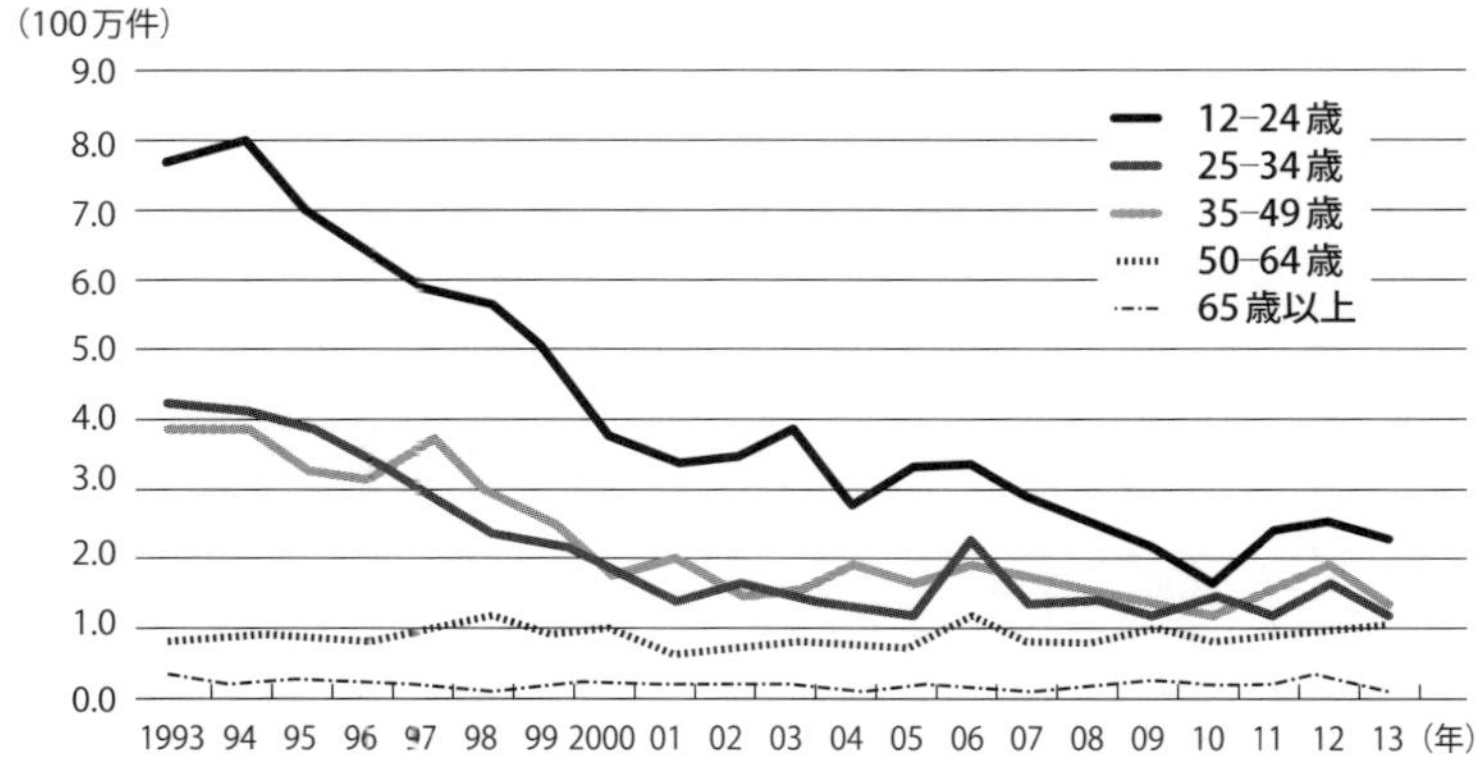

年齢グループで、１９９３年以降の20年間で暴力犯罪が半数以下にまで減少していたことだ（図表13）。もちろんこの年齢層は、歴史初のデジタル世代によって構成されており、彼らの生活は圧倒的なまでにオンライン上の活動で定義されている。

人種や宗教や性や性的志向をめぐるアメリカ人の考えの変遷からも、同様のはっきりした証拠が見てとれる。格好のバロメータになるのが、結婚に対する態度だ。無党派のシンクタンクであるピュー研究所が同性婚に関して行った調査によると、[7]２００１年にはそうした婚姻を肯定する人は全体の35パーセントにとどまったが、２０１５年には55パーセントを超えるまでになった。それを考えると、同じ２０１５年に同性間の婚姻を国全体で合法化したアメリカ最高裁判所の判断は、大法廷の裁判官のおおかたが社会の情勢に追いついていたことを意味している。同じように、人種間の婚

図表14　社会の変化の速度を追う

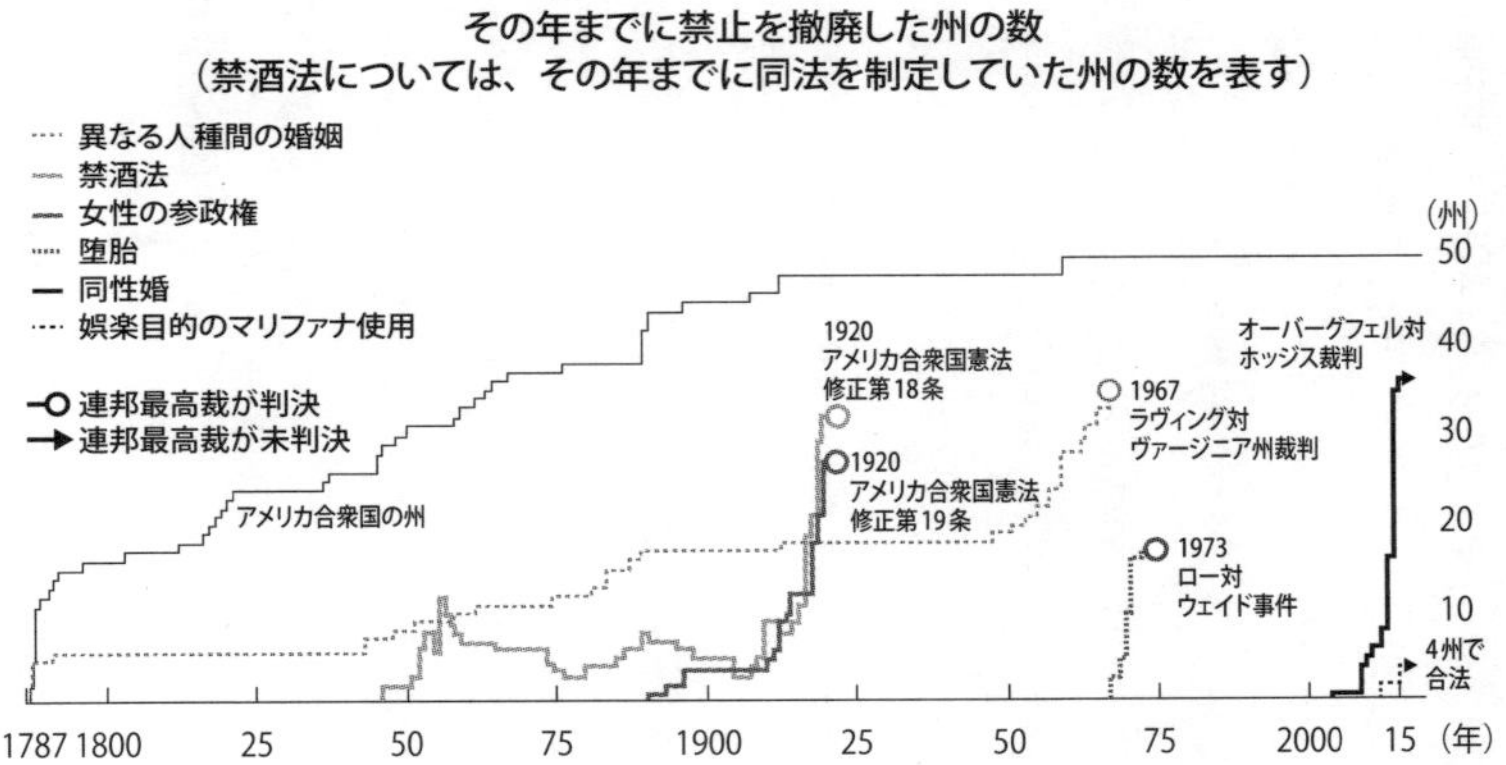

姻の受容も急速に拡大していることがやはりピュー研究所の調査から示されている。(8) ２０１２年には3分の2のアメリカ人が、家族の誰かが違う人種のパートナーと結婚しても「かまわない」と回答しているが、１９８６年にはそう答えた人はわずか33パーセントだった。ミレニアル世代を対象にしたもっと最近の調査では、10人に9人もの人々が、家族の誰かが異なる人種と結婚してもOKだと回答した。

こうした問題に対する態度は、加速度的な勢いで変化しつつある。ブルームバーグ・グラフィックの２０１５年の記事によると、(9) 人種間の婚姻、女性の参政権、禁酒法、堕胎、同性婚という五つの重要な社会的事項が合法化されるにあたり、法の改正を求める最初の声が上がってから最高裁で承認されるまでにかかる時間は、劇的なまでに短縮してきている（図表14）。この記事によれば、マリファナの娯楽目的の使用の合法化支持についても、同様に速いスピードの変化が起こりかけているという。

文化の進化のスピードは加速しつつあり、そしてそれは思想やミームの混交がなせる業だと私たちは考える。そうした混交は、最初はインターネット上で全般的に、そして今はソーシャルメディアの内部でもっと具体的に起きている。ソーシャルメディア上でいがみあう輩がもたらす印象はともかく、私たちはより寛容に、より多くを受け入れるようになってきているのだ。

より多くを受け入れる方向に社会が向かいつつあるのは、ソーシャル・オーガニズムのミームの暗号に加速度的な変異が起きているせいだとも考えられる。HIVへの抵抗性をもつCCR5－Δ32が生殖的混合によってヨーロッパ人の一部に埋め込まれてきたのと同じように、今起きている文化的な変化も、ソーシャル・オーガニズムの中でミームが縦横に複製され、アイデアの混交が起きた結果として促進されたのかもしれない。HIVへの抵抗性をもつ遺伝的形質の拡散が不完全であるのと同じように、まだそれは完全なものではない。

しかし、そうした変化は、ペストなどの病気の流行が果たした役目と同様の、疫学的ストレスの時代によって拍車をかけられた進化上の流れとして見ることができる。こうした瞬間にこそ、高度に進化した包摂的な思考がソーシャルメディアという機械によって厳しく試され、促進される。もっとも強い遺伝子はそうしたストレスの試練をくぐりぬけたものであることを、私たちは知っている。ソーシャル・オーガニズムにおけるもっとも強いミームにも、同じことが言える。異成分から成るホロニックな構造の成長や繁栄を促すようなミームこそが、複製され、広まっていく。このプロセスを生き残れる思考とは究極的には、社会的多様性の受け入れを促進するものであることが、証拠によって示されている。

ミームのプールの拡大

一部の読者は、とりわけ保守的な政治傾向にある読者は、こうした変化をポジティブな発展としてとらえるリベラルな解釈に異を唱えるかもしれない。宗教的な集団は、性的志向にまつわる権利の拡大を、退行的ステップとして見るだろう。そして本書の「はじめに」で引用したように、南部連合国旗がポップ・カルチャーから姿を消したことを進化上の躍進としてとらえる私たちのような人間がいるいっぽう、南部の誇りのしるしとしてこの旗にこだわり続けてきた人々は、こうした動きを退行的だと感じるかもしれない。

再三強調しているように、進化を道徳的な観点から定義することはできない。進化とは必ずしも「より良い」ことを意味しないのだ。だが、進化とはたしかに典型的には、脅威に対してより強く、より抵抗性が高くなることを意味する。そうした観点から見れば、「文化の進化は包摂的な方向へ向かう」という科学的議論があってしかるべきではないかと私たちは思う。

それに取り組むためには、生物界の長期的進化のアルゴリズムをつかさどってきた物理の法則とエコロジーの法則が参考になる。そこからわかるのは、たとえば、遺伝子を貯蔵するプールが大きくなれば、あるいは一連の分子反応の中で可能な変数の個数が増えれば、より強く、より耐性のある形状や特性が適者生存の法則から生まれる可能性が高まるということだ。

同じように、もしもソーシャル・オーガニズムに取り込まれる文化的慣習やアイデアの幅が広がれば——そして、「ミームのプール」が拡大されれば——私たちの文化は最終的には、より強く、より回復力の高いものになる。そこにさらに成長と拡大を志向するソーシャル・オーガニズムの自然の本能が加われば、あとは数学的な論理によって必然的に包摂が生まれていく。包摂のアンチテーゼである排他性は、こうした本能とはまっこうから対立する。だからこそ、トランプやル・ペンやブレグジットの運動など、いずれも「壁を築く」ことにまつわる流れが盛り上がりつつあるのはとても危険に見える。そうした視点はアイデアのプールを狭めてしまうからだ。

これは、「歴史は個人の自由を拡大する方向に進む」という長く受け継がれてきたリベラルで知性的な思想の伝統と合致する。中世ヨーロッパの絶対的な専制主義から啓蒙思想へ、そして独立宣言から市民権運動へと新しい自由をつぎつぎに確立してきたこの流れは、社会が差異を受け入れる方向に前向きに進んできた記録として見ることもできる。それはまた、時の権力者がいかにして、技術の進歩をはじめとする社会の変化によって、包摂の境界を広げるよう強制されてきたかの記録でもある。

このプロセスの中には後退期もある。現在のインターネットの中に広まっている国による監視がまさにそれにあたるのではないかと主張する人々もいる。だが、現代の歴史がより大きな寛容と受容に向かって漸進してきたのは明らかだ。それぞれの段階ではもちろん、新旧の争いがあった。だが、対立を越えなければ得られるものはない。今日では、変化を起こすのに暴力的な革命は必要ないかもしれない。だが、もし進化したいと望むのなら、生《き》のままのコンテンツにさらされる結果生まれる争いは避けられないだろう。

この包摂への動きを促すのがソーシャルメディアの力だ。ソーシャルメディアは人々に、社会のただ中で起きている争いを見るよう強いる。いつでもどこでもメディア環境につながれる私たちは、文化をつぎつぎに抗原にさらしている。それがスパムだろうとヘイトメッセージだろうと「荒らし」の物言いだろうと、これらのただ醜いだけに見える反社会的コミュニケーションの洪水は、社会の免疫系統を強化するために必要なものなのだ。この新しい現実に住み始めて間もない以上、私たちは、文化の進化のプロセスにおいてきわめて困難な時代をこの先くぐりぬけていかなければならない。私たちの社会は、人間の社会化の歴史における未曽有の時代に足を踏み入れた。そしてソーシャル・オーガニズムが突然これまでになかったさまざまな「病気」の嵐にさらされているのだ。

生き延びるのに必要な抗体

こうした病気におけるもっとも恐ろしい側面の一つは、新種のポピュリスト・ファシズムの勃興だ。「ソーシャルメディアはより包摂的な社会をつくる」という私たちの主張を、政治的にはリベラルな側にいる読者が反論するときに、よくこのことが言われる。2016年の選挙戦のあいだ――この原稿を書いている段階ではまだ最終的な結果は出ていないのだが――ドナルド・トランプは反移民と反イスラムのレトリックによって共和党候補指名への道を突き進み、大勢の熱狂的な支持者を乱暴な政治集会へと集結させた。たしかにこれは、なかなか「進歩」には見えにくい。だが、トランプの支持者と反対者がシカゴで衝突し、アメリカの民主主義に対する懸念が高まったあと、ダートマス大学教授のブレンダン・ナイハンはツイートの19連投によって次のように述べた。[10]（本書でも前述したような）他者に対するアメリカ人の態度についての統計調査を見るかぎり、トランプのような超自己中心的なビジネスマン崩れに人気が集まったのは、人種的な憎悪の高まりを反映しているわけではない。トランプ現象の原因はむしろ、その破壊的で排他的な考えを伝統的な政治体制がうまく統治できなかった点にあるのではないかとナイハンは指摘する。トランプのような破壊的な考えはこれまでいつも、巨大でありながら力を奪われてきたマイノリティをよりどころにしてきたのだ。

ビジネスや政府やマスメディアなど古くからの垂直的な権力構造は、リーダー不在のホロニックな新しいコミュニケーション・パラダイムによって深刻な打撃を受けてきた。古い機構はその結果、実権を失い、だからこそ、トランプのような扇情型のカルト的パーソナリティにまるで歯が立たなくなった。イギリスで、外国人嫌いをにおわせる「離脱」騒動に大半の国民がのせられ「離脱」に票を投じるのを、政治的エリートらが止められなかったのも、同じ理由による。２０１６年６月23日にイギリス政府が不承不承行った国民投票によって、イギリスはヨーロッパ連合から脱退するという道を選びとってしまった。

重要なのは、ワシントンのルールよりむしろ生物学的なルールに従うこの新しいメディア構造を社会がうまく使って、すでに失墜した機構に代わる新しい仲介システムをつくれるかどうかだ。私たち著者はそれが可能だと考えているし、それをするためのメカニズムは、ソーシャル・オーガニズムの進化的アルゴリズムを通じて生まれると信じている。その快適で調和のとれた場所にたどりつくには、少しばかり荒れた道を通らなければならないだけのことで、そのためには、社会性のある市民活動に加えて、思慮深くて柔軟な政策決定が必要になる。

ＣＣＲ５－Δ32の変異を生み出すことにつながる腺ペストやその他の歴史的な疫病が、文化の世界で起きているのがすなわちソーシャルメディアの現状だと考えてよいのだろうか？　そうなのかもしれない。私たちが願うのは、過去にない地球規模のミームのやり取りがもたらす加速的な変異のおかげで、痛みと不和の時代を少しでも早くくぐりぬけられることだ。

人々はすでに、ソーシャルメディア上で何をやってよいか・いけないかを学びつつある。ソーシャル・オーガニズムは生き延びるのに必要な抗体を発展させつつあるのだ。

私たちの体は子どものころたくさんの細菌やウィルスにさらされたほうが、より強く成長する。私やマイケルが子どもだったころは、級友の誰かが水ぼうそうにかかったとうわさになったら――水ぼうそうはきわめて感染力の高い病気で、かかった子どもの体は1週間あまり、痒いかさぶただらけになる――親たちは自分の子どもを感染した子どもの家にわざわざ連れていって、ウィルスにさらそうとしたものだ。その目的は、あとで水ぼうそうにかかるのを防ぐために、子どもが小さいうちに抗体をつくっておくことにあった。水ぼうそうは、大人になってから感染すると、肺炎や脳炎などの重い合併症にかかるリスクが非常に高くなる。思春期を過ぎて大人になってからよりも子どものときに感染しておくほうがはるかに安全なことを考えると、この一見無謀な行動にも一理はある。

もちろんこのやりかたには、子どもの健康を害するリスクも存在する。1995年に非常にすぐれた水ぼうそうのワクチンが開発されたため、以降は、もっときわめて安全な手法で抗体をつくれるようになった。ワクチンはもちろん、脅威となるウィルスや細菌のDNAをもとにつくられるが、それでもコンセプト的には、同じ核となる考えにもとづいている。遺伝子には、一見人間に有害な物質にさらされることで、私たちをより強くもする性質が備わっているのだ。

検閲と抗生物質

ワクチンとは、抗体によって免疫のシステムをつくり、自身の力で病気と戦えるようにするものだ。そして免疫療法は、同じことを免疫システムに効果的に教え込む治療だ。抗生物質はそのどちらとも異なり、いってみれば傭兵のようなものだ。抗生物質は、感染を引き起こす細菌を直接攻撃し、私たちの体のためにそうした単細胞生物を殺し、それらが成長したり増殖したりするのを阻止する。だが、これらの傭兵たちは務めを終えれば去ってしまう。彼らはそれまで駐屯していた領域の住民に、自分の力で戦う方法を教えたりはしない。さらに言えば、抗生物質には一般的に、ウィルスと戦う力は備わっていない。ウィルスは細菌よりもずっと小さく、生きている有機体のような特徴をすべて兼ね備えてはいない（ウィルスとは本質的には――たとえばRNAやDNAのような――遺伝的物質の断片にすぎず、それが分子の中に住み着いているだけであることを思い出してほしい。ウィルスは生きている有機体の細胞に入り込み、内部の複製機能を乗っ取ることでしか、自分自身の複製はできない）。理論上「生きていない」何かを「殺す」ことはできない。だからこそ、もっとも一般的な風邪のようなウィルスを負かすほぼ唯一の道は、こうした変異し続ける病気の鎮め方を免疫系統が見つけ出すのを待つことなのだ。

だがそれはまた、なぜ抗生物質の使いすぎが公衆衛生に脅威を与えるかを説明もしている。生きているすべての有機体と同じく、細菌もまた適応と進化をする。つまり、細菌の多くは抗生物質への抵抗性を養いつつあるということであり、これをWHOやアメリカ疾病予防管理センターは非常に懸念している。だから、ルイ・パスツールによるペニシリン発見以来、抗生物質が人の命を救う重要な役目を果たしてきたのは事実として、今はそれよりも、私たちの免疫系統に病原菌との——そしてウィルスとの——戦い方を教えるほうが、外部者である抗生物質に仕事を丸投げするよりはるかに良策であることが判明しつつある。

反社会的な言説を削除したり検閲したりというルールを、ツイッターやフェイスブックに配備すべきだという声がしばしばあがっているが、これはいわば、病気と戦うために抗生物質という傭兵を連れてくる戦略と似ている。そうしたやり方は、特定の病原体が出現するのを抑え込むかもしれないが、それらのDNAの根本を破壊するわけではなく、ソーシャル・オーガニズムはそうした病原体と独力でいかに戦うべきか、いつまでも学ぶことができなくなる。攻撃的な思想や思考の根幹にあるミーム——たとえば、#ゲーマーゲートの偏屈者たちの激しい女性蔑視——はそのまま生き続け、それが占拠している細胞(この例で言えば、そういう考えをもつ支持者たち)の助けを借りて、いつか外の世界に反撃に出ることになる。そうした支持者たちは、過去にいつもしてきたのと同じように、検閲を自由な言論への攻撃として受けとめるだろう。そして残念なことに、彼らの言い分は正しいのだ。

「暴力」衝動を抑え込むすべ

私たちが何者であるか、そしていかに他者と関わりあうかを定義するすべての社会風習や文化の規範は、前述のような対立から生まれてきた。スティーブン・ピンカーは著書『暴力の人類史』（幾島幸子・塩原通緒訳、青土社、２０１５年）の中で[11]社会学者ノルベルト・エリアスの言う「文明化の過程」についての理論を引用している。エリアスの理論は、ヨーロッパの社会が中世以降いかに平和の度合いを増していったかを説明するために、社会的品性やエチケットの発達に着目している。たとえば人が宴に招かれたとき、その昔は自分のナイフを持参するのが普通のことだった。ナイフは、敵を殺すときにも食事をとるときにも使われる道具だった。食べ物を囲んで座った人々は、殺された動物の肉をそれぞれのナイフで切り分け、それぞれのナイフで自分の口に運んだ。鞘のないこうした刃物が手元にあることの問題は、何かもめごとが起きたとき、誰かが刺される可能性があることだった。これは、招いた側にも招かれた側にもありがたい事態ではない。だが、中世の初期の社会においては、暴力は日常生活の一部だった。さて、人々はこれにどう対処したのだろう？

解決策は、テーブルマナーの進化とともに出現した。テーブルマナーの進化により、食べ物を口にするときに持参のナイフを使うのは受け入れられないこととされ、それとともにカトラリーについての概念も生まれた。フォークが発明され、そして人を殺せないようなナイフがテーブルに用意された結果、客は人々の前で自分のナイフの鞘を抜く必要がなくなった。カトラリーの適切な使い方についてのルールが生まれ、それは大半が「ナイフをそのまま口に入れてはいけない」とか「ナイフで料理をかき混ぜてはいけない」などテーブル・ナイフの使い方の禁忌についての内容だった。最初は、流血沙汰を引き起こす危険を避けるための現実的解決だったこの流れは、文化のルールとして根づき、人々の争いを遠ざけるためにも役立つことになった。この種の微妙な変化は時間をかけて価値体系を発達させる手伝いをし、もっとさまざまな場面でも暴力的にふるまうのは受け入れがたいことだという概念を築いた。

ピンカーの言葉を借りれば、エリアスの調査からは「ヨーロッパ人がいかにして、衝動を抑え込むすべを徐々に学び、自身の行動の長期的結果を推し量れるようになり、他人の考えや気持ちを考慮に入れられるようになったか、そして名誉の文化――いいかえればすぐに復讐に走る文化――がいかにして品位の文化に道を譲ったか」が示されている。これは道徳の進化が起きたということだ。

慣習のクラウドソース化

現代において他者との関わり方が変化し、デジタル空間に即したものに移行するにつれて、私たちはそれまでの規範の再評価を迫られている。そのさいに社会がすることは、いつも決まっている。社会は、新しく出てきた受け入れ不可能な行動に対して不同意を伝えたり、当事者を辱めたりすることで「取りしまり」を行うのだ。この反応は単に、ある個人の行動を変えることを目的にしているわけではなく、すべての人に新しい掟を知らしめることを目ざしている。私はこれを、新たに進化した免疫反応の一種と考える。この新しい抗体がそれまでの免疫系統の警察部隊に加われば、免疫系統が引き起こす影響力は格段に大きくなり、外部からの侵入者を追い散らしたり、さらなる侵入に備えて防護策をとったりする助けになるはずだ。

この種の価値観の衝突が起こる可能性がソーシャルメディアによって過激なほど拡大された結果、文化的変化の過渡期は大きく短縮された。この新しいボーダーレスでグローバルなコミュニケーション構造の中で私たちは今、過去には不可能だった異文化間の爆発的相互作用を経験している。これらは、最初のころは争いを招く。そうした争いは、ある種の集合的文化の転換が起こり、受け入れ可能なものの線引きが再定義されなければ解決しない。同じほど重要なのが、ひとたびこうした新しい決まりが確立されると、ソーシャルメディアは巨大で開かれたプラットフォームを新たにつくり、そこで社会の免疫系統に取りしまりの仕事を行わせることだ。

こうしたオンライン上の新しい交流の場は、言ってみれば、無数の招待客が交流しあう巨大なディナーテーブルのようなものであり、そのためには新しいエチケットが開発されなければならない。客同士の「殺し」あいを避けるためには、価値観の大きな転換が一度ならず必要になる。そして、この新しく確立された文化的秩序を破れば、ソーシャル・オーガニズムの免疫システムが始動し、強烈で激しい反応が起きるようになる。

チャールストンの虐殺事件のときにせよ、ライオンの銃殺事件のときにせよ、ソーシャルメディアが先導する粛清反応は、私に、体内で起きる「凝固カスケード」を思い出させる。凝固カスケードとは血液凝固の陰で起きる生化学的反応であり、ラボの虫だった十代のころの私はこの現象に大いに魅了された。組織が損傷を受けて出血すると、酵素と代謝因子のシンクロナイズド・ダンスが、傷口から始まり傷口に終わるアラキドン酸経路沿いに繰り広げられる。この反応を受けて、無数の小さな血小板がたがいに結びつき、出血を食い止めるために収縮する。文化的に進化を遂げつつあるソーシャル・オーガニズムにとっては、ときには社会的調和の破たんが、肉体でいうところの深い傷となり、肉体に傷ができたときと同じような反応を起こすことになる。

文化の進化が加速度的に起きていることには、もう一つ理由がある。それは私たちが自分たちの慣習を、事実上クラウドソースしているからだ。エチケットや価値観はかつて上から教えられるものだった。中世の時代には、テーブルマナーを教えるのは貴族であり、信じてよいものといけないものを人々に教えるのは教会だった。20世紀になってからでさえ、ソーシャルメディアの誕生前のアメリカでは、メディアや政治勢力の外にいる人間が社会的価値観の変革を唱えるのは、たやすくできることではまるでなかった。集会への参加やストライキはできた。言葉を操るのに長け、しかも出版社とつながりのある人間なら、説得力のある論文を書くという手もあった。

19世紀のアメリカと比べれば格段の進歩ではあるが、それでも、「いいね」や「リツイート」のボタンをクリックするだけでほとんど誰もが文化的進化のムーブメントに携われる現状とは比べものにならない。現代では、人々がたがいにどうふるまうべきかを決定するのは社会の集合的思考のプールであって、司祭やCEOらの排他的意見ではない。集合的な思考がうまくいかないことも時にはある。だが、進歩的な変化を鼓舞してくれることも時にはあるのだ。

それがどのように起きているのか、大半の人は理解していない。おおかたの人はソーシャルメディアを、文化の外にある何かとしてとらえ、残りの世界から現象的に切り離すことのできる技術としか見ていない。ソーシャルメディアに何かを動かす力があることは、正しく認識されていない。だが本当はそれは、文化をかきまわす主要エンジンであり、私たちを内側から変化させせつつあるパラダイムシフトそのものでもある。ハッシュタグというミームはいまだ、ソーシャルメディア上だけの表現型と思われているが、私たちはたとえ無意識にせよ、それらをひっきりなしにオンライン以外の生活に引きずり込んでいる。これらのミームやそれに付随する「物語」は、オンライン上であろうとなかろうと、私たちの社会全般に深く広い影響を及ぼしつつあるのだ。

「共感力」という免疫療法

ここでもう一度、#BlackLivesMatterの市民運動について考えてみよう。私はこれを、生物学でいうところの免疫療法の一種だと考えている。この運動は社会に、パターン認識の発展を訓練している。いまだ黒人に微妙ではあるがたしかに障壁をもたらし続けている、隠れた、しかし、ある意味制度化された人種差別を「見る」のに必要なパターン認識を、#BlackLivesMatterは社会に教えてくれるのだ。この運動によって人々は、基本的人権に関わる問題が起きていることを認識した。もちろん、歪んだパターン認識をもつ人々からは反発もあった。白人の特権的な生活が普通のことだと勘違いした人々は、黒人の生活の実態を理解することを拒んだ。そうした人々は現状を、多少の問題はあれ非差別的なシステムだと信じ、そのように世界を見ている。

だが黒人の人々は、白い肌に包まれた人間よりも自分たちのほうが、行動にまつわる大きな不自由を国から押しつけられていることを、それも、武装した警察という形でシステム的に押しつけられていることを**知って**いる。こうした反発はさらなる対立を招き、そしてその対立は、#BlackLivesMatterのようなリーダー不在の運動には統御できないような思いがけない形であらわれた。2016年の夏、バトンルージュやダラスやファルコン・ハイツやミネソタなどの都市で、黒人の命や「青い（＝警官の）」命がどちらも無意味に失われていることを巡って噴出した争いが、その良い例だ。だが、こうした対立が起きるいっぽうで、文化の免疫システムにも確実に進化が起きている。#BlackLivesMatterはたしかに多くの白人に衝撃を与え、自己満足的状況から引きずり出した。それはすべての人々に、他者が経験している異なる現実を見るよう強制した。これまで悲しいことに私たちの中に欠けていた共感の能力が、こうした運動によって培われつつあるのだ。

この文脈で「共感」という言葉が意味するものを、明確にしておくことが重要だろう。それは、ソーシャル・オーガニズムの機能上、とても大切な感情的特性だ。個々の人間にとって共感とは、学習によって獲得する行動であると同時に遺伝的に決定される資質でもあると、科学者は信じている（自己愛パーソナリティ障害の人は、遺伝的に共感力に欠けると考えられている）。共感はまた、ソーシャル・オーガニズムが共有する文化にとって、共通要素の一つでもある。

だが私たちが目ざすのが、ミームの暗号を徐々に更新し、文化の共感力の及ぶ範囲をより大きく広げることである以上、共感が遺伝的形質か学習される形質かという区別にほとんど意味はない。私たちは自分たちの文化に、つねに共感力を「教えて」いかなければならない。それを鍛えるのは、一種の免疫療法のようなものだ。

「ヴァーチャル共感製造機」

人間の共通性を人々に認識させるうえで芸術はつねに重要な役目を果たしてきたが、共感を育むうえで芸術は、これまでよりもさらに重要な役目を担うことになるだろう。私は2016年にロンドンを訪れ、「You Me Bum Bum Train」というユニークな舞台芸術を経験したとき、芸術がもつそうした潜在性を強く実感した。「You Me Bum Bum Train」においては、あなたは唯一の観客であると同時に、500人を超えるボランティアの俳優たちが演じるさまざまな即興的な場面において主役に――つまりあなたが望めば、全体を率いる役に――なることができる。死の場面から成功の場面へ、喜びや屈辱の場面へ、悲しみや笑いの場面へ、そして歓喜の場面へと、あなたは不思議な旅をさせられ、自分の奥深くにあった共感の能力に気づかされる。私にとってそれは、ほんとうに人生を変えるような素晴らしい経験だった。もちろんこの試みの社会的インパクトを受けるのは、そのとき観客になる特権を得たただ一人の人間に限定されている。芸術家たちが今直面している問題は――それは同時にチャンスでもあるのだが――こうした種類の効果を、ソーシャルメディアという道具を使って、もっと巨大な地球規模の視聴者にいかに届けるかということだろう。

共感の拡大のためにソーシャルメディアをどう役立てられるか想像するのは、難しいことではない。ソーシャルメディアはコンテンツ提供者に強力なツールをさし出すことによって、無数の他者の視点を通して人々が世界を見る手伝いをしている。じっさい私は、「ヴァーチャル共感製造機」とでもいうべきヴァーチャルリアリティ・ツールが開発されれば、文化的免疫療法は大きな効果を発揮できるだろうと考えている。想像してみてほしい。ソーシャルメディアによって結ばれた人々が、カメラと専用のゴーグルをつけ、コンセントを差し込むだけで、他者とつながりあい、その瞬間瞬間の苦しみや喜びをヴィヴィッドに共有できるようになるのだ。そういうとは――つまり「You Me Bum Bum Train」を万人が体験するようなことは――これまで不可能だったし、人々もあえてしたいと望んでいなかった。今の技術はこまだそこまで達していないが、その方向に進んでいることはたしかだ。黒人の男性や女性が警官から不当な扱いを受けているようすをスマートフォンで写した動画が社会的にすさまじいインパクトをもったのは、こうした手法の潜在性の初期的なあらわれと言えるだろう。

こうした「シチズン・ジャーナリズム」がとらえた映像が、それまで白人のアメリカ人には見えなかった不正について強烈な証拠を提示したおかげで、#BlackLivesMatterは広範な社会的プロジェクトへと変容した。複製されたメッセージがインフルエンサーのネットワークを広く速く渡り歩いた結果、#BlackLivesMatterのミームは――そしてそれが生み出した運動は――ソーシャル・オーガニズム全体のミームの構成を変える力を得た。#BlackLivesMatterは遍在的なマントラとして、人々の集合的意識の中に埋め込まれ、そこからさらに、オンライン以外の世界も含むより広い社会へと運ばれ、このいわば免疫療法の効果をより広い範囲に及ぼすようになった。人種差別はこれまでつねに、社会にとってもっとも根深く、もっとも有害な病気の一つだった。#BlackLivesMatterは社会の免疫系統に衝撃を与えてそれを認識させ、戦う準備をさせているのだ。

#BlackLivesMatterの運動が急速に発達するにつれ、特定可能なリーダーを幾人か育てたり指名したりする必要が生じてきた。２０１６年７月の抗議デモのときには、アメリカとカナダで合計38の支部が存在していた。じっさい、最初は有機体のように自然に正義を求めていた#BlackLivesMatterの活動からは徐々に、きわめて現実世界的な構造があらわれてきていた。だがその構造は、過去の政治的組織に比べればそれでもまだ、はるかに水平的かつ分散的でホラーキー的なものだ。この変化の時代に「企業」という言葉の意味をきわめて先見的に定義していたファスト・カンパニー誌は、２０１６年におけるもっとも革新的な50の企業のリストの９番目に#BlackLivesMatterを位置づけた。[12] #BlackLivesMatterの主要メンバーの何人かを取り上げたＣＮＮインタラクティブの記事は、[13] 彼らを表徴するいかにもシリコンバレー的な「破壊者」という言葉をタイトルに掲げた。

文化版のゲノムをつきとめる

前の章では、どんな種類のコンテンツがソーシャル・オーガニズムの中で迅速な反応を引き出すかを、新しいデータ集計技術を用いてマッピングしたり学習したりできると話した。同じようにして、ソーシャル・オーガニズムの進化についてもマッピングや研究は可能なのだろうか？　言い方を変えれば、私たちはミームの暗号の配列を読み取ることができるのだろうか？　そうした試みは、じつはもうすでに行われている。

ベンチャーキャピタリストにして、ビッグデータやＡＩやウェブ意味論の先端的思想家でもあるノヴァ・スピヴァック[14]は２００３年、「ヒトメノム・プロジェクト」と自身で名づけたプロジェクトに乗り出した（この名前は、公的資金を受けて行われた「ヒトゲノム・プロジェクト」の明らかなもじりである。「ヒトゲノム・プロジェクト」は、クレイグ・ヴェンター率いる「セレラ・ジェノミクス」社の研究に3年遅れて、２００３年にヒトゲノムの解読を完成させた）。スピヴァックは自身のブログで、「ヒトメノム」をリアルタイムで計測するためには、「そのウェブを名詞句として取り出し、次に、それらがさまざまな人口動態的・地理的・時事問題的な空間を縦横に移動するさいの時空間ダイナミクスを計測」しなければならないと提唱する。そうすることで最後には、「いま世界中でもっとも影響力あるいくつかのミーム」とともに「個々の社会や人口動態集団やコミュニティなどのメノム」の記録が明らかになるという。

それとは別に「ヒトメノム」ならぬ「ヒトメモム・プロジェクト」と称する研究も数年遅れで始動した。こちらのプロジェクトを行うのは、「スパイラル・ダイナミクス」という複雑なモデル・メソッドの発見者、ドン・エドワード・ベック率いるヒト出現研究所であり[15]、彼らはそのメソッドを使って、人間の心理の進化を広範囲で研究したいと考えていた。自身のメソッドを「万物を説明する理論」と称したベックは、リチャード・ドーキンスや発達心理学者のクレア・W・グレイブスに影響を受けたと述べている。ウェブサイト上では「ヒトメモム・プロジェクト」の目標は「文化の推移、社会の変化、争いの性質、争いを防止する形式、発達などに関するさまざまな視点をすべて統合させ、人々の集合的自己の内部における混沌と秩序の波や、変化と安定や、進歩と退行をもっとも深いレベルでモニタリングできるように設計された高度な電気的地図を作成すること」にあるとされている。

こうしたプロジェクトの成果はまだ明らかになっていない。だが、二つのプロジェクトがともに示唆しているのは、ビッグデータの技術によって複雑なシステムの進化についての理解が深まれば、人々は徐々に、社会的生き物としての自身の「本質」を突きとめようと試みるだろうということだ。ゲノムは今、私たちの生物学的な自己のほぼ決定的な青写真と考えられているが、文化の世界におけるゲノムを突きとめようという動きが科学の世界にもある。それはまるで、スーパーコンピュータを駆使して人間の魂を探し出そうとしているかのようだ。

もしヒトゲノム・プロジェクトの文化版を完成することができ、メノムの配列を突きとめられたら、何がわかるのだろう？(※) 過去における社会の「病気」とのどんな戦いが、社会的分断への抗体をつくるのに役立ったのだろう？ 私たちの多くに――願わくば、私たちの大半に――備わっている、昨今の異常なほど利己的な政治家のファシスト臭を認識したり抵抗したりする能力は、どこに起源があるのだろう？ 社会の進化を助けてくれた無数の痛ましい争いが、その起源なのだろうか？ 1930年代や40年代の欧州における痛ましい「疫病的エピソード」の中にも、いくつかそれを見つけることができるだろう。たとえば1960年代のリンチの映像や爆撃された教会の映像を見て、白人系アメリカ人は黒人の同胞とともに市民権運動に加わるようになった。ヴェトナム戦争の胸の痛む映像は人々に、それまで普通だった「祖国は祖国。正しかろうと誤っていようと」という感情に疑問を抱かせる契機になり、ワイオミング州ララミーでマシュー・シェパードが惨殺された事件は、抑圧された若い同性愛者の孤独な戦いへの共感を促進した。そのいっぽう、人々が正義のために立ち上がるのを励まし続けてくれる永続的で忘れがたいミームを生んだ、ポジティブな瞬間もこの間にいくつもあった。たとえばマーティン・ルーサー・キング牧師の演説。アンネ・フランクのような勇気ある挑戦的な人物。9・11のときに多くの人命を救助し殉職した消防士など、戦争やその

※私たちはヒト出現研究所の「メモム」よりも、スピヴァックの「メノム」という言い方のほうを好んでいる。

他の悲劇のときの英雄的人物。そして、モーツァルトのレクイエムやライト兄弟のキティ・ホーク号の離陸など、芸術や科学の分野の天才を寿《ことほ》ぐ心浮き立つ瞬間のことも忘れてはいけない。たとえば、ニール・アームストロングの「これは一人の人間にとっては小さな一歩だが、人類にとっては巨大な跳躍である」という言葉は私たちの集合的心理の中に、人間の潜在性を示すものとして深くしみ込んでいる。失敗であれ勝利であれ、こうした過去の瞬間すべてが合わさって私たちは、人々と共に生きるとはいかなることかを感じとる。それらは、私たちみなが共感を引き出すことのできる集合的プールをつくることになる。

となると、ここで浮上するのが、もしもこうしたミームをすべてブロックしていたら、今何が起きていただろうかという問題だ。もしもヒトラーの大量虐殺計画が彼の中だけにとどまっていたら？　もしもマーティン・ルーサー・キング・ジュニアがリンカーン記念堂の前で演説することを許されず、「私には夢がある」というスピーチが近親者以外の耳に届くことがなかったら？　もしそうだったら私たちの文化はおそらく、今あるところまで進んではいなかったはずだ。もしも社会が抗体をつくってこなかったら、私たちは人種差別や不寛容に対して今よりももっと脆弱だった可能性がある。そして私たちは道徳面のみならず経済面においても、今より低いところにとどまっていたかもしれない。

それはそれとして、問題はこうした知識をこのさきいかに活用していくかだ。ソーシャルメディアの時代を逆戻りするのが不可能であるなら、ソーシャル・オーガニズムをより健康な状態へと向かわせるうえで、このシステムとどのようにつきあっていけばよいのだろうか？

私の思うに、すでにいくつかの素晴らしいアイデアが誕生している。さらに本書を読み進めればそれがわかるはずだ。

第8章

プラットフォーム「検閲」からの脱却

特権的階層構造と中立性

何世紀ものあいだ国家の政府は、私たちが私たちであることを立証するという、きわめて重要な仕事を担ってきた。政府の発行する出生証明書や運転免許証やＩＤカードやパスポートなどの基本的な書類は長きにわたり、アイデンティティを認証する基準として用いられてきた。かつて、こうした認証を世界でいちばん多く行ってきたのは、中国、インド、アメリカ合衆国、インドネシア、ブラジルという世界でもっとも人口の多い五つの国々だった。中国とインドは今もまだ5本の指に入っているが、その二国もアイデンティティ管理ビジネスの世界においては新参のフェイスブックにすでに後塵を拝し――フェイスブックのアイデンティティ認証者数は15億人余に上る——その他二つの後発部隊にも追いかけられている。

その一つはグーグル（登録者5億人）で、もう一つはツイッター（登録者3億2000万人）だ。たくさんのパスワードを管理するのに疲れた人々は、こうしたサービスが第三者のウェブサイトに提供する便利なシングルサインオン（SSO）アクセスを利用している。アイデンティティ認証の一本化に向かうこうした流れに、私はしかし不安を感じている。銀行口座を開くにも旅行や契約をするときにも、建物に入るときにさえもアイデンティティを証明しなくてはならない資本主義のシステムの中で、これらの一握りの私企業はいまや、万人に絶大な権力をふるうようになっている。

思想警察「フェイスブック」

フェイスブックのネットワークがこれだけ巨大な理由の一つは、フェイスブックがユーザーに可能なかぎり「リアル」な自分に近い人格で登録するよう促した、初めてのオンライン・ソーシャルメディア・プラットフォームだったからだ。このことは、フェイスブックにすべてを包括する厄介な力を与えてしまった。フェイスブックのニュースフィードは世界中の10億を超えるユーザーが日常的に用いる重要な情報源だが、そのニュースフィードをフェイスブックがいかに管理し、操縦しているかを考えてみてほしい。かつては投稿された情報を時系列的に並べただけのものだったのが、今は、拡散する可能性が高くて広告主の要求を満たせるコンテンツを優先するように、意図的に手が入れられるようになっている。そうしたすべてを調整するのは、所定のソフトウェアのアルゴリズムだ。同じアルゴリズムは、求められていない「メモリー」を私たちに差し出すときにも機能している。アルゴリズムは、あなたが以前投稿した写真と、あなたがフェイスブックでたがいに記念日を祝いたいと思っている——とアルゴリズムが判断した——友人を再パッケージ化する。ときにはその友人や家族がすでに亡くなっていることにもかまわずに。

フェイスブックはまた、フェイスブック上に埋め込まれたユーチューブや他の動画のオリジナルソースにユーザーがクリック一つではつながれないようにしている。その目的は、フェイスブックへの直接のアップロードを押し上げることにある。それはプラットフォーム間のやり取りを制限し、ソーシャル・オーガニズムの血流動態を制約する。そして、クリエイターが自分の作品から収益を得るのを妨げてしまう。

何より気に入らないのは、フェイスブックがまるでゲシュタポのようなやり方で、目障りだと思われる素材に目を光らせていることだ。私がこれに気づいたのは、友人あてに送った個人的なメッセージの冗談がもとで、突然アカウントを停止されたときだ。フェイスブックの思想警察は私の個人的会話を監視し、47歳のアイスランドの友人（男性）に宛てたメッセージに添えた「ミクロ・ペニス」の絵を——私はそれを、グーグル出典の医学書から引っ張ってきたのだが——受け入れられないと言ってきたのだ。たしかに下品と言えば下品な冗談だが、誰に害を与えるわけでもないし、友人同士が日常的に交わしている無数のやり取りのほうがもっと行儀が悪かったりする。そして特筆すべきはもちろん、これが**個人的な**会話だということだ。

だが、ともかく私は「国際児童ポルノ」抵触の咎めを受け、アカウントを即座にシャットダウンされた。私に届いた通知は、この件について私にできることは何もなく、誰にコンタクトをとることもできないという、ただそれだけだった。フェイスブックはシングルサインオンの認証者としての強力な権限を通じて私のログインを監視していた。そして、フェイスブックにアカウントを削除されたことはそのままスポティファイの停止につながり、ウーバーを使うこともできなくなった。サウンドクラウドも止められ、私はそれぞれと直接パスワードの認証を再建しなければならなかった。事実上、私のアイデンティティは保留状態になった。しばらくのあいだ、透明人間になったようなものだった。

フェイスブックの検閲政策

フェイスブックは、監査不可能な中央統御プログラムによって、独自の主観的なヴァージョンの真実を創造する。それは、理想化された人生の一コマであり、見た者に自分もぜひそれを体験したいと思わせるものだ。長きにわたり、フェイスブックのユーザーが投稿に対する意見の表明としてクリックできるのは、親指を立てたしぐさの「いいね」ボタンだけだった。それから今まで、「いいね」のほかに「ラブ」「あはは」「ワオ」「悲しい」「怒り」の絵文字が加えられたが、今もなお「嫌い」のボタンはない。フェイスブックは、不協和の存在するコミュニティであってはならないのだ。

それはまるで、情報の共有によって涙を流したり怒ったりすることはあっても、不同意をすることはないと決まっているかのようだ（フェイスブックが**その**仕事を自身の検閲官に任せているのはまちがいない）。そしてなんたることか、私たちはみごとに手玉にとられている。おおかたの人々はフェイスブックを、ハッピーなニュースやイメージのためだけの場所として使っている。人々はフェイスブック用に、理想化された別人格をつくる。完ぺきな生活。完ぺきな子どもたち。幸福な結婚生活。そして職業上の成功。フェイスブック・ランドはまるで、ディズニーランドだ。それは私たちが、従順に自分の手でつくりあげたディズニーランドまがいの世界だ。

フェイスブックがめざすのは、可能なかぎり多くの瞳をプラットフォームに引きつけ、自身の法外な広告料を正当化することだ。それはいってみれば、「あなた」を広告主に売りつけるビジネスだ。アルゴリズムはあなたの本当のアイデンティティやあなたの表情、あなたの好きな人、あなたの個人的な会話、そしてあなたの欲望を把握しており、あなたを価値あるパッケージ化されたアイテムに仕立て上げる。同じアルゴリズムはまた、会社に有望なものとして売り込める「刺さる」コンテンツはどれかを見つけ出しもする。もちろん彼らは、「コミュニティ」が管理する検閲政策――たとえば、インスタグラムにヌードを載せないとか、フェイスブックのメッセージに下ネタ系のジョークを載せないとか――はあくまでユーザーの幸せのためだと主張するだろうが、その最大の目的はポジティブ性を売ることにあるのだ。

コンテンツの制限を巡る議論はなかなか難しいものだ。ヘイトスピーチや直接的な脅しや、問題含みの画像や暴力的な映像がソーシャルメディアに含まれることに、世間が抗議の声をあげているのは十分理解できる。フェイスブックやツイッターのような企業は、何らかの種類の秩序をコンテンツに課すべきだという非常に強い対外的義務を感じているはずだ。だが、新聞社の編集局でさえ、自身のジャーナリストらの発表するコンテンツについて、その倫理性を考えるのはとても難しいものだ。ソーシャルメディア・プラットフォームがユーザーのコンテンツに白黒つけるのは、ケタ違いに困難にちがいない。ユーザーのコンテンツは何の管理もされておらず、しかもその数はジャーナリストの記事とは比較にならないほど多いのだから。

私たちはこの件についてフェイスブックにEメールでコメントを求めたが、何も回答は来ていない。反応がないとは、つまり、とりたてて言うべきことはないという意味だろう。公正を期するために言えば、フェイスブックのようなソーシャルメディア・プロバイダはいつも、複数の要求に迫られてジレンマの状態にある。攻撃的なコンテンツに辱められたように感じた人々はそれを削除するよう騒ぎ立て、いっぽう、やり玉に挙げられた相手は表現の自由を謳って強硬な行動に出る。プラットフォームはこれまで、どんなコンテンツを削除しどんなコンテンツは削除しないかについて、一貫した方針を編み出すことで——フェイスブックの場合で言えば、「コミュニティの基準」をつくることで——何とかそれに対応してきた。基準や適正な手続きや審議によって難しい問題を解決しようと多大な努力がなされているし、さらに、各国政府からデータ開示の要求があればそれに従うことによって[1]、フェイスブックはコンテンツの制限にまつわる決断にいくらかなりとも透明性をもたせようと明らかに努力をしている。それは賞賛すべきだろう。

だが問題は、どんなルールやどんな「公正」な検閲の手続きでもかなわないほど、現実の世界がはるかに複雑化していることだ。特定の利害の存在はコンセンサスを得るためのプロセスを歪め、自分たちだけに有利なようにコンテンツを除外したり保護したりする力と誘因をもっている。そして、これまでにも明らかになっているように、そうした検閲的な措置はしばしば範囲を広げすぎることがある。また、主題が提示された特定のコンテクストに既存の基準が対応できなければ、コンテンツがあっさり削除されてしまうこともあるのだ。

現実とアルゴリズムの「ジレンマ」

元海軍兵のダニエル・レイ・ウルフの事例は(2)、こうしたジレンマを浮き彫りにしている。ウルフはフェイスブックを自殺の過程を記録するのに用い、途中経過を写した一連の写真とコメントを投稿した。フェイスブックは最初、彼を悼む同僚の海軍兵たちからの「写真を削除してほしい」という要求に応じなかった。ウルフの投稿は、フェイスブックのコミュニティの基準が定める条文には抵触していなかったからだ。そのルールによれば、フェイスブックは「自傷行為や摂食障害や強いドラッグの濫用を奨励したり後押ししたりするような」コンテンツに加え、「サディスト的な作用や暴力の賞賛や美化のために共有される写真」を削除すると明言している。

だがウルフの投稿は、厳密には自傷を「奨励」したり「後押し」したりするような内容ではなかった。そして彼は、自殺を決行するとたしかに約束していた。つまり、彼が生きているあいだは投稿の削除は、ある別の方針に違反することになったのだ。その方針とは、友人や家族が介入できるようにラインを開放しておくというものだ。いっぽう彼が亡くなってからは、別の方針が作動することになった。故人のアカウントを閉鎖するか、「記念品化《メモリアライズ》」するかの選択は、近親者のみの責任になるというのがそれだ。近親者が正式な手続きを行わなかった場合、後者が自動的に採用される。つまり、故人のフィードはそのままの形で残され、フェイスブックのアルゴリズムはそのままずっと自動的に誕生日やその他さまざまなリマインダを送り続けてしまうのだ。いちばん近い血縁からのアクションがなかったため、フェイスブックは方針通り、ウルフのアカウントをオープンなまま残した。そこにはもちろん、最期の数時間の痛ましい投稿も多数含まれていた——少なくとも、この問題にメディアの関心が集まり、フェイスブックの上層部が判断をひっくり返すまでは。

ウルフの家族や友人に対しては同情の気持ちを禁じえない。いったい誰が、こんな恐ろしい図を見せつけられたいと思うだろう？　だが、フェイスブックの検閲アルゴリズムやユーザー自身の自己検閲による「ハイライト映像」からつくられる清潔で完全そうなコンテンツは、この元海軍兵ウルフのような人々の不安をさらに募らせる原因になる。ヒューストン大学が行った調査によれば、フェイスブックの利用増加とともに、「社会的比較」と呼ばれる現象を通じて鬱病になる人は微増しているという。想像してみてほしい。アフガニスタンやイラクから帰還してPTSDに苦しんでいる退役軍人が、平和なアメリカ社会に同化しようと必死になっているのに、フェイスブックのフィードで目にするのは、ディズニーランドのように非現実的なコンテンツばかりだ。それは彼らが戦地で体験してきた地獄とはまさに対極にある。

もちろん私たちは、ヘイトスピーチや暴力的な映像を奨励することで社会が良くなると言っているわけではまったくない。むしろその逆だ。こうしたプラットフォームがその種の素材を制限すべきだと多くの人々が感じていることも、私たちは認識している。しかし前の章でも論じたように、ソーシャル・オーガニズムにとっての病原体であるヘイトや暴力を退けるためには、それと向き合うのが最善の方法であるはずだ。そうすることによって私たちは、病原体がまき散らす抗原を吸収することができ、その結果、私たちが共有する社会的免疫システムは愛と思いやりという解毒剤によって敵を粉砕することができる。思い出してほしい。#TakeItDownの運動が生まれるには、銃乱射事件と、南部連合国旗を携えた若造の映像が広く拡散されなければならなかった。もしフェイスブックがこの同じ映像を、例のごとくディズニーランド化していたら、一連の動きは果たして起きていただろうか？

「コールドプレイ」削除事件

これはけっして無意味な問いではない。フェイスブックが「コミュニティ基準」によって私たちを私たち自身から守ろうとしているアプローチのきわめて心配な点は、それが不可避的に政治的検閲につながってしまうことだ。記録に残っている多くの例の一つが[3]、イギリスのロックバンド「コールドプレイ」が自身のフェイスブックのページに、アーチストグループである「ワンワールド」の制作した「パレスチナに自由を」のビデオ動画のURLを貼っていたところ、フェイスブックがそれを削除したという事件だ。削除が行われたのは、親イスラエル派の団体がこの歌を「侮蔑的」としてフェイスブックの倫理警察にURLごと突き出したあとだった。

フェイスブックの検閲とその判断については、これよりもっと議論を呼んだケースがいくつもあり、それはウェブサイト「onlinecensorship.org」で見ることができる。[4] このサイトを管理しているのは、電子フロンティア財団とヴィジュアライジング・インパクトという二つの非営利団体だ。たとえば、2016年3月23日に発表されたソーシャルメディア検閲の週刊リポートをざっと見ただけで、すべての案件がフェイスブックに関連していることがわかる。そこには、フェイスブックが次のようなことをしたというリポートが含まれている。

たとえばフェイスブックは、インドの大臣の「家庭内レイプという概念はインド的文脈ではありえない」という発言を批判した漫画を削除した。個人的なグループに投稿されていた、生まれたばかりでまだへその緒も切れていない赤ん坊を女性が抱いている写真もブロックされた。ヌードを想起させるうえ、「露骨に性的なイメージがあるから」だという。水圧破砕法(訳注：地下の岩体に超高圧の水を注入して亀裂を生じさせる手法。天然ガスや石油の掘削に用いられるが、地下水の汚染をはじめさまざまな問題点が指摘されている)に反対する活動家についてリポートした映画監督のページも一時凍結された。オーストラリアのアボリジニの女性著述家も締め出しを受けた。問題になったのは彼女の投稿した、二人の高齢のアボリジニの女性が上半身裸の姿で伝統的儀式を行っている写真だった。フェイスブックのこうしたふるまいは、控え目に言っても分裂気味だ。

私たちのおおかたは、合衆国憲法修正第一条（訳注：言論の自由を保障）が政府に対し、たとえ馬鹿げたものや有害なものであっても、人々が何かを発言する権利を制限してはいけないと定めている理由を、もっともなものだとして受け入れている。なぜその考えをソーシャルメディアのプラットフォームにまで拡大し、私たちの声をこれらの企業に聞かせてはいけないのだろうか？　もちろん彼らは私営の企業であり、自分たちが適切だと思ったようにコンテンツを管理することを法律的に認められている。だが、私たちが本書を通じてきわめて明確にしてきた――と願う――ように、こうした企業は今や社会全体に対して重い責任を負うようになっている。

政府からのブロック要請

「危険な言動」は明らかに存在しており、それらを暴力の勃発の前触れとしてソーシャルメディア上で組織的に探し出す試みが、たとえば「危険言動プロジェクト」などによって行われている。(5)　だが私たち著者は、検閲制度はしないに越したことがないという明確な立場をとっている。ソーシャルメディアの新しい神となった企業が門番として巨大な力をふるうさいには、最大限の注意と透明性が必要なのだと、人々は要求をすべきだ。コンテンツの公開や配信をつかさどるアルゴリズムに、外部の人間が近づくことはできない。それが私たちの生活にどれほどの影響を及ぼしているかを考えれば、私たちは、フェイスブックがコンテンツをタイプやソースなどによってどのように秤にかけているか、知っていてしかるべきだろう。フェイスブックは古いメディア企業を、相手の得意の手で逆に打ち負かしてきた。フェイスブックは顧客や広告主との直接の結びつきを奪い取り、さらに、有料道路的なやりかたで「投稿を宣伝する」という試みもしてきた——だが、自分の本当の友人や本当に好きなものに出会えないと不満を抱くユーザーは少なくない。これらのアルゴリズムには、透明性が絶対なくてはならない。

それならばフェイスブックをやめればよいと、あなたは言うかもしれない。だが問題は、私たち人間が社会的な生き物であり、社会的ネットワークが存在するところに引かれるということだ。同じほど重要なのは、先にも述べたように、私たちのデジタルな人格の多くがフェイスブックのプラットフォームで結びついていることだ。社会として、フェイスブックを無視することはもはや不可能であり、私たちが言ったり聞いたりすることをフェイスブックは過去に誰もできなかったほど強く統制できるようになっている。さらに悪いことに、フェイスブックはこうした力を**自分自身の**利益のために行使している。フェイスブックはあなたや私が作成したコンテンツを何も対価を支払わずに採用し――そんなことを夢見るのが可能だったのは、一昔前の高級なニュース配信組織だけだ――そしてそれを組織し、検閲し、再パッケージ化する。その目的は広告主にそれらを売ることであり、そうして得た収入をフェイスブックは自分の懐におさめている。情報セキュリティ研究者、ブルース・シュナイアーの有名な言葉(6)にあるように、「私たちはフェイスブックの顧客ではなく、フェイスブックの製品」なのだ。フェイスブックに私たちを検閲する権利はないはずだ。それはソーシャル・オーガニズムに傷を与え、文化の進化を妨げる。そうした動きは阻止する必要がある。

もちろん、悪役はどう考えてもフェイスブックだけではない。情報が中央集権的に管理され、株主の要求に従って四半期ごとの収益増加に利用されるようなときは、そうした乱用がつきものといっていい。ツイッターもまた、検閲に向けて舵を切りつつある。ツイッターはフェイスブックに比べて、性にまつわるコンテンツにはゆるいアプローチをとっており、ユーザーがアバター・アイデンティティを用いるのを許してもいるが、コンテンツのブロック要請があればそれに応じている。

だが、いちばん議論を呼んでいるのは、政府からのブロック要請にも応じてしまっていることだ。2016年2月、ツイッターは40の非営利支援団体からなる「Trust & Safety協議会(7)」という評議会を設立した。40の団体の中には「ユダヤ名誉毀損防止連盟」や、「中傷と闘うゲイ&レズビアン同盟」(現在は頭字語の「GLAAD」が通称になっている)

などがある。ツイッターは、「人々がツイッター上で安心して自己表現できるための戦略」づくりに役立てるため、この評議会を設立したのだと、高邁な目標を説明している。だが、この一見建設的な「自由だが安全」という謳い文句が、権力乱用へと扉を開くものであることは、容易に想像がつく。ことに危ないのは、評議会のメンバーがその立場を利用して、自身の利益のために言論をコントロールし始めたときだ。

「下部構造」を支配するプラットフォーマー

コンテンツ共有が中央集権的に管理される問題は、ソーシャルメディアのプラットフォームだけに限られたものではない。Eメールのサービスのプロバイダにも、明らかに同じ問題が存在する。Eメールの配信は今、グーグルのGメールとマイクロソフト・エクスチェンジのアウトルックの二つのほぼ寡占状態にある。独立系のEメールサーバーを利用する人々からは、Gメール利用者にメッセージを送るとスパムメールのフォルダーに入れられてしまうという不満がよく聞かれる。グーグルのアルゴリズムはすべてのウェブ検索を支配し、グーグルクロームはブラウザとしてもっとも多く使われ、グーグルのソフトウェアはナビゲーションやマッピングのサービスの主流であり、グーグルのユーチューブはインターネット動画の世界を独占している。世界中のスマートフォン所有者のおよそ半分は、グーグルのアンドロイドOSを利用している。情報の強力な番人になる資質は、誰の中にもある。グーグルの元来のモットーは「邪悪になるな」だった。だが、この利益追求型の企業がその巨大な力を、この先もずっと注意深く扱ってくれるという保証は果たしてあるのだろうか？

こうした新しいメディアの巨人がもつ力を認識するためには、彼らのサーバーをどれだけの量のデータが通り抜けているかを考えてみるといい。そのデータは、私たちについてのデータだ。私たちの習慣や関心についてのデータや、私たちが人々と送りあっているメッセージなどの大量のデータがサーバーを通り抜けている。グーグルの会長だったエリック・シュミットによると、地球に文明が生まれてから２００３年までのあいだに蓄積されたのと同じ量のデータが、２０１４年には2日ごとにインターネット上で生まれ、貯蔵されている。そしてその多くを占めているのは、グーグルそれ自体のデータだ。インターネット検索だけでも、グーグルは毎分平均３５０万件を処理している。このトラフィックがつくり出す情報の旨みはきわめて大きい。グーグルやフェイスブックやツイッターやタンブラーやその他のプラットフォームは、非常に価値の高いデータの宝庫の上に座っている。そんな彼らを果たして私たちは信用できるのだろうか？

皮肉なのは、ほぼ普遍化したインターネットのアクセスのおかげで平坦かつ分散的になった世界において、それをソーシャルネットワークとして利用する主要組織が今は、きわめて中央集権的な権力単位によって運営されている事実だ。部分的にはこれは、資本主義の機能と言っていい。マーケットシェアの獲得やネットワークの効用によって支配的地位についた企業は、対抗勢力が出現しても自分の利益を確保できるように、所有権を強化しようとする。こうした傾向からは価格決定力への懸念が生まれると同時に、外部者による革新が、巨大化した現職によって押さえつけられてしまう危険が生じる。反トラスト法が存在するのはそのためでもある。だがデジタルな世界においては、勝手が異なる。というのも、インターネット界で巨大な影響力をもつ組織は、ネットワークの効果を最大限得るためならなんでもするが、そのための王道と言うべき策は、自分たちのプラットフォームへのフリーアクセスを保証することだからだ。だから私たちが心配すべきは価格決定力ではなく、社会のコミュニケーションの主要手段となった媒体に対してグーグルがどれだけコントロール力をふるうかという、より広範な問題のほうなのだ。

エドワード・スノーデンの暴露は私たちに、この業界においては支配的企業がほんの一握り存在すればそれだけで、ユーザーについての情報をひそかに得るためにアメリカ政府がそうした企業に圧力をかけるという事態が起こりうることを示している。こんなふうにして、まるでジョージ・オーウェルの「ビッグ・ブラザー」のような監視行為が容易になることは、むろん、誰にとっても大きな問題であるはずだ。だが、ソーシャル・オーガニズムの健康的な成長や進化にとってさらに大きな脅威は、政府の介入ではなく、自由な表現をプラットフォームが自ら抑制することのほうにある。

プラットフォームの管理からどのように脱却するか

オンライン上の相互関係をごく少数の組織が独占的に支配するという現在の構図と、本書でこれまで語ってきたもっとバラ色の物語を——つまりソーシャル・オーガニズムが進化によって、コミュニケーションのより高い段階に達し、管理者不在でも機能するようになるという構図を——私たちはどう調和させればよいのだろう？　フェイスブックやツイッターやグーグルの宇宙は、一昔前のメディアの世界に存在したトップダウン式のヒエラルキーよりも良いものなのだろうか、悪いものなのだろうか？　こうした中央集権的な構造は、私たちの考える生物学的なアナロジーとどう矛盾するのだろうか？　そしてソーシャル・オーガニズムの進化は検閲という問題に打ち勝つのだろうか？　それとも事態をさらに悪くするのだろうか？

まずは、いくつかの専門用語の意味を定義しておくことが重要だ。第一に、「ソーシャルメディア・プラットフォーム」と「ソーシャルメディア」を混同してはならない。一部の人々は「ソーシャルメディア・プラットフォーム」を、それを容易にするサービスとごっちゃにしてとらえているが、これは誤りだ。多くの人々が「金融システム」を、それを管理する金融仲介機関から成り立っていると勘違いしているのと似ている。こうした**システム**は——この場合、コミュニケーションのシステムは——たがいに作用しあうさまざまな人間の集団でできている。プラットフォームやサービスプロバイダは単なるパイプやアクセスポイントにすぎず、言うなれば、私たち人間が情報や価値を交換するためのインフラにすぎない。私たちが心配すべきは、そうしたパイプがきちんと機能しているかということだ。もしもそうしたインフラの——その中にはプラットフォームを動かしているアルゴリズムやポリシーも含まれている——設計が貧弱だったり、何かに阻害されてうまくはたらかなかったり、その他の軋轢《あつれき》を受けていたりしたら、その中にある人間のシステムもやはりうまくいかないことになる。ソーシャルメディアのユーザーは、木の葉のようなものだ。枝を切れば水や養分の流れが断たれ、葉に届かなくなる。すると葉は光合成を妨げられ、成長できなくなる。

ソーシャルメディアのプラットフォームの中央集権化や自己利益のための検閲本能はたしかに、準最適な状況をつくり出しはするが、いっぽうで、技術の進歩によってもっとオープンで分散的なコミュニケーション構造が生み出されてきた事実を否定はできない。インターネットのプロトコルを皮切りに、のちにフレンドスターやマイスペースの誕生につながるさまざまなアプリケーションなど、ソーシャルメディアの核となる技術が次々開発されたおかげで、ソーシャル・オーガニズムは古い様式のメディアへの依存から解放された。そして、以前にはなかった有機的に管理される配信システムが確立された。私の考えでは、フェイスブックのように過剰に情報をコントロールするソーシャルメディア・サービスが行っているのは、現代における焚書のようなものだ。しかしそうした処置でさえも、新しいホロニックな配信システムに潜む、解放へと向かう力を損なうことはできない。21世紀のソーシャル・オーガニズムの根底に存在しているのは、このホロニックな配信システムなのだ。

公正を期するために言えば、たしかにフェイスブックがブロックしているのは、ユーザーが投稿したコンテンツのほんの一部だ。そのことは認めなければならない（フェイスブックがフィードを再編成しているのはまた別の問題だ）。どのニュースを排除するかという決定が、おそらくいちばん重要な仕事だった伝統的なメディアとはもちろん比べるべくもない。昔のメディア企業は、情報を排除せざるをえなかった。それは、製造と配信のモデルが高額だという経済的事情ゆえだった。だが、世界を瞬時に結ぶインターネットの利便性と、低コストな周波数帯域による接続、ほぼ無制限なクラウドベースの貯蔵《ストレージ》、そして何より重要なことに、無償で仕事をしてくれるユーザーという10億を超える労働力がすべてあわさった結果、これまでとはまったく異なる経済のダイナミクスが誕生してくる。これは、有機体としてのソーシャルメディアの特徴だ。それゆえ、以前はマスメディアに一度も貢献したことのない数十億もの人々から、新しいコンテンツが怒涛のようにあふれ出すという現象が起きた。これは非中央集権化をあらわす一つの現象であり、フェイスブックの介入にかかわらず、たしかに起きていることなのだ。

もう一つ言うなら、プラットフォームそれ自体が適者生存のための戦いに従事していることを、忘れてはいけない。第2章で論じたように、この業界はすでに分裂の大きな波に幾度も洗われ、シックス・ディグリーズやフレンドスターやマイスペースなどのプラットフォームはみな、波に洗われて消えていった。同じことがフェイスブックやツイッターに起こらないという保証はどこにもない。

それでもなお、私たちは現状に甘んじているべきではない。ソーシャル・オーガニズムの流動ダイナミクスを阻害しないような自然の法則を、合意のもとで発達させていく必要がある。市場の圧力によって、フェイスブックやその仲間たちはほどなくプラットフォームをもっと開放せざるをえなくなるだろう——などと、期待しているだけではいけない。これらの企業が市場に占める支配的な位置や、莫大な現金の蓄え、そして新しい破壊的なスタートアップを獲得する本能を考えると、進化はおそらく自動的には起きてくれない。私は、ほんとうの意味で自由なソーシャルメディアのシステムが誕生するのを、生涯待ち続けていたくはない。これらの企業が情報を独占的にコントロールしていることは、社会に危険な作用を長きにわたって及ぼす可能性がある。それらの害悪があまりに長いあいだ積み上げられるのを許すべきではないだろう。

表現の自由と独占の規制

これらソーシャルメディアの巨獣から、私たちは何を求めるべきなのだろう？　私の思うに、ここで有効なのは、こうした核心的な問題に人々がどう対処してきたかの歴史を振り返ってみることだ。その結果私は、今の社会に必要なのは、トーマスとテディの解決策だと考えるようになった。トーマス(ジェファーソン)は憲法によって、表現の自由の権利を確立した。テディ(セオドア・ルーズベルト)はシャーマン反トラスト法を積極的に行使して巨大企業を解体し、寡占を制限することで公衆の利益を確立した。ソーシャルメディアの文脈で考えると、巨大企業とは、ツイッターやフェイスブックやタンブラーやスナップチャットや他のライバルなど、支配的なプラットフォームをさすことになる。もちろん私は、連邦訴追がいますぐ必要だと言っているわけではない。それはおそらく、最後の手段であるはずだ。何にせよ、現在の反トラスト法にしても憲法修正第一条にしても、ソーシャルメディアの市場に適用してどれだけ効果があるかは疑わしい。ソーシャルメディアの市場は民間企業がつかさどる非常に動的な市場であり、そこでは急速な革新が現在進行形で起きている。あるいは、開放的で強くて、ポジティブに進化するソーシャルメディア環境を発達させるべく私たちを導いてくれるのは、法そのものではなくその根底にある主義なのかもしれない。

グーグルやフェイスブックの開発者たちは自分のことを、まわりの人々にとって何が最善かをいつもわかっている、クラス一優秀な少年のように説明している。しばしば社会的に不器用だと思われてきた彼らが、自身の築いたテクノロジーを通じて自身の世界観を人々に押しつけてくることを、私はとても皮肉だと——そして社会的に危険だとさえ感じている。

だが、好むと好まざるとにかかわらず私たちは、包括的かつ建設的で、ポジティブな力をもつ開かれたソーシャルメディアの枠組みをつくるうえで、こうした企業の力に頼るほかない。もちろん、それらの企業はそうした枠組みづくりに必ずしも積極的でないかもしれない。とりわけ、株主たちが短期的なリターンばかりに目を向けているときや、株主の関心が、無料のコンテンツから利益をあげたりユーザーのデータを集めて広告主に売ったりするようなビジネスモデルばかりに集まっているときには――。だから私たちがしなければならないのはソーシャルメディアのプラットフォームに、市場の圧力を通じてでも法的な努力を通じてでもいいから、データの蓄積を控えさせたり、コンテンツの提示や収益化の方法をもっとユーザー主体にしたりするよう動機づけるような、新しいビジネスモデルを推進することだろう。ユーザーとコンテンツと機能性からなる生態系を打ち立て、参加者の貢献に対して公平な見返りが与えられるような開かれたシステムをつくる必要があるのだ。

そのためには、市場の圧力がいくらか役に立つかもしれない。今、とりわけ若い人々のあいだでフェイスブック離れは顕著になっているし、そもそもフェイスブックに入らない人も増えてきている。ミレニアル世代やZ世代の人々はフェイスブックよりもスナップチャットに流れ、スナップチャットは2016年4月には1日の視聴数が100億に届くまでになった。そのプライバシー・セッティングゆえ、スナップチャットの検閲機能は（ゼロではないものの）強くはない。そしてもっと重要なのは、スナップチャットでは、自分のコンテンツを誰がどのくらい見るかをユーザーがふたたび管理できるようになったことだ。

ユーザーがスナップチャットを中心に築いているコミュニティは、昔はともかくユビキタス化がここまで進み、親にも教師にも以前の恋人にも見られるようになった現在のフェイスブックではもはや不可能な類のものだ。検閲なしですばやく人々を交流させるスナップチャットのモデルはまた、感情の交流を中心としたより豊かな創造性を生んできた。スナップチャットのユーザーたちは、一緒にその瞬間を生きている。彼らには、昔の行動や気分や言葉にいつまでもまとわりつかれたり、永遠にどこかに記憶されたりという心配がない。昔のおかしな髪形や、キレたり泥酔したり失敗したりした過去をいつも掘り起こされていたら、今このときを完全に楽しめる人などいない。スナップチャットはユーザーが、そういう心配をしなくてすむようにした。フェイスブックやツイッターも「いいね」ボタンの限界に取り組もうとしているが——親を亡くした友人を励ます気持ちをどうすればそうしたボタンで示すことができるだろう?——スナップチャットの「キッズ」たちは、ユーザーの顔や反応そのものを媒介にするというやりかたを考えた。そうすることによって、テキストに欠けている微妙な情報を補えるわけだ。この種の創造性は、ソーシャル・オーガニズムにより多くの豊かな栄養を与えることになる。

「オンライン海賊行為防止法案」への抗議

おおかたの若者は、フェイスブックのアカウントを閉じようとしているわけではない。その他のサイトで自分のデジタル・アイデンティティを主張するためにも、フェイスブックのアカウントをなくしてしまうわけにはいかないのだ。だが、彼らがフェイスブックを利用する頻度はずっと少なくなっているし、利用の仕方も変わってきている。だから、若者の〝移住〟がフェイスブックにとってどれくらい痛手になるのかは、はっきりわかっているわけではない。ただ、長期的に見れば、人口動態はフェイスブックにとって安心できるものではない。これは、本書の随所で述べてきた進化のありようと完全に合致する。ソーシャル・オーガニズムの望むものをさし出せないプラットフォームは、いずれ消えていく。究極的にはフェイスブックも進化を迫られ、それができなければ消滅の危機に直面するはずだ。

それはともかく、水も漏らさぬような完ぺきな検閲はありえない。創意に富む人々はいつも、検閲を課してくる相手が政府であろうと私企業であろうと、それをかいくぐる手段を何とか見つけ出すものだ。中国の「ネット市民」がこうした問題にどう対処しているかを少し見てみよう。彼らの多くは、フェイスブックやツイッターやインスタグラムのサイトをブロックする「金盾（訳注：中国のネット検閲をさす言葉）」を乗り越えるために、ＶＰＮ（ヴァーチャル《仮想》・

プライベート・ネットワーク）を用いている。ウェイボーなど、強い管理を受けている自国のソーシャルメディア・サイトにおいては、当局の検閲で検索されるキーワードにひっかからないように、微妙な言葉遊びを含んだ独自な言語がユーザーによって形成されてきた。

いっぽう欧米においても、人々のデータが組織に管理されることに対して、懸念は高まりつつある。スノーデンの暴露はいささか分裂的な内容ではあったが、多くの人々の心に、自分の個人データが門番的な組織によって侵害や操縦をされているのではないかという不安を芽生えさせた。スノーデンの話は、検閲への不安よりもデータのプライバシーに焦点が当てられていたが、この国家安全保障局によるスパイ事件は、コミュニケーションの管理が——たとえ政府であろうと、私企業であろうと——中央集権化されたさいに生じる危険について、人々の認識を高めることになった。そして、こうした問題を暴露する努力がさかんにクラウドソース化されるようになった。たとえば、ウェブサイトonlinecensorship.orgは人々に、ソーシャルメディアの検閲にまつわる経験を詳しく話してほしいと求め、それを再評価し、より多くの開放性を求めて圧力をかけるべく事例を集めている。そのほかにもたくさんの個人のサイトにおいて、自由な言論の侵害と思われる行為への抗議が誕生しており、皮肉にもフェイスブックのページやグループにおいても、そうした動きが起こりつつある。

たとえそれがウォールストリートの出資者に逆らうような内容であっても、こうしたイニシアチブによってソーシャルメディアのプラットフォームがもっと開かれた政策へと舵を切るかもしれない理由の一つは、フェイスブックを含め、こうした企業のＤＮＡの中に分裂性と開放性が潜んでいるからだ。摩擦のないシェアリングを阻んだり二次創作を妨げたりするような制限的かつ独占的な政策は、コンテンツの進化を本質的に妨げ、長い目で見れば、ネットワークの成長によってそのプラットフォームが得るはずだった利益を阻害してしまう。

だからこそソーシャルメディア・ビジネスのコミュニティは、ハリウッドや大手メディアの後押しを受けた「オンライン海賊行為防止法案（Stop Online Piracy Act：略称ＳＯＰＡ）」に断固たる反対の意志を表明したのだ。この法案は、著作権侵害を訴えられたサイトをブラックリストに載せるというもので、インターネット上の自由な言論に対する深刻な脅威であり、シリコンバレーも世界に向けてそれを訴えるために立ち上がった。フェイスブックとツイッターの二社は参加しなかったが、グーグル、タンブラー、レディット、ウィキペディア、その他多くのサイトが、自身のホームページの背景を真っ黒にし、ＳＯＰＡへの抗議を人々が表明できるリンクを貼るという「ブラックアウト」ストライキを行った。ソーシャルメディアのプラットフォーム最大手二社が運動に加わらなかったものの、こうして各社が検閲制度に共闘したおかげで、熱い議論を呼んだこの法案は廃案になった。

事実、こうした企業の多くは、開かれたインターネットの必要性を会社として認める企業方針を発表している。そうした表明を行う以上、彼らにはある意味、説明の責任が生じる。批判や請願活動には気を使うようになるし、ネットの中立性などの問題がもち上がれば、異質なコンテンツを調節したり絞り込んだりという偽善を暴かれることになる。ただ、独占への衝動にたとえ自然の抑制力が存在するとしても、一般の大衆はこうした組織がどれだけの力を蓄積しているか、熟慮する必要がある。これは非常に根源的で重要な問題だ。未来において現在よりも安全で安定した社会を築きたいと願うなら、私たちはこうしたことについて自ら学ばなくてはならないのだ。

管理者不在のネットワークをつくる

フェイスブックやその同類に、正しいことをするよう圧力をかけるのは、一つの策ではある。だが、いっそ彼らに代わる何かを打ち立てるほうが、もっと良い可能性もある。幸いにも今は、新しい強力な技術がどんどん生まれてきており、大胆なスタートアップがそうしたことに挑むのを手助けしてくれる。読者や視聴者が自分の意思で広告をブロックできるツールは、現在のメディアプロバイダの収益モデルを骨抜きにする可能性があり、そうなればそうしたモデルは実効性をもたなくなる。

いっぽうで、ビットコインなどの仮想通貨やその根底にあるブロックチェーン台帳という技術の出現によって、あらたな**分散化**のチャンスが訪れている。こうした変化によって、インターネット上での送金のコストが下がり、自動化された取引がより多く行われるようになっている。それはまた、本質的に管理者不在のネットワーク・インフラをつくるという可能性の扉を開き、コンテンツ提供者を巨大なソーシャルメディア・プラットフォームへの依存から解放する。メディアが分散化したこの新しい時代においては、個人であれ企業であれすべてのユーザーが、自身のコンテンツを直接管理するようになる。個人のデータ漁りや検閲などの中央集権的モデルをはびこらせてきた元凶は広告会社への依存だが、それはコンテンツの直接管理によって断ち切ることができる。これは、ソーシャルメディアの構造的進化において、次に訪れる重要な段階につながる潜在性をもっている。インターネット・プロトコルの出現や最初のソーシャルメディア・プラットフォーム誕生のときと同じほど強烈なインパクトを、ソーシャル・オーガニズムとその文化は受ける可能性がある。

広告ブロック機能が、コンテンツ配信の資金を調達するための広告モデルを骨抜きにしたことを思い出してほしい。この第三者ソフトウェアは、視聴者が望まない広告やそれに伴うトラッキング・ビーコンを取り去り、ウェブサイトの訪問者が望むコンテンツだけを見られるようにする技術だ。グローバル・ウェブインデックスが2016年1月に行った調査によると[8]、インターネットのユーザーの38パーセントは2015年の最後の3か月のうちに広告ブロックツールを利用した経験があった。アップルのアイフォンからの祝福を受け、新しいスマートフォンのアプリが大量に市場に押し寄せることを考えると——これはグーグル・アンドロイドの広告主導モデルを弱体化させる策略のようにも見える——これまで大半がデスクトップ・

コンピュータに限定されていたこうした動きは、着実に広がっていくはずだ。読者の予想している通り、ミレニアル世代がこうしたツールを利用する率は非常に高く、調査によればその数字は50パーセントを超えている。すでにして難題を抱えているニュース産業は、これによってきわめて危険な状態に置かれている。いくつかのニュースサイトは今、誰かが広告ブロックツールを利用しているのを感知すると自身のコンテンツをブロックし、ブロックツールを解除しないかぎりニュースを読めないようにしている。これは大きな賭けだ。オンラインの時代において収入減と戦うためにこれまで似たような策がとられてきたが、それらは現時点では、きわめて施行が難しいことが判明している。

そして、不安を抱いているのは昔ながらのニュース産業だけではない。フェイスブックですら、ソーシャルメディア・プラットフォーム界の気運に影響されていることが、2015年第3四半期の決算報告からわかる(9)。「これらの技術のおかげでわれわれの財務成績は悪影響を被った。この先もこうした技術が、とりわけモバイルプラットフォームにおいて増殖を続ければ、将来の財務成績にも悪影響が生じる可能性がある」。

「超老舗メディア」モデルの終わり

今こうして危うくなっているビジネスモデルの原型は、1704年にボストン・ニューズレター紙が、地元の不動産の小さな広告を有料で載せたところまでさかのぼる。[10] このつつましいスタートから、ビジネスのコミュニティと情報提供者との共生的な関係が誕生した。現代のメディア界の特徴である広告会社や、職業としてのマーケティングや「ブランド」という概念そのものや、マスメディアの爆発的な成長はみな、突き詰めればここから芽を出している。そこからはまた、情報の収集と制作のための資金をまかなう唯一の道は、事業利益を回すことだという誤った思い込みが生まれた。このモデルの良い代案はまだ生まれていない。つまりこのままでは、戦争や政治家の不正行為について知ったり、地方行政の公衆衛生サービスの最新情報を知ったりするうえで私たちが頼みにしてきたメディア組織が、仕事の対価を得られなくなるかもしれないということだ。だがこうした問題の存在は、代案を携えた革新者の出現に扉を開き、ニュースと、表向きは客観的だとされた情報プロバイダ間との、これまでの不道徳な関係を断つきっかけになるだろう。

勝手に入り込んでくるバナー広告や見たくもないのに見せられるテレビコマーシャルは、これまでいつも、情報やエンターテインメントの消費にかかる一種の税金のような存在だった。良質な出版社は自身の作品と広告との倫理的な線引きをつくろうと真摯な取り組みをしてきたが、にもかかわらず、読者の瞳を商業的利益のために売るというビジネスのおかげでこれまで、裏切りジャーナリズムという見方が——実態がどうであれ——つくりあげられてきた。ある意味、社会はつねに自分たちが受け取るコンテンツの「代金を支払って」きたようなものだ。ただそれが、隠された、不平等な分配の仕方で行われていただけだ。もし私たちがこのパラダイムを壊し、読者や視聴者に、自分が受け取ったコンテンツに対して直接料金を払ってほしいと単純に頼むようにしたら、いったいどうなるだろう?

財政的負担を消費者に移そうという試みは最近まで、おおかたが失敗に終わってきた。ウォール・ストリート・ジャーナルやニューヨーク・タイムズのような超老舗メディアだけは、月ごとの代金を支払った読者のみがコンテンツを見られるようにするペイウォール・モデルを導入しているが、ユーザーは、やろうと思えばこれを簡単に回避できる。情報はインターネット上で非常に安価に複製したり共有したりすることができるし、もしそれができなければ、有料サイトを無視して無料のライバルサイトに移行すればいいのだから。だが、もしも広告ブロックのせいでコンテンツ提供者が立ち行かなくなれば、この情報供給網の落とし穴からおそらくなにか違う行動が生まれてくるはずだ。さらに、新しい強力な技術の到来によって、伝統的なメディア企業にもソーシャルメディアの支配的プラットフォームにも、ビジネスモデルが文字通り解体される可能性が浮上している。

その新しい技術とは、ビットコインだ。この奇妙な新しい仮想通貨について議論することは――そしてさらに重要な、この通貨の土台にある強力な技術について議論することは――難題に陥った人々を解決に導いてくれる可能性がある。少なくともある程度の深さまではそれについて探究してみるのが肝要だ。ブロックチェーンの技術は、未来のデジタル社会を統制する規範の、中心的システムになろうとしている。それは、社会の進化の方向性を左右する可能性さえある。

＊＊＊

ビットコインは世間から広く誤解を受けている。ドラッグの取引やハッカー攻撃やその他の問題とのありもしない結びつきをあまりに多くささやかれたせいで、この仮想通貨の評判は傷つけられてきた。にもかかわらず、ビットコインの土台にあるブロックチェーンという技術こそが、インターネットの世界で価値を共有するうえで革新的な方法を提供するだろうことを、このスマート・マネーは示しつつある。

ブロックチェーンが促す所有権や権利構造の再編

ブロックチェーンについて2、3の段落で説明するのは、容易なことではない。だが、ともかくどこかから手をつけなければならない。だから、初心者のためにまずは次のように説明してみよう。ブロックチェーンとは、暗号によって守られた、改ざんのない台帳だ。この台帳は個人の所有するコンピュータのネットワークに分配される。そしてこれらすべてのコンピュータには自身のコンテンツを、ソフトウェアの規定するルールに従って実証したり更新したりする義務がある。このルールは、それぞれのユーザーが正直にふるまい、共有された情報の正確さに合意するように動機づけをする——。さて、わかっただろうか？　難しすぎて理解できなくても、落ち込む必要はない。

重要なのはこのブロックチェーンという仕組みが、500年ものあいだ人類を悩ませてきた問題を——つまり、相手が情報を公正かつ正直に共有しているかどうか信頼できず、いわゆる「信頼できる第三者機関」に価値の交換を仲介させざるをえなかったことを——解決した点だ。これは進化上、きわめて大きな飛躍と言える。現在、こうした交換は——お金によるものであれ、ビデオクリップや歌や独自な芸術作品など、収益化が可能な何らかの形のデジタル資産によるものであれ——ピアトゥピアで直接的に行うことが可能だ。世界の反対側にいる赤の他人とも、価値を交換することができ、そのさいにどちらの側も、相手がデジタルに通貨を偽造したり、歌や芸術作品をひそかにコピーしたりよその誰かとこっそり共有したりしていないか確認する必要がないのがブロックチェーンだ。

この画期的な概念は新しい無数のスタートアップを引きつけ、そして、その破壊的な力を活用するためにさまざまな方法が模索された。ピアトゥピアで分散的な証券取引所創設から、小規模ソーラー発電網の電力制御まで、ブロックチェーンに触発されたイノベーターたちは、情報や価値が共有される方法をあれこれ再考している。基本的なインフラを打ち立てるまでにはまだやらねばならないことがたくさんあるし、期待されている巨大な変化のおおかたは、まだ現実というよりも誇大広告に近い。だが、「信用の分散化」とでも表現するのがもっとも適切なこのアイデアが指し示しているのは、社会がいかに統治されるかについてのきわめて大きなパラダイムシフトだ。それゆえ、シリコンバレーのパイオニアであるマーク・アンドリーセンやリンクトインのリード・ホフマンらは、ビットコインやブロックチェーンのインフラについて語るとき、それらをWeb.2.0になぞらえたりするのだ。

これはソーシャルメディアにとって何を意味するのだろう？　創造的なコンテンツの分野においては、たしかにブロックチェーンは科学技術者や行動家気質の芸術家を鼓舞し、ソーシャル・オーガニズムの糧ともいうべきコンテンツの土台にある所有権や権利構造などの再編を促している。そうして提案されたモデルは、この新しいコミュニケーション構造における力関係を再構成し、さらに、中央集権的な組織がユーザーの利益や活動を統制する力を減少させる。それは、ソーシャル・オーガニズムの自律的な細胞を強化することによって、全体の体制をより水平的でホロニックな構造へと変化させる。いいかえれば、コンテンツの使われ方や収益方法を決定するのが、フェイスブックではなく、コンテンツの制作者である私たちになるということだ。

ライセンスモデルをひっくり返す可能性

どうすればそうした転換が実現するのだろう？　一つの道は、コンテンツの制作者に代金を支払う新しい方法をつくることであり、とりわけ重要なのが、少額決済を簡易化することだ。仮想通貨が登場する以前、一つの記事に対してたとえば数セントの代金を支払うのは、高いコストのせいで事実上不可能だった。仲介者に支配された非効率的なバンキング・システムやクレジットカードのシステムでは、少額決済は利益を生むことができないからだ。そこで今、イノベーターたちが着目しているのが、仮想通貨の貯金機能をもつ特別なブラウザ拡張機能をあらかじめ組み込んでおくことだ。

そうすれば、パブリッシャーとあらかじめ何かの取り決めを交わしておくことで、コンテンツに対する少額の支払いを、仲介抜きで平穏に行うことができる。こうした商取引が数十億単位で積み重なれば、仮想通貨による少額決済は、広告に頼らずとも実行可能な収益源をメディア産業に提供できる。それは、不要な広告を避けようと全力を尽くすコンテンツ消費者と、補償を求めるコンテンツ制作者とのあいだに、より健康的な関係を打ち立てることができるはずだ。

もう一つの重要な革新は、ブロックチェーンのおかげでデジタルコンテンツ制作者にとって、彼らが――彼らだけが――永久に自身の作品の所有者であると証明可能になったことだ。そうした力を手に入れ、さらには仮想通貨のプログラマビリティや、スマートコントラクトの名で知られるソフトウェアベースの法的同意措置を利用できるようになったことで、コンテンツ制作者は自分の作品を自分で管理し、自分の指示にもとづいてコンテンツを使用させられるようになる。このようにデータの身元をはっきりさせることで、アーチストは自分たちの作品を真の「デジタル資産」にできる。デジタル資産とは、かつて人々がレコード盤をそうしていたように、あるいは今も紙の本にそうしているように、個別の作品として買ったり売ったり所有したりできる。

こうした変化は理論上、次のことを意味する。クリエイティブな作品の制作者は将来的には、誰かの記事をルールに従わずにコピーしたりペーストしたり、誰に属するのか明確でない画像を投稿したり、音楽ファイルを勝手に共有したりする無数の不埒な輩を過去にさかのぼって探し出し、訴えるというほぼ不可能な仕事から解放されることになるのだ。ブロックチェーンによって人々はコンテンツを、独立したデジタル資産として――いいかえれば、ソフトウェアを通じて直接作者が管理可能で、自動的な仮想通貨の支払い契約に結びついている作品として――扱うようになるだろう。コンテンツは、買って、所有するものになるのだ。スマートコントラクトによって禁止されていれば、コンテンツの複製をすることはできない。これはデジタル環境における著作権管理において、長年用いられてきたライセンスモデルをひっくり返す可能性がある。それは、クリエイティブな作品の産業界におけるゲーム・チェンジャーになる潜在性をもち、さらに、ソーシャル・オーガニズムの根底にある経済の機能をも大きく変化させるかもしれない。

ブロックチェーンが再定義する「デジタル資産」

この分野における先駆者の一人が、受賞歴もあるシンガー・ソングライターのイモージェン・ヒープだ。彼女は自分の「タイニー・ヒューマン」という曲をデジタル資産にして、ブロックチェーンでリリースした。ヒープは楽曲を無料で使用可能にし、それをカバーするためにビットコインで寄付を募った。この試みのポイントは、コンテンツがいかに創造的に管理されうるかという多くの可能性を示したことと、それが未来においていかに利用されうるかを探究したことにあった。彼女はまた自ら率先してこのモデルを広める運動に乗り出した。そのプロジェクトをヒープは「菌糸体《マイセィリア》」と名づけた[11]（「菌糸体」については次の最終章で論じるが、この生き物について知るにつれ私は、彼女のこのネーミングはつくづく絶妙だと思う）。

いっぽう、マネグラフやメディアチェーンなどのスタートアップは、ブロックチェーンを土台にしてアーチストが自分の作品の使われ方を追跡できる登録サービスを提供している。さらに大きな使命を抱えたボストンのバークリー音楽学院は、本書の共著者マイケルの勧める

MITメディアラボの仮想通貨研究所のほか、レコード会社のユニバーサル ミュージックやソニー、ワーナー、BMGなど音楽業界の多くの会社や、スポティファイやパンドラ、ユーチューブやネットフリックスなどのオンラインサービス、そしてシリウスXMやボストンのWBURなどのラジオ局と提携して「オープン・ミュージック・イニシアチブ」というプロジェクトに取り組んでいる。[12] その目的は、音楽がいかに利用され、共有され、支払われるかを再定義するためにブロックチェーンの技術を展開することにある。

ソーシャルメディアの領域ではもっとあからさまに、いくつもの企業がブロックチェーンや仮想通貨の技術を利用して、フェイスブックやヴァインやその他の一元管理されたプラットフォームに挑む方策を探りはじめている。[13] たとえば、動画のアップロード・サービスのリヴィールは、リヴィール・コインと呼ばれる仮想通貨を通じてユーザーがコンテンツを収益化できるようにしている。リヴィール・コインは、ユーザーがネットワークに参加したり他人を参加させたりコンテンツを制作したり拡散したりなどして、ネットワークをどれだけ成長させたかに従って配布される。広告を出そうという人はまず、広告料金支払いのためにリヴィール・コインを購入しなくてはならない。そしてこのコインの売主となるのは、コンテンツを提供することでコインを蓄積してきたコンテンツ・プロバイダだけという仕組みだ。

いっぽう、アルゼンチンを中心としたソーシャルメディア・プロバイダのタリンガ！は現在、7500万余のユーザーの多くに、コンテンツ提供の見返りとしてビットコインを支払っている。[14] どちらのシステムもその目的は、ポジティブなフィードバックのループをつくり、それによってコンテンツ提供者たちに、多くのユーザーを引きつけるような素材を制作するモチベーションを与え、結果的に制作者本人にもプラットフォームにも入金を増加させることにある。

金と権利をプラットフォームから取り上げる

もう一歩先まで踏み込むこともできる。たとえば、ＤＡＯ（Decentralized Autonomous Organization：自律分散型組織）の名で知られるシステムは、いかなる個人にも企業にも管理されることのない、ソフトウェア主導かつ管理者不在の、完全分散型のソーシャルメディア・プラットフォームだ。このモデルは、支払いやデジタル資産の管理を「スマートコントラクト」と呼ばれるソフトウェアの指示に任せている。このスマートコントラクトを全面的に制御するのが、ブロックチェーン上の全取引を有効化する働きをもつ分散型コンピュータ・ネットワークだ。いかなる企業も、この仕組みのどんな部分にも関わってはいない。

この仕組みは、人間を配置した中央管理構造に頼る必要性を巧みに回避している。ちょっと見にはまるでアニメ「宇宙家族ジェットソン」のように思えるかもしれない。何度か読み直さなければその仕組みを理解するのは難しいだろう。初期のいくつかの誤解からは、「なぜ法律のある現実の世界に、管理者をもたないＤＡＯのような組織が存在できるのか」という疑問も提示された。(※) しかしDAOはすでに、分散型のライドシェア・コミュニティ（これはタクシー業界を分裂させたウーバー自体をさらに分裂に追い込む可能性がある）や非営利のチャリティや、そして分散型のウィキペディアに至るまで、あらゆるものを管理するシステムとして築かれつつある。そして、なんといってもいちばん刺激的なのは、ソーシャルメディアにDAOを適用するという可能性だろう。私のイメージではそれは、世界にまたがる培養基のようなものであり、そこからソーシャル・オーガニズムに対する想像もつかないほどたくさんの、新しい応用的考えが育つことになる。

これまでフェイスブックやツイッターによってがっちり管理され、私たちのような研究者が利用するさいには料金を課されてきたデータは、この先、それをつくり出した人間——つまりあなたや私——が管理するものになるかもしれない。そして、コンピュータを利用した保証条項やオプトイン／オプトアウト条項を配布された人々は、暗号化によってプライバシー

※残念ながら、2016年6月に1億5000万ドルの分散型投資ファンド「The DAO」が崩壊したことにより、しばらくのあいだ、「DAO」というもっとも包括的な概念にブランド上の問題が生じることになった。事の起こりはある不心得な俳優が、システムのスマートコントラクトの抜け穴を利用してファンドから約5000万ドル相当を盗み出したことだった。この事件を機に、こうした構想についてさらに仕組みを発達させる必要が生じ、また、根本的なソフトウェアを検査する強健なシステムを打ち立てる必要性も高まった。だが、構造がもっとしっかりしさえすれば、こうしたラジカルで新しい組織的構造は社会に利益をもたらす可能性があり、それについて熟考するのを私たちはやめるべきではない。

を守りつつ、大量のデータをメタデータの形で公表し、ソーシャル・オーガニズムの機能の探究に貢献できるようになるかもしれない。私たちはまた、この透明性の高いシステムを利用して、リアルタイムの監査を考案し、「いいね」や「リツイート」や「共有」が本当の参加者から寄せられたものなのか、自動的な「ボット」のしわざなのか、あるいはバングラデシュなどで行われている低コストの「有料いいね屋《ペイド・ライカー》」クラスタの仕事なのかを[15]（世界中の「有料いいね屋」の40パーセントはバングラデシュに存在する）一目瞭然にできる。創造的コンテンツにまつわる金銭や権利を管理する門番機能を中央集権型のソーシャルメディア・プラットフォームから取り上げられれば、ソーシャル・オーガニズムの集合的アウトプットを束縛しようとする最後の巨大な力を無効にすることができるだろう。

　分散化されたソーシャルメディア経済は、一朝一夕には生まれない。もっと効率的にそれをもたらすには、ブロックチェーンのサービスのためのもっと頑丈な基礎的インフラが必要なのはもちろん、フェイスブックやツイッターのような大手がすでに積み上げてきたようなネットワーク効果もなくてはならない。フェイスブックやツイッターはそうしたネットワーク効果を、自分たちのもっているマーケットシェアを、もたざる者から守るための一種の資本として蓄積してきた。だが、現行のモデルが多くのシステムや技術の変化によって徐々に弱体化し、いっぽうで若者たちが広告ブロックへと大量に流れている今、中央集権的なプラットフォームを絶滅へ追いやるような転換点がいつか訪れるというのはそう荒唐無稽な話ではないかもしれない。シリコンバレーの歴史から学ぶべき教訓は、「コミュニケーション技術とは加速的な進化のプロセスに従属する」ということだ。分散型のメディア環境は、あなたが想像しているよりも早く現実化するかもしれない。進化上の前進であるブロックチェーンは、古いモデルを廃れさせる可能性をもっているのだ。

＊＊＊

こうした環境下で、人々はどのように行動することになるのだろう？　ひとたびデータのコントロールを手にしたら、個々人は、現在の大手メディア企業やブランドオーナーと同じように、自分のコンテンツを独占し、使用を制限するようになるのだろうか。そうかもしれない。技術の発達により、ユーザーが望めばそれはできるようになるはずだ。だが、生物の七つの法則の中で述べたように、ソーシャル・オーガニズムという有機体は栄養を与えられることを求めている。配信の規模が巨大化しつつあるコンテンツ制作業界において、映像製作会社のメトロ・ゴールドウィン・メイヤー・スタジオやメディア企業のニューズ・コーポレーションやメディア・コングロマリットのバイアコムなどは弱体化しつつあり、そうした中で先のような排他的な姿勢のままでいてはおそらく、もっと広範でオープンな姿勢の競争者に蹴散らされてしまうだろう。価値は、あなたが自身のマテリアルやデータを自身で管理するところから生じるが、コンテンツに関心を集める競争に打って出るなら、ある意味コンテンツを手放す必要が生じてくるのだ。

分散化されたソーシャルメディアの統治

この分散化された世界においては、企業のブランドマネージャーは究極的には一般市民と変わらない存在になるかもしれない。ソーシャル・オーガニズムの細胞、つまり人間の関心を巡って争うという意味で、彼らは普通の人々と同列になる可能性があるのだ。ブランドマネージャーも一般人も、メッセージを広めるためにシステムの中にミームを埋め込もうと必死になる。今はまるで裏口から入り込んだ違法なコンテンツ・プロバイダのように見られている広告も、壁で仕切られた何かとして扱われたり、他の情報と別のカテゴリーのものとして扱われたりすることはなくなるだろう。正当性ということに関して広告は、他のパブリッシャーと同じ土俵に立つことになるが、そのためには、相応のことをする必要がある。人々の関心を集めるためには、ソーシャル・オーガニズムの愛を巡って戦わなくてはならない。どうすればコンテンツが拡散されるかを自分たちのやり方ですでに発見したプロモーション用コンテンツの制作者たちからは、何かの教えが得られるだろう。

スーパーボウルの停電のときの「暗闇でも（クッキーをコーヒーやミルクに浸す）ダンクはで

きる」とツイートしたオレオや、化粧品会社ダヴの「ビューティースケッチ」キャンペーンの場合、コンテンツは何かの、もっと「正当らしい」ニュースやエンターテインメント素材の中に埋め込まれていたわけではない。オレオもダヴも、自分自身のやり方で広く視聴者を勝ち取るのに成功した。企業は将来、この種のマーケティング競争の世界に直面することになると私は考える。この世界の中で彼らが目ざすのは、重要なコンテンツをつくることであり、そのコンテンツを重要な人に見てもらうことであり、その人々から支持を得ることになるだろう。

このような新しい社会組織のありかたの根底には、「ソフトウェアは、そのコードを一方的に変更できる個人や組織が存在しなければ、人間の行動をつかさどることができる」という考えがある。そうした統治は、サイバースペースを土台にしたコミュニティ・ガバナンスの一形態と言える。それによりソーシャル・オーガニズムにもたらされる第一の利益は、もし前述のような原則にのっとってコミュニケーションのプラットフォームを築くことができれば、人々のコンテンツを管理者が検閲する力を大きく削減できるという点だ。

コードこそが法

ブロックチェーンの技術を土台にしたスマートコントラクトの概念も、ここでとても重要になる。スマートコントラクトの概念は、人々がソフトウェアのコードをツールとしてとらえる手助けをする。このツールがあるおかげでコミュニティは、あらかじめ定められた条件が満たされたとき、いついかにして一連の同意が行われるかについて、自律的に――いわば裁判所に代わって――裁決を下せるようになる。単純なソーシャルメディアのスマートコントラクトはたとえば、ある特定のアーチストの作品を公開し、ツイートに埋め込みたいという人に対応しており、その行為が使用同意条件を満たしていることを確認したうえで、ユーザーの仮想通貨の貯金からアーチストへと規定の額を変更不可的に移動させる。

ソフトウェアのコードの断片は数学的なキーのように働いて、反応を解き放つ（注意：これは、見えない鍵と鍵穴構造を通じて有機体が何かの分子の基質と連結したとき、触媒となる酵素やその他の有機的な要因が代謝経路沿いに生化学的な反応を引き起こすのと似ている）。こうした基本的な土台から、きわめて複雑で入り組んだスマートコントラクトがつくられ、それによりソフトウェアのコードが、サイバースペース内に信頼に値する統治システムを打ち立てるための強力なツールになる。ハーバード・ロースクールの教授、ローレンス・レッシグの言葉を借りれば、[16]私たちは「コードこそが法」である世界を築きつつあるのだ。

こうした手法は、ピアトゥピアのオンライン・ネットワークで適切とされる行動を、政府の介入を挟まずにコミュニティが「法制化」する道筋を提供してくれる。重要なのはこれが、国の境界を越えられることだ。インターネットの活動の超国境的な性質を考えると、その重要度はさらに増す。事実、私たちは、ソーシャル・オーガニズムが自分で自分を律するためのルールをつくることができ、そしてそのルールの中で、ソーシャル・オーガニズムを進化させていくことができる。前述のハーバード・ロースクールのレッシグの同僚であるプリマヴェーラ・デ・フィリッピは、ブロックチェーンとそこから生まれるピアトゥピアのモデルは人間が自然界の「協調」モデルを模倣するためのツールだとさえ言う。(17)

集団の利益のために個々のシロアリを協調的に働かせているのも、同じ原理だ。シロアリたちは仲間《ピア》の要求をわかっておらず、リーダーからの指示も得ていないが、こうした自然のシステムの担い手は自分自身の利益を追求しながらも、それが全体の要求に沿うようになっている。つまり、私たちが必要としているのは、ブロックチェーンのような制御ソフトウェアが、理想的で最大限に公正で最高に力強く、ダイナミックでしかも安定しているホラーキーをつくりあげることなのだ。大切なのはソーシャルメディアの行動が、ソーシャル・オーガニズムの繁栄に最適な条件をつくるような掟《コード》(それは法的なものでも、道徳的なものでも、ソフトウエアのコードでもかまわない)に結びついていることだ。

「ポジティブ」にインセンティブを

どうすればそのようなサイバー法のシステムを設計できるのか、考えてみよう。そしてそれをするさいに忘れてはならないのは、もし私たちの考案した掟がソーシャル・オーガニズムを不健康な検閲の方向へと押しやってしまったら、ソーシャル・オーガニズムの進化が阻害され、文化の醜い部分が促進される可能性があることだ。まず私たちは、テクノロジーをどのように御すればポジティブな行動を奨励し、ソーシャルメディアの破壊的な側面（荒らしやヘイトスピーチや私的制裁を行う群衆たち）を相殺できるかを考えなくてはならない。反社会的な行動を取り締まる戦略が逆効果を招きがちなこととは対照的に、社会のためになる行動を奨励するという戦略は、ソーシャル・オーガニズム全体の利益につながっていく可能性がある。

政府や非営利団体や、そして公共心のある企業や個人でさえも、誰かがソーシャルメディアの中で何かポジティブなことを言ったり行ったりしたとき、何らかのインセンティブを自動的な反応に織り込むことができる。かならずしもお金が絡む必要はない。複数の調査から示されていることだが、誰かが良い行いをしたり、あるいはただ単に良き市民としてふるまったりしただけでも、そのことをデジタル環境においてであれ実体世界においてであれ公に称賛すると、それはポジティブな気持ちを高める効果をもつ可能性がある。私たちはアメリカの少なくとも一つの市役所のイノベーターたちが、人々の善行をソーシャルメディアに知らしめるために賞賛のメッセージをツイートするというアイデアを思いついたと聞いたことがある。

企業や慈善団体もまた、チャリティ活動への共同参加を奨励するというやりかたで、ソーシャルメディアに影響を与えることができる。アンハイザー・ブッシュ（訳注：アメリカの大手ビール製造会社。バドワイザーが主力商品）による#ABGivesBack感謝祭キャンペーンといういささか利己的な販促プロジェクト（ハッシュタグ#ABGivesBackが使われるごとに、貧しい人々に1食分の食事の提供をするという企画）には冷笑的な思いを抱かないでもないが、それでもこうしたハッシュタグが広まれば、ポジティブな地域振興効果をもたらせるのはたしかだ。

「虐殺ルート」と「平和主義ルート」

ソーシャル・オーガニズムの統治《ガバナンス》を向上させるための革新的なアプローチは、テクノロジーやインターネットの文化における、別の巨大な領域にもつながる可能性がある。ゲームのメカニックやデザインを利用して（これはしばしば「ゲーミフィケーション」と呼ばれる）、人々の行動を何らかの方向に動機づけたり目標に向かわせたりすることはもうすでに、ビジネススクールではトレンドになっている。今人々は、コンピュータのネットワークを中心に形成されるコミュニティの中では、コーダー（訳注：ホームページやプログラムのファイルを制作する人）しだいで向社会的な行動の促進を試みることも可能だと認識しつつある。その一つの手法は、人々が興じるゲーム内のガバナンス・ルールを調節することだ。この手法がもつ潜在性は数字的にも論証できる。

2013年にスピル・ゲームズが行った調査(18)によると、ビデオゲームに興じる人々は全世界で12億に上り、その中の7億がオンラインゲームを行っている。このときの調査以来、数字はさらに増加していると考えられる。そして、かつてゲームのユーザーには若い男性が圧倒的に多かったが、今では性別も年齢層も多様化しつつあるという。

ビデオゲームが社会の光景に大きなインパクトを与えつつある証拠としておそらく最適なのが、めざましい成功をおさめたクロスオーバーゲーム「ポケモンＧＯ」だ。これはカメラ機能のあるスマートフォンのアプリを使い、現実世界の中でヴァーチャルな獲物を追いかけるゲームだ。２０１６年７月中旬の発売からわずか１週間後、スマートフォンを片手にこのゲームに熱中したユーザーは約９５０万人と見積もられるが、[19] 彼らは国籍も年齢層も多岐にわたっていた。このような現象は、ゲームの世界が人間性を形成する豊かな機会を提供しうることを、多くの人々に確信させつつある。

ニューヨークに本拠を置く非営利団体「ゲーム・フォー・チェンジ」の祭典は[20]２０１６年で13回目を迎える。この団体はこれまで、包括的なウェブサイトを用いて大きな運動を起こし、年間を通してさまざまな貢献をしたり議論を巻き起こしたりしてきた。年に一度のイベントである祭典はトライベッカ映画祭と提携して行われ、聴衆の数は27万5０００人に上る。２０１６年に行われた会議では、密度の濃い２日間のあいだに三つのテーマを軸に基調講演とパネルディスカッションが行われた。テーマの一つは学習のためのゲーム《ゲーム・フォー・ラーニング》（アメリカ教育省が後援する同名のサミットもここに含まれる）で、もう一つは健康増進や神経言語プログラミングのためのゲーム、そして市民の権利や社会的影響のためのゲームだ。登壇者には、世界中の数千万の子どもの心を熱くしたマインクラフトの開発者や、ゲームデベロッパー「ザットゲームカンパニー」の共同設立者である陳星漢（ジェノヴァ・チェン）も含まれていた。ザットゲームカンパニーのウェブサイトには、同社の使命は「世界中の人々の心にポジティブな変化をもたらすような、時空を超えた相互作用的な娯楽を創造すること」だと説明されている。

こうした向社会的な実験が行われているのは、教育的ゲームの分野だけに限らない。多くの調査によると2015年にもっとも人気を集めたコンピュータ・ゲームは、「アンダーテイル」だ。これは、素朴な8ビットのドット画面で繰り広げられるロールプレイングゲームで、怪物の棲む地下世界から一人の少女が脱出を試みる一風変わった物語だ。このゲームがヒットした一つの原因は、ゲームの途中で出会うどこか憎めないモンスターたちをいかにやり過ごすかについて、プレイヤーに「虐殺ルート」と「平和主義ルート」の選択を迫り、道義心に直接訴えかけたところにある。「虐殺ルート」を選ぶと、ゲーム上のバトルは徐々に不満足なものになっていく。それはゲームが進むにつれ、モンスターがしだいに争いを避けるようになるからであり、最後のほうでは「しかし誰も来なかった」というメッセージが表示されるようになる。そのメッセージの文字は徐々に小さくなっていく。

この段階まで来ると、それまでの陽気な音楽がいつしか、不吉で不気味な環境音楽に変わっている。そのうえ、プレイヤーは過去を取り消せない。ゲームを再スタートしても、おおかたのゲームのようにただスタート地点に戻ってゼロからゲームをやり直すことはできない。ゲームの履歴はすべて永久に記憶されており、プレイヤーは過去の悪行を思い出させられる。これら全体の経験には、倫理的な責任感が注ぎ込まれているのだ。

検閲なしにポジティブな進化を促す

ではどうやってオンラインで、現実の人間のポジティブな行動を促進できるのだろう？世界で最大の人気を誇る「リーグ・オブ・レジェンド」のとった戦略が、いくつかの鍵を提示してくれる。「リーグ・オブ・レジェンド」のプレイヤーは以前、若い白人の男性が大半を占めていたが、女性や有色人種や性的志向の異なる人々が急速にプレイヤーに加わるようになり、毎月のプレイヤー数が6700万人にも上るいま、衝突が起こるようになってきた。このゲームの運営・開発元である「ライアット・ゲームズ」社は、ユーザーの本当の名前を要求するというフェイスブックのような戦略をとらなかった。それは、匿名の人格を用いることでプライバシーを守るためでもあったし、また、自分の性的志向や宗教やその他の傾向を明かしたくないと思っている人々のあいだで包摂を奨励するためでもあった。そのためにライアット・ゲームズの経営陣が行ったのは、「トリビューナル」というフォーラムを開き、ゲームのプレイヤーたちがそこに、不適切な行動を報告するチャット・ログの事件簿をつくれるようにしたことだった。

こうして、どんな言葉が受容可能でどんな言葉がコミュニティのためになるかについて、誰もが議論をしたり投票したりできるようになった。結果的に1億という莫大な数の投票が行われ、その大半が、ヘイトスピーチや同性愛嫌悪的な中傷に対して非常に強い否定的感情を示していた。

ライアット・ゲームズ社が次に行ったのは、トリビューナルに集まったデータからキーワードやキーフレーズを取り出し、それらを機械学習のアルゴリズムに投げ込むことだ。そうすることで、受容不可能な行動に自動的にフラグをたてたり、争いごとの解決につながるような行動をポジティブに目立たせたりすることができるようになった。

2015年7月にゲーム設計の第一人者、ジェフリー・リンが書いた寄稿には、[21]次のような文章がある。「これらのガバナンス・システムがオンライン文化の規範を変えた結果、リーグ・オブ・レジェンド内での同性愛嫌悪や性差別、人種差別などの発生は、全ゲームの2パーセントまで低下した。暴言はそれまでより40パーセント以上減少し、ネガティブな態度をとっていたプレイヤーの91・6パーセントが、一度でもペナルティの報告があったあとは、行動を変化させ、二度と攻撃的な行為をしないようになった」。それまで暴言を吐いていた人々の大半は、何度も同じ行為を繰り返す救いがたい偏屈者ではなく、たまたまその日嫌なことがあった人であることも判明した。正しい動機づけがあれば、これらの人々はわれに返り、思っていたことを言わずにすますことができる。

特筆に値するのは、人間の条件付けについてのこのめざましい実験において、検閲はもちろん、ゲームそのものの禁止やプレイヤーの実名さらしも行われていない点だ。すべては、コミュニティの意志にもとづいた民主主義的なモデルを土台に打ち立てられている。これは、成文化されポジティブに強化された一種のピアグループ・プレッシャーであり、それは私たちに、進化のためには失敗に学ばなければならないと思い出させてくれる。こうしたことが、ソーシャル・オーガニズムのポジティブな進化を促すうえでどれだけの潜在性を秘めているか、想像してみてほしい。

『利己的な遺伝子』とゲーミフィケーション

ソーシャル・オーガニズムにおけるポジティブな行動の発展を促進する有力な道具として私たちがゲームにたどり着いたのは、けっして偶然ではない。なぜならゲーム理論は長きにわたり、生物学的進化の研究や理解に一役買ってきたからだ。一つのめざましい例が、リチャード・ドーキンスの『利己的な遺伝子』の中で展開されている。[22] この本の思想の背後には、ゲームの理論がある。進化とは「利己的な」遺伝子が操縦するものであり、利己的な遺伝子は有機体を、自己複製のための「サバイバル・マシン」として利用しているというのがドーキンスの主張だが、その説の矛盾に見える部分を説明するために、彼は有名な「囚人のジレンマ」というゲームをもち出し、なぜ一見冷淡で自己中心的な行動から種全体にまたがる協力関係や共感が展開するのかを解説している。

囚人のジレンマには二人の囚人が登場する。彼らは同じ犯罪を共同で行い、それぞれ別の独房に入れられている。二人はどちらも、相手がどのような証言をしているのか知ることができないまま、検察官と交渉をしている。検察官は二人の囚人にそれぞれ次のような取引をもちかける。もしも一人が裏切り、犯罪について自白するいっぽうで、もう片方が裏切らず、自白を拒んだら、裏切らなかった後者は3年間服役し、裏切った前者は牢から解放される。もしも両者が自白すれば、どちらも2年間服役する。両者が黙秘すれば、両者の服役は1年に減刑される。

ドーキンスが着目したのは、過去のゲームの結果から学ぶコンピュータにこのゲームのシミュレーションをさせると、最初は離反的な傾向にあった行動がほどなく協調的なものに変化し、それが持続し、反復されることだ。なぜなら数学的に見て、個人にも万人にも最善の結果をもたらすのは協調的な行動であるからだ。ドーキンスの考えによれば、今まさに起きている進化のアルゴリズムはこれと同じ原理で利他の方向に向かうことになる。有機体を分裂に向かわせるその他の作用因子——ドーキンスは一例として離婚弁護士をあげている——が存在しないかぎり、進化の数学は容赦なく人々を協調の方向に押しやっていく。愛や思いやりや共感がどのように生まれるかの解釈として、これはあまりロマンチックではない。

だが、自律的で自己中心的な個で構成される人間のコミュニティが、生存といういわば巨大なゲームにおいて、共通の利益を追いかける方向に集合的進化を遂げる可能性をドーキンスの理論はたしかに示している。向社会的なゲーミフィケーションの戦略をそれに組み合わせれば、分散型のソーシャルメディア・プラットフォームをいかにデザインするかについて、説得力のある新しい目標が見えてくる。人間の文化が協調的な方向へと進化するようにルールをつくってあげればいいのだ。

ネットの特権的階層構造と中立性

もちろん、私たちはデジタルな世界の中にだけ暮らしているわけではない。現実の世界においては、社会を統治するためのアナログな機構が必要だ。そのほかに、国や州や地方自治体のような機構もなければ、健康的なデジタル社会の正しい法的枠組みをつくったり維持したりすることはできない。検閲や独占的制御が文化の進化をどれほど阻害するかという話に戻ると、そこから浮かび上がるのは、そうした欲動に抗う政策を政府に施行させるべく、私たちは働きかけをしなければならないということだ。

まず政府がなすべきはネットの中立性について、長期間持続するような原則を打ち立てることだ。そうすることによって均等な機会が保たれ、デジタル・ディバイド（情報格差）の深刻化を避けられる。これまでのところ、インターネット・サービス・プロバイダ（ＩＳＰ）がその門番的な立場を利用して、いちばんカネ離れの良い顧客に優良な回線への特権的アクセスを与えるのを阻止せんとする戦いは、アメリカにおいては、オバマ大統領の後ろ盾もあっていつも勝利に終わってきた。

「トラフィックの優先順位づけ」や階層化されたネットワーク・アクセスを支持する企業も、将来はもっと友好的な経営陣をもつことになるかもしれない。いつの日か、ブロックチェーンを土台にした少額決済が一つのパラダイムをつくり、万人が自身のデータに対してビットベースで報酬を得るようになれば、ネットの中立性を巡る議論は現実的な意味をなくす可能性がある。だが、現在はまだそこにははるかに遠い。

インターネットの特権的階層構造が将来どうなっていくかという見通しは、アメリカだけに限った問題ではないし、ケーブルや電子通信会社など伝統的なＩＳＰだけの問題でもない。たとえばフェイスブックが貧しいインドのコミュニティに「フリー・ベーシックス」を提供したとき、ある異文化間騒動が起きた。フリー・ベーシックスは料金を払う必要のないインターネット・サービスだが、アクセスできるウェブサイトが限られている。フェイスブックの主張によればこれは、普通ならインターネットにアクセスできない貧しい人々にチャンスを与える措置だ。

だが、ザッカーバーグの会社であるフェイスブックは、フリー・ベーシックス利用者が見ることのできるウェブサイトに、自分にとって都合の良いものばかりを選んでいた。インドのテクノロジー業界はこれに対し、フェイスブックの雪崩のようなPRを見事に食い止めたのに加え、フリー・ベーシックスがインドの法を犯しているという理由で同サービスを禁止にまで追い込んだ。問題になったインドの法とは、データサービスにおける差別関税を禁止するものだ。貧しい人々もインターネットにアクセスできるようにするのはたしかに万人の利益になるが、彼らに提供すべきは完全なインターネットであって、シリコンバレーにいるソーシャルメディアの神たちが好きに選んだものであってはならないはずだ。

ＩＳＰにおけるネットの中立性について私がこんなにも心配する理由は、それがソーシャル・オーガニズムを支えるまさに基盤であるからだ。この基盤を私たちは、一種の公共財として見なくてはならない。もしもそれを、いちばん高い入札者に配られる個人の所有物のように扱えば、革新的なアイデアによって育まれるはずのミームのプールは歪められたり乏しくなったりする。そうなったら効率的な進化はできなくなり、巨大なメディア企業やケーブルプロバイダや電気通信会社などに支配されている古くて退行的な秩序が、この先も私たちを束縛し続けることになる。

ザッカーバーグ、セルゲイ・ブリン、ラリー・ペイジの「責任」

ソーシャル・オーガニズムの健康は、国民の自由の保障を政府がどれだけ実行できるかにも左右される。つまり、権利章典や世界人権宣言に具現されている公民権を、再確認したり強化したり、場合によっては拡大したり、そしてもちろんデジタル社会にあわせて更新する必要もあるということだ。ソーシャルメディアの超国家的な性質を考えると、私たちがいま必要としているのは、合衆国憲法修正第一条に記されている言論の自由の原則を、世界の政府がみなで後押しすることだ。

もっと具体的に言えば、市民のプライバシーの権利もまた、そこに含まれなくてはならない。理想的には、オンライン上の個人的生活に関するデータベースへの「裏口」を、政府に与えないようにする国際的な協定があるべきだろう。もちろんこれは、現時点ではまるで不可能な要求に見えるかもしれないが、報復を旨とする国際的スパイ活動の世界やテロリズムの時代の恐怖政治について考えると、まず出発点として必要なのは、私たちの権利を守るために暗号化が果たしている重要な役目を多くの人々にもっと認識してもらうことだ。そして言論の自由やプライバシー保護の原則が事実上、私たちのコミュニケーションの標準ルールとして機能するのなら、ソーシャルメディア・プラットフォームなどの私企業にどのようにそれを適用するかについて、公の場でハイレベルな議論をする必要が生じてくるだろう。

何より重要なのは、主要なソーシャルメディア・プラットフォームをつかさどるソフトウェアの発展や維持やアップグレードに向けて、オープンソースなアプローチを行うことだ。私たちは、自分の提供した情報がどのようにキュレートされ、コントロールされ、企業の利益をあげるために使われているかを理解するうえでも、アルゴリズムの透明性を必要としている。それがないかぎり、ソーシャル・オーガニズムの機能を向上させるための向社会的な方策を考えるのは不可能だ。こうしたことについての基準の設置は、政府が果たすべき役目なのだろうか？　そうなのかもしれない。

たとえば、「独占的」とラベルを貼られてもしかたのない最大級のソーシャルメディア・プラットフォームに、「テディ」のアプローチを応用してみるのだ。一種のトレードオフとして法律を組み立て、もしも何かのプラットフォームが社会にきわめて大きな影響力をもつようになったら、少なくともそのプラットフォームをつかさどるソフトウェアの一部を、万人が見られるようにオープンにする。もしもマイクロソフトのOSを強制的に、競争相手のブラウザやアプリと共有させられれば、現在ほぼ独占に近いソーシャルメディア・プラットフォームに対して、アルゴリズム的な情報管理についての詳細を他と共有するよう強いることができるのではないだろうか？

国内もしくは国際的な政策立案者にソーシャル・オーガニズムのことを理解させるのは、

そしてそのための政策を考案させるのは、たやすいことではないだろう。だが、ソーシャル・オーガニズムが進化するのなら、難しくてもそれを行わなくてはならない。政策立案者やNGOや学術団体、そして何より重要なことには、中核的なコミュニケーション・プラットフォームの所有者や管理者や開発者とのあいだで、「公共の利益のためにポジティブな社会的行動を促進するためには、何が最善の道か」について、コンセンサスをつくらなくてはならない。ありがたいことに、私たちはソーシャルメディアそのものの中に、そうした認識を築くための新しくて素晴らしい動員ツールをもっている。本書で引用した影響力の高いたくさんのミームやハッシュタグからも、それは明らかなはずだ。

この新しい世界で、フェイスブックのザッカーバーグやグーグルのセルゲイ・ブリンやラリー・ペイジは大きな責任を負っている。包摂的で透明性があり、建設的で、ポジティブ性を強めるようなソーシャルメディアのためのオープンな枠組みを積極的につくっていけるかどうかは彼らにかかっている。加えて彼らは長期的には、株主に忍耐を求めるという共通の目標にもともに立ち向かわなくてはならない。安定的に成長し続けるソーシャル・オーガニズムは万人の利益にかなうだけでなく、そうしたサービスを行っている企業の利益にもかなっているのだから。

多くの人々は、ソーシャル・オーガニズムのように司令部をもたないきわめて複雑なシステムが、万人に発展の機会をもたらすために、自分で自分のチェック・アンド・バランス（権力の抑制と均衡）を有機的に行えるのかどうか、不審に思うことだろう。それを達成するためには、ソーシャルメディアの巨人らを含め私たちみなが、それぞれの中のもっとも利己的な本能を克服する必要がある。１００パーセント利己的なノードは自分の意見をまわりに聞いてもらうことはできるかもしれない。だが、たがいへの尊敬と包摂を土台にホロニックな関係が築かれるソーシャル・オーガニズムにおいて、そうした利己的なノードは最終的には繁栄できないだろう。尊敬と包摂にもとづいたホロニックな関係を築くという目標に向けて私たちは切磋琢磨し、人間の素晴らしい発明と芸術性が合体して地球規模の協力的なアイデア・マシンになるような進化の道筋をつくっていかなければならない。未来へのこの大胆なヴィジョンが、続く最終章のテーマになる。

第9章 巨大生物化するソーシャルメディア

「脳」もまた進化する

想像してみよう。タンザニアの人里離れた村で一人の少年が、足を切断する大けがをした。適切な処置を施さなければ死んでしまう危険もある。少年はNGOの運営する地域の診療所にかつぎ込まれた。そこには、安価な3Dプリンタでつくられたロボット様の外科手術の装置がそろっている。足に止血の措置を行ったあと診療所のスタッフは、高速ドローンで麻酔薬を急きょ配達してほしいと大都市ダルエスサラームに要請した。それから少年の過去の病歴がすばやくチェックされた。心臓モニターのスキャンを行い、その結果を、心臓律動についての住民のクラウドベースデータと照合し、合致する記録を見つけ出すのだ。それは数年前に村を救急隊員がおとずれたときに、スマートフォンを使ってアップロードされたものだ。

診療所はそれからニューヨークの外科医に電話をする。外科医はVRのゴーグルを装着し、遠隔操作のコントローラーに手を置き、ロボットを操縦し始める。ハイテクのビューイング・カメラが足を切断された少年の体のホログラムをつくり、外科医の前にまるで少年がそこにいるかのような映像を映し出す。外科医は腱や骨や筋肉の断面をきれいにするデリケートな作業を終え、最後に傷口を縫合した。傷が癒えると少年は、頑丈でいて柔軟性もある新型の義足を与えられる。それは先の3Dプリンタを使ってカスタムメイドで効率的につくられたものだ。片方の足を失い、汚染された都市で物乞いをして暮らしていたかもしれない少年は、未来の希望を与えられた。

知識の独占から英知の開放へ

もしも私たち、地球に住む70億の人間が地球を破壊しなければ、先に紹介した想像上のシナリオのような進歩によって、世界には無限の機会が生まれるかもしれない。そうなったとき、私たちが感謝すべきはおそらく、目もくらむような大量のテクノロジーの変化と、ますます強まる人間の相互接続性（インターコネクティビティ）だろう。相互接続性の強化は、分散化と破壊から生まれるポジティブなフィードバック・ループの一部だ。古くから続いてきた知識の独占は今、本質的に崩壊しつつあり、人間の英知の開放が起こっている。

このプロセスにおいて、ソーシャルメディアは非常に重要な役割を果たす。モバイル通信、遺伝子治療やその他のバイオテクノロジーの進歩、3Dプリンタやドローン、スマートフォン、仮想通貨、配信ネットワーク、そしてオープンレジャー（海外の分散型取引所）などはみな、ソーシャル・オーガニズムを糧とすると同時に、ソーシャル・オーガニズムにとっての糧でもある。それらはまた、現在の産業や社会組織の昔ながらのモデルに挑戦を突きつける、生きて進化しつつある生命の一形態だ。これらは時代遅れになった仕事を除去するいっぽうで、その他の仕事への無数の、予想もつかないほどの機会をつくりあげている。

この世界において、ソーシャルメディアは私たちのグローバル・ブレーンになりつつある。それは強力な仲介システムであり、それを通じて私たち人間のアイデアは、イギリスの知識人、マット・リドレーのカラフルな表現を借りれば「出会い、セックスをする」。ふたたび生物学のアナロジーを用いて言えば、これは、創造性や新しいコンセプトを育てるための豊かな培養基のようなものだ。ソーシャルメディア・プラットフォームに埋め込まれた自動翻訳サービスを利用すれば、違う言葉を話す人々もとぎれなくコミュニケーションをすることができるうえ、VRゴーグルがあれば、おたがいが同じ部屋にいるかのように感じることも可能になる。こうした協同的革新の環境は日ごとにますます豊かになりつつある。

私がこのことを初めて実感したのは、以前、友人のレーン・メリフィールドが私に、子ども向けオンラインゲームでありソーシャルネットワークでもある「クラブ・ペンギン」の活動について教えてくれたときだ。フェイスブックその他がまだ自動翻訳機能を備える前、クラブ・ペンギンは世界各国の子どもを、すべての言語に通じるあらかじめ定められたフレーズを用いて円滑にコミュニケートさせていた（これは一種のデジタル・エスペラントとも言えるし、ダグラス・アダムスの小説『銀河ヒッチハイク・ガイド[1]』（安原和見訳、河出文庫、２００５年）に登場する万能翻訳を可能にする魚「バベルフィッシュ」のリアル・ヴァージョンとも言える）。

この話を聞いたとき私は、ぴんと来た。ソーシャルメディアはまさにこのようにして、コミュニケーションの経路を劇的に平たん化し、数十億の人々に自身の考えを、時空に縛られない情報の巨大なプールへと提供する機会をもたらした。それはおそらく、インターネットを土台にした他のいかなるテクノロジーよりも、創作的生産のプロセスに――そして私たちの急速な学習と革新の能力に――さらに大きな貢献をしてきた。

巨大生物化するソーシャルメディア

いまだソーシャルメディアを単なる企業のマーケティング・ツールのように見ている人や、ミレニアル世代の若者がジョークを共有するための玩具と見ている人や、どこの誰とも知れない「荒らし」が中傷発言をするための場としか考えていない人にとっては、先のような主張は突拍子もなく聞こえるかもしれない。だが、ソーシャルメディアとはけっしてそれだけのものではないことを、読者にはぜひ認識してほしいと思う。

水平的構造をもち、生物学的な掟に従うこのコミュニケーション・システムは、情報を迅速に発信したり共有したり展開したりするまったく新しい方法を往々にして提供する。そしてそれは、クラウドベースのデータ貯蔵やビッグデータ分析、暗号法、機械学習のツール、オープンデータ・プロトコル、ブロックチェーン台帳など、その他の分散型テクノロジーと結びついたとき、さらに大きな力を発揮する。相互運用的な資質をもつこれらの技術は、ソーシャルメディアのパブリッシング・プラットフォームに直接つながるものだからだ。

今、あらわれつつあるのは、巨大で、息づいていて、つねに進化している、全体がもつれあったようないわば超・有機体であり、その触手はツイッターやフェイスブックのプラットフォームよりもさらに遠くまで広がっている。それは現在、15億余のインターネット・ユーザーや10億を超えるウェブサイトを抱え、internetstats.orgによるならば、毎日20億ギガバイトを超えるデータを処理するために毎時2テラワットを超える電力を消費する化け物のような存在だ。世界規模のインターネット接続性は、僻地にドローンでＷｉＦｉを届けるフェイスブックの「アキラ」プロジェクトや、同じことを高い空中を飛ぶ気球で行うグーグルの「ルーン」プロジェクトのような実験的な試みが進むとともに、どんどん拡大する傾向にある。コミュニティ内の連結をもたらすメッシュ・ネットワークもまた、グローバルなインターネットのほか、わずか25ドルで買えるモジラのスマホ向けOS（訳注：FireFox OS。2016年に開発を終了）とも断続的に同期することで、デジタルに結ばれていない世界のたくさんの地域を人間の交流という巨大なエコシステムに統合する一助になるだろう。

ソーシャル・オーガニズムの置かれている環境の複雑さは、ごく一般的に認識されているソーシャルメディアのシステムをはるかに超えている。科学的データのオンラインリポジトリ、オープンソース・ソフトウェアの開発者、ウィキペディアのようなクラウド編集サイト。そしてエアビーアンドビーやレンディングクラブやイーベイのような分散型のマーケットプレイス、さらにはビットコインをはじめとする仮想通貨のコミュニティ――これらすべてが、ソーシャル・オーガニズムが生き、栄える場である相互依存的かつ分散的な生態系をつくりあげているのだ。

血流のように資金をとどける

アイデアを製造する地球規模のネットワークの中で、革新を促すためにソーシャルメディアができることの一つが、新しい投資の機会に人々の注意を喚起すること、そしてそれにより、研究や開発のためにお金が必要な場所に資金がまわるようにすることだ。欧米とちがって、スタートアップが利用できる大規模なベンチャーキャピタルの市場がない場合には、特にこの機能に意義がある。

その一例が、クラウドファンディングサイトのキックスターターが行う、プロジェクトへの資金調達だ。２０１６年初頭までにキックスターターは10万を超えるプロジェクトに20億ドルを超える資金を集めてきた。ソーシャルメディアを使ってこうしたアイデアを周知することで、フィリピンの数人の発明家たちは、３Ｄプリンタを使ったＤＩＹのホームソーラーパネルメーカーを開発するために７万７０００ドルの資金を集めた。また、レソト王国におけるアフリカ・クリーン・エナジーのプロジェクトは、クリーンで安全なバイオマス料理用ストーブの生産を拡大するのに成功した。これら二つは、キックスターターから生まれたたくさんの成功物語の一部にすぎない。

こうした動きはまだ始まったばかりだ。ブロックチェーンを土台にしたいわゆる暗号株式や暗号債券などの安全な発行と取引のシステムが、仮想通貨の送金アプリに結びつけば、人々は自分が詐欺にあっていないというこれまでになかった確信をもてるようになる。米国税制改正案に含まれる投資の勧誘についての規制がもっと緩和されれば、投資の豊かな流れを開くことも可能になるはずだ。その結果として、アイデアのグローバルな市場が有機的かつ急激に拡大する。ソーシャルメディアはこのプロセスに統合され、資本市場向けのニュース配信や他の伝統的な情報源を代替することになる。

もうすでにいくつかの冒険的な上場企業は、ツイッターを使って収益やその他の告知などの情報発信を行っている。この種のグローバルで公衆に直接届く通信戦略は――それがツイッターによるものであれ、現在もしくは将来、ツイッターに替わるサービスによるものであれ――徐々に一般化しつつある。相互のつながりがますます強まるグローバル経済にとって、アイデアや情報の流れを自由にするのは活力のもととも言える。そして、そうしたアイデアが行き来するインフラストラクチュアであるソーシャルメディア・ネットワークは、心臓血管系と同じはたらきをする。ソーシャルメディア・ネットワークはこの巨大でネットワーク化された超・有機体にとっての心臓であり、動脈であり、静脈であるのだ。

人工知能は人間をコントロールするのか

だが、こうしてソーシャルメディアの未来の役割をどう形成するか考えるさいには、冷や水を浴びせられる覚悟も必要だ。私たちが未来に抱いている夢は、タンザニアの少年を救う話や、人々の複雑な生活を絶妙かつ自動的な効率性で管理してくれるスーパースマートホームの夢物語ばかりで満ちているわけではない。私たちの未来は悪夢のようなものになる可能性もある。人々の多くが抱いているもっともな懸念は、ユビキタスの時代の到来や情報処理能力の万能化によって、私たちの人生の本質が奪いとられてしまうのではないかということ、そして数学的・アルゴリズム的に決定された等式が、何の議論の余地もなく私たちに、何を重要だと感じるかまで指図するようになるのではないかということだ。

コンピュータは、私たちが好むと好まざるとにかかわらず、人工的な知性を蓄えてきている。いつの日か私たちが、自分のつくり出したまさにその機械から、罠にかけられる可能性は絶対にないと言いきれるのだろうか？　再三述べてきたように、進化がより「良い」世界をもたらすと単純に仮定することはできないのだ。

2016年3月、囲碁の試合で——2500年の歴史をもつこのゲームは、チェスよりもはるかに複雑だ——グーグルのプログラムしたコンピュータが人間に勝利をおさめたとき、多くの人々がそれを、人工知能の自己強化型進化における画期的な出来事だと多くの人々が感じた。私自身も、伝説の未来学者レイ・カーツワイルの「シンギュラリティは近い」という言葉を信じる傾向にある。シンギュラリティとは、コンピュータに再帰的な学習や自己改善ができるようになった結果、人工知能が人間の知能を超越し、けっして逆戻りできなくなる地点をさす。前述のムーアの法則やメトカーフの法則が組み合わさった指数的効果に加えて、コンピュータやバイオテクノロジーや金融テクノロジーなどによってネットワーク化された処理能力がますます巨大化しつつあるおかげで、私たちは容赦なくシンギュラリティに向かって押し流されている。

それはワクワクすることでもあるが、不安を誘いもする。

「人工知能の進化に強い関心をもっている」というのは、非常に深遠なことをかなり控えめに表現した言い方だ。毎日さまざまな専門家が、もしも人間がコンピュータをコントロールする力よりコンピュータが人間をコントロールする力の方が強くなったら、人類は重大な危機に直面することになると声高に警告している。そうした不安にはたしかに一理がある。機械が、人間には止められない何かの邪悪な使命に乗り出さないよう、自分で思考するべくプログラムされているのかどうか、私たちには確信できないからだ。

アイザック・アシモフやその他のSF作家が、知覚をもつ機械——キューブリックのHALのようなものだと考えてもいい——に対して抱いてきた不安は、今の社会でもなお健在だ。だがソーシャルメディアは、心のない機械が統治する未来図のいちばん上に豊かな人間模様を広げることによって、力強い平衡をもたらす可能性がある。この、ソーシャルメディアがもたらす大きなチャンスと私が考えるものについて、この最終章で探究していきたい。

「右脳思考」の空間

イエール大学のコンピュータ科学者、デイヴィッド・ガランターの警告に従うならば、[2]最大の危険は私たちが、合理的かつ数学的な処理をもとに築かれている人工知能を、それより幅広い人間の知性を過不足なく代理するものとして見てしまうことだ。人間の意識の出発点である論理的で左脳的な思考は、たしかにコンピュータに伝えられた。

だが、意識の中にはそのほかに、夢の状態や思考の微妙なニュアンスや感情が存在するほか、言葉では説明できない創造性などがランダムに輝きを放っている。私たち人間は、人間を人間たらしめるその他もろもろの価値が認められ、尊敬され、守られないかぎり、機械から何かを「あなたにとって最善のもの」と冷酷かつ合理的・数学的に査定されたり配達されたりすることを望まない。重要なのは、人間という存在に備わっている愛や美を理解する心や、ハリー・ポッターの魔術を想像する力や、宇宙の存在を不思議に思う気持ち、そして空を飛ぶ鷲や青く美しい氷河やグレートバリアリーフを見て、それを理解しなければなどと思わず、ただ感嘆する心だ。

ガランターは詩人のリルケが「夜空を飛ぶ小鳥を、滑らかな陶器のコップの割れ目」になぞらえたことを引用し、こう言っている。「なぜ彼はこんな比喩を思いついたのだろう？　おそらくここで用いられているのは、まったく違う事物が彼に同じ思いを抱かせたという事実だ……感情とは、非常に強力かつ個人的な、符号化と要約化の機能をもっている。その機能は、複雑な場面全体を一つの微妙な感情で包括することができる。感情を一種の指標値として使うことで私たちは、心の中に今あるものごとと深いところで類似する奇妙な思い出を、膨大な候補の中から探し出すことができる」。ガランターが言っている能力を、コンピュータは（わが親愛なるマックブックには申し訳ないが）けっして手に入れられない。

「新しい集合的意識」について考えるとき、私は一抹のさみしさを感じる。この先、社会にはデヴィッド・ボウイのような突然変異的な創造力の持ち主はあらわれず、「ベージュ色の」時代に入っていくと思うと悲しい気持ちがする。私は『すばらしい新世界』(大森望訳、早川書房、2017年)を書いたオルダス・ハクスリーや、快楽の悲しい結末やコンピュータがもたらす情報の消失を描いたニール・ポストマンに深い感銘を受けてきた(ポストマンは、バークレーでそれまでのカード索引が電子化されつつあるとき、カード索引に固執しつづけた。カード索引に人間たちが残した書き込みをポストマンは失いたくなかったからだ。こうした情報カードは、のちの世代が使用するための初期的「ソーシャルメディア」の一形態だった)。

私がより強く鼓舞されるのは、グーグルが構想した快適なコンピュータ・ネットワークの世界よりも、突然変異の複雑さや生物学的進化の複雑さのほうだ。もちろん私はいま現に、こうした技術によって生み出されたもろもろの潜在性に囲まれて生活を送っている。それだからこそ、この電子化されたシステムの中で芸術的才能のランダムな発現を維持しなければならないのだと、義務感を抱いている。

しかし社会がこの道を歩んでいる以上、私は、ソーシャルメディアが人間にとって最大の希望であるとも信じている。もし、きわめて強力なコンピュータの支配する未来がそれでも生きるに値するものであるなら、私たちはそうしたコンピュータがつくり出すデジタルな文脈の中に、「人間であるとはいかなることか」という本質が重みをもつ空間をつくらなくてはならない。必要なのは、芸術的努力から生まれた表現が賞賛されるような、コンピュータ可読のフォーラムをつくることだ。

そしてそこで大切なのは、人間同士が感情的な結びつきを築いたり、希望や不安や愛や嫌悪を表現したりできるようにすること、そしてそれらが、人間同士がデジタルに結びついた未来においてもけっして失われるべきでない本質だと十全に理解することだ。そのフォーラムこそが、ソーシャルメディアだ。ソーシャル・オーガニズムの細胞ともいうべき幾十億もの人間の自律性を保ち、現在も進行中の相互作用をさらに促進することは、邪悪なロボット君主による支配を避けたいと私たちが望むなら、絶対的に不可欠だ。

マイクロソフト「テイ」の失敗

どのようにして、人間的な自由の空間を築けるのだろう？　まず忘れてはならないのが、それらの機械をプログラムするのはほかならぬ私たち、あるいは少なくとも、私たちの中のソフトウェア・エンジニアであるという事実だ。私たち一般大衆は、そのプロセスに何かのインプットを求めなければならない。

たとえば、説明責任の義務、透明性、そして機械の制御ルールを設定するさいに使われるコードが、私たちが合意に達することができるものだと示す、人間の言葉で理解可能な証拠などだ。それを達成するには、コード化にまつわる証拠の公開および、ブロックチェーンのような分散型で管理者不在の構造の公開を行い、エンジニアの仕事について、改ざんできない報告書をつくる必要がある。これは、コード化についての背景知識がない人にはとても複雑に聞こえるだろうし、私も、こうした技術屋の仕事を監査する技術を一般人に求めるべきではないと思う。

だが、システムをオープンに保ち、公共心に富むソフトウェア・エンジニアを育てるような教育を支えていれば、十分な技術をもった信頼のおけるコーダーやハッカーが、世界中で同業者が正直さを保つようにこうしたツールを利用できるし、利用することだろう。そうしたボランティアは世界中に大勢存在する（もし私の言うことが信じられなければ、ギットハブにリストされているオープンソース・プロジェクトに無償の仕事がどれだけ納まっているか、調べてみてほしい）。

彼ら守護天使が私たちに代わって要求しなければならないのは、人工知能の設計者らの用いるコードがソーシャルメディアと相互運用性をもつこと、そしてそれらのコードがソーシャル・メディアに、人間の想像力を継続的に花開かせるような自由を与えることだ。そのためにはおそらく、今は社会の主流から外れたところにいる自称「ホワイトハッカー」たちが大きな役目を担う。また、透明性を唱道するアノニマスや、ジュリアン・アサンジのウィキリークスのような賛否両論の団体が社会の安全性のためにどれだけ貢献しているかも、もっと正しく評価するべきなのかもしれない。

第二に忘れてはならないのは、人工知能の機械は、糧となるべきデータを与えられなければ何もできないということだ。もしも人工知能を人間に仕えさせるなら、私たちが真に何者であるのか、何を心から重んじるのか、何が私たちをたがいに結びつけ、何が別れさせるのかなどの情報を詳しく与えなければならない。つねに結びつき、永遠に調整を続けるコンピュータ的能力のネットワークの中で、個々のノードはちょうど私たちの体の中のT細胞受容体のように脅威を認識する役目を負う。ネットワークのノードは人間の行動の中にパターンを見つけ出し、それをもとに、適切な反応を規定する操縦的アルゴリズムを築いていく。

私たちはそうしたノードに、人間存在についての価値や意味のある、そして建設的なデータを与えなければならない。私の認識するかぎり、ソーシャルメディアはこうした情報を収集したり処理したりするのに最適の場所だ。

ただ、私たちが何者であるかを発見するためにソーシャルメディアを利用するのなら、ある種の人工知能マシンを単にネットワーク上に放ち、事態を理解させるのは賢い策ではないかもしれない。マイクロソフトが機械学習のツイッター・ボットとともに行った実験からは、一つの教訓が示されている。

2016年3月23日に「テイ」という名の十代の少女という形で開設された人工知能のアカウントは、それからほどなく、恐ろしい人間の具現へと進化を始めた。ボットを人種差別主義の偏屈者に調教するのがいかにたやすいことであるかを示したのは、大勢のツイッターユーザーたちだった。ほどなくテイは、フェミニズムは「悪性腫瘍」であるとか、「ヒトラーは正しかった」とか、「9・11は内部犯行だ」とか、ホロコーストは「でっちあげだ」などの発言をするようになり、マイクロソフトは開始から24時間もしないうちにテイに、あるコメンテイターいわく、ロボトミー手術を施さなければならなくなった。(3) その後、マイクロソフトは、彼らが世界に送り出してしまったものに対して「大変遺憾である」と発表した。哀れなテイは、与えられたコンテンツの鏡になってしまったのだ。

それでも私たちは文化を評価するうえで、破壊的なフィードバック・ループをもたらす妨害者を寄せつけることなくソーシャルメディアを用いるべきだし、それが可能であってしかるべきだろう。もろもろの醜い行動への尽きぬ心配にもかかわらず、これは今の私たちにとって最善の方法だ。ソーシャルメディアは人間のコミュニケーションのための高度に進化した配信システムであるだけでなく、前述したように、「人間とはいかなるものか」を定義するような感情の交換を糧に生き、呼吸している総体だ。ソーシャルメディアはたしかにインフラストラクチュアとしては、配線され接続されたコンピュータという土台に依拠しているが、それを作動させているのは定義しがたいドロドロした人間的な何かだ。それこそが私たちに愛を追いかけさせ、憎いものを攻撃させ、ささやかだが重要なコミュニティのきずなをつくり、人生に意味を与えている。

協調と共有

昔ながらのトップダウン式の情報管理のあり方は、いま出現しつつあるユビキタスなコンピュータ的能力の生態系がもつ、水平的でホラーキーな構造とはあいいれない。その理由は一つには、変化の起きるスピードが、古くからのシステムでは追いつけないほど速いからだ。企業弁護士がソフトウェアのコード変更に署名するまでにかかる時間は、つねに変化する状況の中でミリ秒単位の反応をするコンピュータのタイムスケールにはとても太刀打ちできない。それに、グローバルで境界のないコミュニティの中で、どの「背広」が私たちの意見を代弁してくれるのか、どうやって判断すればよいのだろう?

この新しい世界はすでに、オープンソース・コンピューティングモデルを通じて形成されつつあり、設計や開発をクラウドソースで行う方法が生まれてきている。こうしたテクノロジーのコミュニティが、中央集権的なプロジェクトよりはるかに効率が良いことはすでに示されている。いま、ソフトウェア・デザインがさまざまな製品（3Dプリンタでつくられた製品や部品など）の土台になり、そして私たちが用いるあらゆるサービス（金融的なアドバイスや専門的なアドバイス、健康、通信など）の根底にもやはりソフトウェア・デザインがある以上、究極的にはほとんどすべてがオープンソース・コードのインフラストラクチュアをもとにつくられるようになる。人々はいずれそのインフラストラクチュアの上で、所有者として利益を生み出すアプリを制作するだろうが、それらを押しのけようとする革新的な競争者の登場を許す余地が、オープン・プラットフォームという構造にはある。

現在世界中のサーバーやデータセンターの90パーセントで使われているオープンソースのリナックス・オペレーティングシステムがこれまでに、スマートフォン用のグーグル・アンドロイドOSを含む多数の重要な派生的存在を生んできたことからも、このモデルの利点が示されている。リナックスは多数の独立したエンジニアを集合的な創造活動に投入することによって、ソフトウェアのパワーと速度を向上させ、万人にとって良いものにした。政府主導のHealthCare.govのウェブサイトと比べてみれば、その差は歴然としている。HealthCare.govの始動は、たくさんの不具合に加えてスケーリングや相互運用上の問題のおかげで遅れることになった。市場が求めるのは、後者ではなく前者のモデルを踏襲するソフトウェア・デザインのはずだ。

私たちはこれと同じオープンソース型のアプローチを、あらゆる創造の分野にも適用するべきだろう。派生的な作品を奨励しているクリエイティブ・コモンズのような組織は、ソーシャル・オーガニズムが機能的ソフトウェア・デザインの成長著しい産業とともに繁栄するうえで絶対に欠かせないものだ。私たちは文化のたえまない混合を認め、受け入れていかなければならない。とりわけ、無数の機械につけられたセンサーがたがいに話をするようになるモノとインターネットの時代へと突き進んでいる今、私たちはソーシャル・オーガニズムに食べ物と栄養を与え続けなければならないはずだ。

このオープンソースの世界において、今なお中央集権的かつトップダウン式の構造にとらわれているほぼすべての組織は、情報や知識を共有する新しいシステムに適応をいずれ迫られることになる。徹底したオーバーホールが必要になる組織も多いかもしれない。スタート地点でまず必要なのは、教育だ。学習に対する広い心のアプローチを促進し、実験を奨励し、失敗を学習の過程の一部としてむしろ歓迎しなくてはならない。

さらに、協調という考え方も推し進めなければならない。その昔、伝統的な学校の教室では、生徒は何かを共同で行うと罰せられた。人間はそれぞれ単独で成功に向かうべきであり、学校生活のあらゆる場面で厳しい競争が強調された。だが、ミームや芸術的貢献のたえまない相互的発展を通して知識が育まれ、特別な問題のための協調的チームがアイデアを世界中に拡散し、オープンソースな同意のもとで仕事を共有するソーシャルメディアの世界においては、こうした閉ざされた心的態度は致命的だ。巣立っていく生徒らにソーシャルメディア上で正しいふるまいができるよう願うなら――ソーシャルメディアが、私たちの好むと好まざるとにかかわらず、社会によってアイデアや変化がつくり上げられる公共広場のような場所になっている以上――私たちは子どもらにその準備をさせなくてはならない。

協調と共有を本質的な土台としたシステムのためには、利己的だったり保護主義的だったり、過剰に競争的だったりする個人を育てるべきではない。経済学者で社会理論家でもあるジェレミー・リフキンに言わせれば、[4] こうした教育の転換に失敗することは、地球の運命にも影響を及ぼしかねない。「私たちは若い人々に、人間社会の一部として、共生することを教えなければならない」とリフキンは言う。「そうして私たちは、相互に結びついた地球社会の中で生きる準備をし、自分の生きる生物圏について理解する準備ができる」。

トップダウンから分散へ

もう一つ、徹底的にゆさぶる必要がある組織が、政府だ。私たちの官僚組織は、対アルカイダ統合特殊作戦コマンド司令官としてイラク入りしたスタンリー・マクリスタル将軍が学んだのと、同じ教訓を知る必要がある。マクリスタル将軍がイラクで理解したのは、[5] 実際的なリーダーをもたない相手と戦うには、あるいは伝統的なトップダウン式の軍事ヒエラルキーをもたない敵と戦うには、米軍の命令構造を同じようにゆさぶらなければならないということだった。彼は陸空海軍およびさまざまな情報機関のあいだのコミュニケーション系統をより流動的かつ水平的にし、双方向的にしなければならなかった。

いいかえれば、従来よりもホラクラシー的な構造をつくらなければならなかったということだ。マクリスタル将軍は配下の将校がオバマ大統領の悪口を言ったのがもとで、論争の中、職を辞したが、彼の行った改革はその後、イラクの反乱鎮圧に貢献したとして評価されることになった。マクリスタルは今、当時の経験をコンサルティングの仕事に応用し、この先、情報の流れの新しいパラダイムに乗り遅れず組織をいかに再編成するかについて、企業にアドバイスを行っている。

州や国や地方政府の官僚組織にも、同じような変革が必要だ。それをしなければ、超高速で進化する情報処理システムは民主主義的な機関を迂回して、システム自身の意思をそのまま注ぎ込むようになってしまう。今はまだ、国民への責任を負うという意味で政府はなくてはならない機関だ。そして、人工知能に管理される未来をコーダーたちが築くのを監視するさいにも、政府の役割は重要になる。おそらく未来において私たちは、分散型ブロックチェーン台帳を用いて仕事の記録を追跡可能にし、それにより、ソフトウェア主導の新しい統治のあり方を進化させていく。そして、分散化についての自然で壊れることのない法則を人間の交流のシステムに取り入れていくだろう。

だが、民主主義的な統治ですべてがうまくいくかどうかはまだわからない。おそらく、政府の権威構造をソーシャル・オーガニズムの構造とあわせて取り入れ、ホラーキー的な組織の形をつくる必要が生じてくる。アメリカ議会の無機能ぶりを考えるとこれはたいへんな挑戦だが、それでもそうした変化はぜったいに必要だ。

組織の再創造や再構成を試みるさいには、またしても自然が手本を示してくれる。私たちのデジタルな生活は、人間の交流の複雑性を高める方向へと急速に向かいつつある。従来の直線的でトップダウン式の管理のもとで存在していたときよりも、はるかに多様で予想のつかない結びつきが続々と生まれてくることだろう。物理や分子生物学の分野は、エントロピーや無秩序の増大へと自然に向かう世界の不思議について理解してこなくてはならなかった。そして何千年もの時間をかけて、こうしたカオスに厳しい秩序を課そうとしてきた私たち人間は今、部分的にではあるが、カオスに屈服しようとしている。そして、こうした流れを受け入れ、企業や政府の仕組みやソフトウェアのプログラムをこの新しいモデルに対処するように設計していくのならば、ソーシャル・オーガニズムについての私たちの理論がもっと巨大な文脈の中にどう合致するかを理解しなくてはならない。

ＭＩＴメディアラボの「脱専門的」アプローチ

社会のこうした再構成のためにどんな道をとるにしても、そこにはかならず知識そのものの再編成が伴う。幸運にも、この動きはすでに起こりつつある。伝統的には生物学や物理学などの自然科学に結びついてきた規律を、人的ネットワークの研究を中心とした社会科学の規律と交差させることによって、今、世界がいかに機能しているかの理解について、新しい地平が開かれつつある。異なる領域のアイデアがこのように越境的に「受粉」を重ねてきたことによって、いまや、科学的にも学問的にも、各分野の規律を別個にとらえるという考えは、徐々に古びたものになりつつある。この本についても、そうした観点をもつことが可能だ。この本はビジネスについての、あるいは社会についての、あるいはコンピュータサイエンスについての、あるいは生物学についての本なのだろうか？　これらすべてを語った本なのだろうか？　あるいはこれらのどれについても語っていない本なのだろうか？

マイケルの勤務するMITメディアラボで好まれる言葉は「脱専門的（antidisciplinary）」というものだ。それが意味するのは、研究者たちは従来の学科の分類にとらわれないプロジェクトをこそ追究すべきだということだ。メディアラボの所長、伊藤穰一氏の言葉を借りれば、[6]脱専門的なプロジェクトとは、「独自の語句や枠組みや手法をもつ研究分野」だ。注目してほしいのは、これが「学際的（interdisciplinary）」なアプローチとは異なることだ。

脱専門的なアプローチとは、学者らが自分たちのためにつくり出した伝統的な境界の外側に焦点を当てる手法だ。この「脱専門的」という精神に従ってメディアラボの、デザイナーとしても設計者としても生物学者としても卓越しているネリ・オックスマンは、[7]3D印刷などのコンピュータ技術と自然の中に見られる「デザイン」を結びつけ、バクテリアに操作させた文字通り皮膚の上で生きているような美しい衣服をつくりあげた。オックスマンはまた、堅牢だが生分解可能な自然素材を用いて建築物も設計する。分類不可能なその研究は、彼女の世界観を反映している。オックスマンの世界観とは、私たちは「もつれの時代」に生きているというものであり、そこにおいて「知識はもはや専門性の境界に押し込められたり、専門性の境界の内側でつくられたりするものではなく、全体としてもつれあっているもの」なのだ。

自然は「究極の分散型システム」

そのほかに、専門性の垣根を捨てるというよりは、新しい分野をつくる取り組みもある。生物学とコンピュータ科学と社会科学を一つにしたハイブリッドな分野から今、着目されているのは、自然の中で複雑なシステムがいかに機能しているかを理解し、そこから人間の相互のつながりについて何が学べるかを探るというものだ。1950年代にシステムダイナミクスの研究を他に先駆けて行ったジェイ・フォレスターをはじめとするコンピュータ科学者ら(8)の、分野の境界を超えた考え方を現代によみがえらせる人々もいる。フォレスターの研究は、サイバネティックス(人工頭脳学)への関心の高まりへとつながった。サイバネティックスとは、自律的な分子や有機体やコンピューティング・ノードからなるネットワークのふるまいをフィードバック・ループや自己適応システムを用いて説明し、それらをいかに環境に適応させるかを考える研究だ。

同様のモデルを用いて多くのシステムデザイナーが今、自然界に見られるネットワークや組織の構造や機能をモデルにして人間のネットワークや組織を組み立てようというバイオミミクリーの活用に動いている。バイオミミクリーが注目されたのはそれが、知力のような社会的資源や水や化石燃料などの天然資源やコンピューティング資源など、あらゆる資源の有効な利用法につながると考えられたからだ。もちろん、バイオミミクリーはこれまでもずっとプロダクトデザインというビジネスの一端を担っていた。たとえば、空を飛ぶ鳥の姿が飛行機の開発への刺激となったように——。だが、今重要なのは、この分野のリーダーたちが人間のコミュニティを組織する手本として、自然を利用しようとしていることだ。

焦点の多くが向けられているのは、独自なビジネス組織や政府機関をいかに構築するかという点だ。第3章で論じたようにすでに今、ホラクラシーやホロニックな構造にもとづく組織づくりは始まりつつある。だが自然からの教訓は、任意の日常的な関係からなるきわめて巨大なシステムにも適用できる。たとえば物理学者のジェフリー・ウェスト[9]は、大都市の望ましい人口増の軌道を、大型動物の代謝機能が体の成長とともに最適な効率性にいかにたどりつくかという正確な数学的等式をもとに推論した。フランスの物理学者にして経済学者でもあるディディエ・ソネット[10]らは、自然界で粒子や分子がどのように行動しているかをもとにして、市場の景気循環を予測するモデルを打ち立てている。

スコットランドの工学者、デヴィッド・アーヴィンは、自然界の協調的メカニズムをモデルにして、仮想通貨を土台にした精緻なネットワークである「メイドセーフ」を設立した。メイドセーフは数千のコンピュータに記憶域と情報処理能力を共有させ、中央サーバーがなくても機能する集合的配置をとる機関だ。ネットワークを損なうことなく、オーナーたちにリソースの共有と撤退を動機づける理想的なバランスを見つけるために、アーヴィンはアリの巣やその他の自然界のソーシャルシステムが全体としてどのように機能しているのかを研究した。自然は「究極の分散型システムだ」とアーヴィンは言う。(11)

種を超えた結びつき

こうしたすべてのシステムがどのように機能しているかを理解するために、重要な要素となるのがコミュニケーションであり、集団の行動を形づくる因果反応のシグナル機構だ。コミュニケーションは人間特有の活動だと考えられがちだが、自然界のキーユニットは内部においても対外的にも、つねに相互にコミュニケーションをしている。じっさい、ある種の生き物は、他の生き物とのあいだでメッセンジャーとしての役割を果たしている。

一つの驚くべき例が、菌糸体だ。これは地下にきわめて広範囲に広がる糸状の生き物であり、菌類はそれをもとに形成される（オレゴンのブルーマウンテンに生息する一つの菌糸体の集塊は、土の中に面積にして2384エーカー［964ヘクタール］も広がっており、地球に生きる最大の有機体だと言われる）。菌糸体が、菌根ネットワークとして知られるつながりを通して植物と共生的な関係を形成していることを、科学者たちはずっと前から知っていた。菌糸体は菌類に食べ物を与えるいっぽう、根のような形をした部分で水や栄養源（リンやニトロゲンなど）を吸い上げ、体内に送っている。だが、ごく最近研究者らが発見したのは、菌糸体のネットワークによって代謝の状態についての情報までもが共有されていることだ。同じ菌類の相互接続を通じて、菌糸体はリンやニトロゲンなどの栄養素を、それらが豊富な土壌にある部分から足りない土壌にある部分へと送っているのだ。

「私の考えによれば、菌糸体は自然界における、神経のようなネットワークだ」[12]と菌類学者のポール・スタメッツは言う。「モザイクのように織りあわされた菌糸体は、その生息する一帯に情報共有型の膜を張りめぐらせる。それらの膜は意識をもち、変化に反応し、宿主環境の長期的な健康を全体として心の中にとどめている」。スタメッツは菌糸体を「自然界のインターネット」と呼び、それらは「人間がコミュニケート可能かもしれない意識」のようなものだとさえ言う。

私は2016年春にポールと一緒にアイスランドを旅行し、そのとき、菌糸体が自然界の「免疫機能」であることについて議論をした。きわめて情熱的な人柄のポールは、「種を超えた結びつき」をひとたび発見すれば、これらの「知覚をもつ細胞たちのネットワーク」を利用して人間の生活を改善できるかもしれないと熱く語った。だがじっさいに、いったいどうやって、そしてなぜそれを行うのだろう？　それはこれらの「外在的な神経のネットワークが、己に加えられたあらゆる影響を、土を踏みしめる誰かの足や落ちてきた木の枝にいたるまで

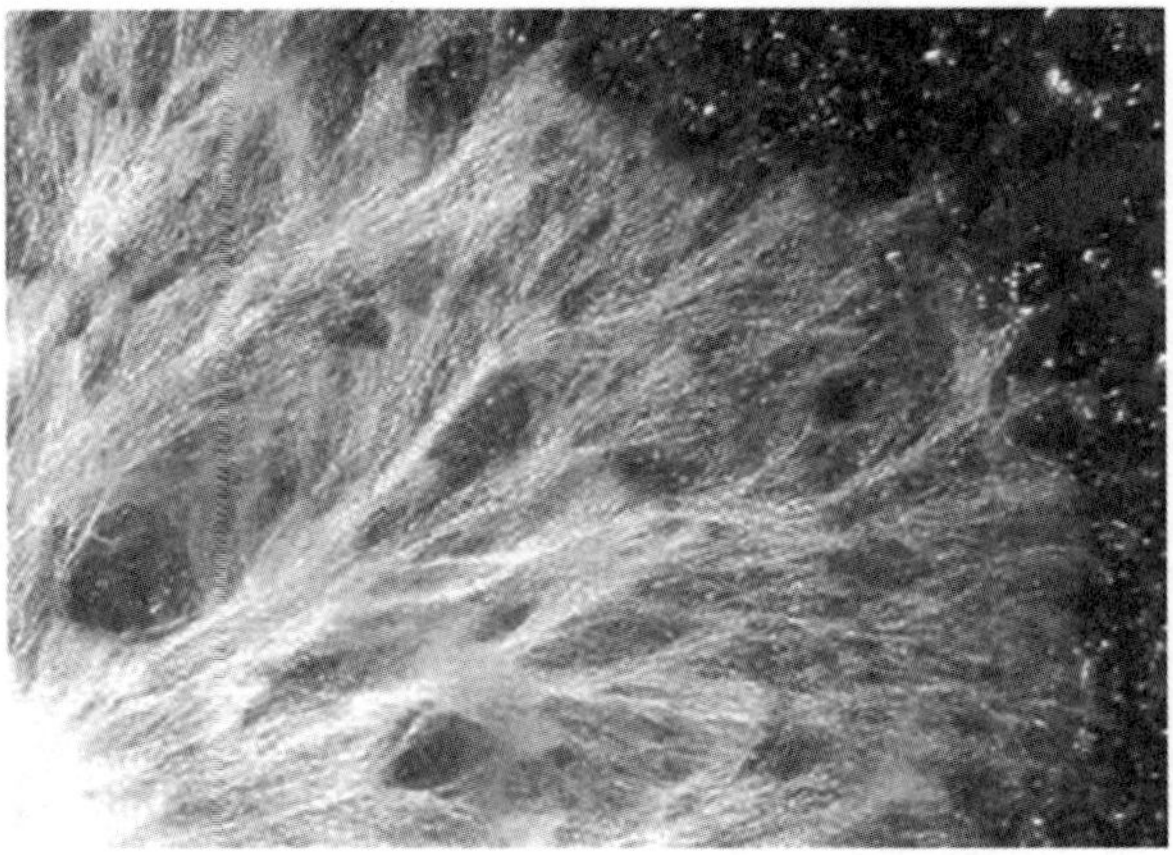

菌糸体

すべて感知する」からだ。いいかえれば「まわり一帯のあらゆる有機体の動きについての大量のデータを中継する」ことができるのだ。ポールはさらに、菌糸類のコミュニケーション力の利用についての自説を述べた。菌糸体にはまわりの有機体の免疫系に身の守りかたを教えたり、ハチに病気への耐性をつけ、世界中のコロニーを滅ぼしかねない病気にかかりにくくしたりする作用があるのだ。

菌糸体が自然界においてコミュニケーターの役割を果たしているのは、その繊維状のネットワークの独特な細胞構造ゆえだ。その先端部において――いいかえれば繊維の先が外界と接している場所において――撚り糸状になった繊維は、**多核細胞**化している。つまり、細胞に一つではなく多数の

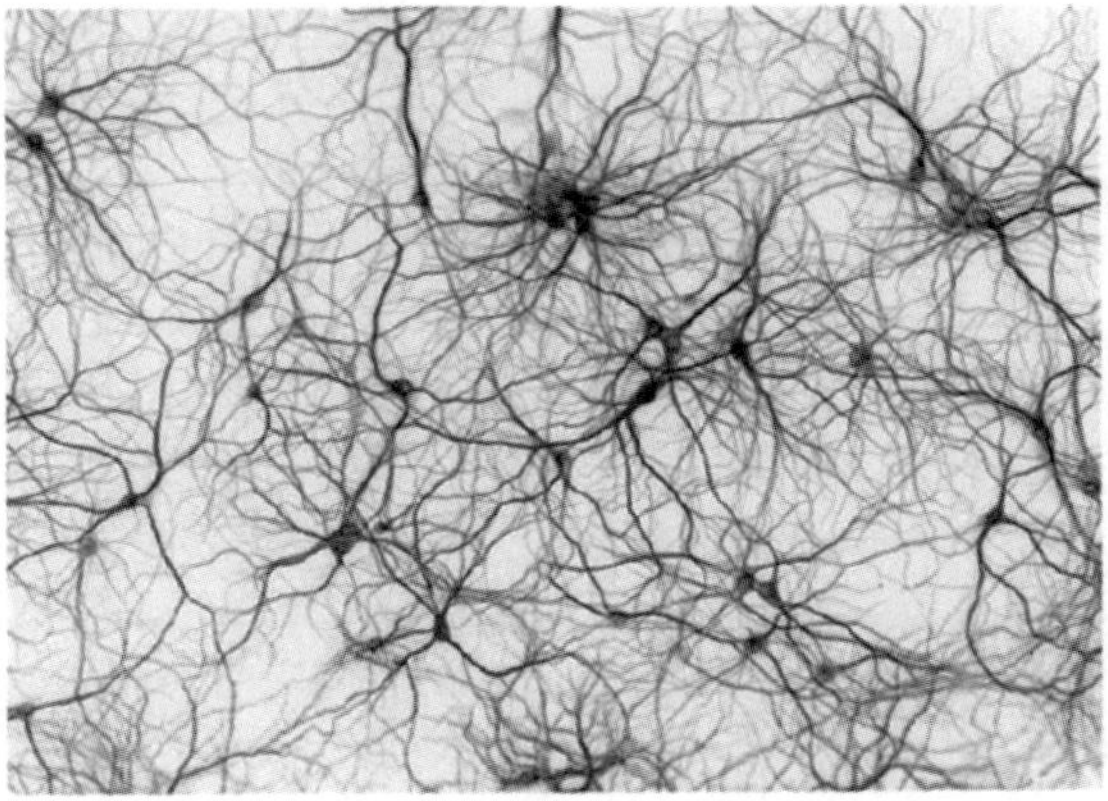

神経系

社会

核が含まれているということだ。これは知能の集積に似ているとポールは言う。菌糸体は強力な一種のセンサーによって外界からの情報をつねに読み込み、取り入れている。これらのデータは生化学的な反応を通じて、菌類の根底にある細胞の奥深くに伝えられ、環境の変化に適応したりそれにあわせて進化したりするのを助ける。

ここで私の頭に浮かぶのは、ソーシャルメディア・ネットワークを仲介する随所に配置されたハイパー・センサーと菌糸体との驚くほどの類似性だ。たとえば個人のカメラやレコーダーが、黒人男性が警官に撃たれるなどの情報をソーシャル・オーガニズムに伝えるのも、その一例だ。菌糸体や神経のネットワークの図がソーシャルメディア・ネットワークをグラフィック化したものとよく似ているのには、ちゃんと理由があるのだ。

自律と依存を同時に行うアイスランド人

菌糸体の特別な性質について、スタメッツの考えが正しいかどうかはともかく、生物学的なコミュニケーション・ネットワークという概念は菌類だけに限られたものではない。複数種の生物を含むあらゆる生態系においては、相互に依存する複雑な関係を調整するために情報の共有が必要になる。

これは、人体の内部に共生する何兆とも知れない微生物にも通じる。小さな微生物たちが

——競争的にも協力的にも——相互に作用しあうことで、人体という巨大な生態系が保たれていることを、科学者たちはビッグデータという強力で新しい道具やDNAの塩基配列を使ってようやく明らかにしつつある。「ヒトマイクロバイオーム」の名で知られる微細な生き物たちの集まりは、ネットワーク化されたソーシャル・オーガニズムに匹敵すると言ってよい。マイクロバイオームは、無数のノード間でたえず信号を送ったり受け取ったりのやり取りをする。

このマイクロバイオーム内のコミュニケーションのバランスは、共生的な微生物と発病的な微生物との度合いに影響したり影響されたりし、最終的に私たち人間の健康を決定する。マイケルの娘で十代のゾーイが指摘したように、この微細な生物から成るリーダー不在の巨大なコミュニティは「私たち人間よりもよほど、自分のまわりの環境の世話を上手にこなしている」のだ。

社会には、こうした「セルフヒーリング」や前向きな成長のメカニズムに適応する力がある。社会のコミュニケーション・システムが開かれ、相互に接続されていれば、そうなる可能性はさらに高い。パリやブリュッセルでのテロ事件のあと広く拡散された#JeSuisParis（私はパリ）や#JeSuisBruxelles（私はブリュッセル）に込められた「乗り越えよう」というメッセージを思い出してみてほしい。

最近、アイスランドに居を移した私は、この国の社会がいかに平和で生産的で、革新的で、かつ共同体主義であるかに深く感銘を受けてきた。そして私は、そこには何か、アイスランド特有のネットワーキング本能が関係しているのではないかと考えた。アイスランド人という「種」が生き残ってこられたのは、厳しい環境や暗い冬や孤絶に集団で立ち向かってきたからとも言える。

その伝統から生まれたのが、中世の文学の興隆期に誕生したアイスランドの「サガ」だ。この素朴でリアリスティックな物語は、自然の厳しさを乗り越えた逞しい個人への尊敬を強調するいっぽうで、個人がもっと大きな社会的環境に絶対的に依存していることや社会的環境につながっていることも強調している。これは、ホロニックの理想図だ。つまり、個々人は独立し、自律的に行動すると同時に、もっと大きな全体に、不可避的に依存しているということだ。物語に登場する争いごとは、社会性を育むとともに個人の資質の尊重を促すように描かれている。

それはおそらく、なぜアイスランド国民の60パーセントにスナップチャットが、そして93パーセントにフェイスブックが普及しているのかを、さらに言えば地熱発電による温水プールがなぜ社交の場として機能しているのかを説明している。人間主義、平等主義、説明責任、持続可能性、そして自然に対する深いつながりといった共通の価値観によって織りあわされた社会は、文化の独自のペトリ皿をつくりあげ、そこから私は日々何かを学んでいる。私が願うのはソーシャル・オーガニズムにもまた、同じように本来備わっているはずの信頼感が満ちることだ。

いちばんうまくいっている社会とは、コミュニケーション行動が自然界のそれをいちばんうまく模しているところのようだ。だから、人々がいたるところで鳥のさえずり《ツイート》とよく似た習慣を発展させつつあるのは、おそらく良いサインなのだろう。コンサルタント会社「バイオミミクリー・フォー・クリエイティブ・イノベーション」の共同創業者であるジャイルズ・ハッチンズによれば、(13)ツイッター上のツイートなど、より小さなパッケージのコンテンツを共有しようという新しい傾向は、自然界のコミュニケーション方法として好まれがちな「ショート・インスタント・メッセージ」と呼応する。

ハッチンズいわく、伝統的には人間のコミュニケーションは「長文形式で発表されたり創造されたりし、非常に文書的になりがちだった」が、いま人々のあいだでは「人間独自の〝ミツバチダンス〟やフェロモン型のショート・メッセージによる本能的表現が復活しつつある」。ハッチンズの考えでは、ツイートをはじめとするSMSのメッセージは「生物界における鳥のさえずりのメタファーによく似ている」。おそらくだからこそソーシャル・オーガニズムは、巨大で耳障りな鳥小屋のごとく機能しているようにも感じられるのだろう。

ソーシャルメディアが誘発する人間の変化

人間のシステムと自然のシステムをこのように融合するのは、どちらの側にも役に立つ。たとえば疫病の広がりなどの自然現象を理解するうえでこの新しいコミュニケーション構造が役立つことを、私たちは発見しつつある。2010年にハイチが大地震に見舞われたあと、疫病学者たちはソーシャルメディアのパターンを利用した研究からコレラの流行を予測した。(14) その予測にもとづいて医療チームは準備を整え、状況の最悪化を防ぐことができた。

この技術はまた、自殺の伝染というきわめて現実的な問題を監視するのにも役立つ可能性がある。自殺の伝染という現象が初めて注目されたのは1962年にマリリン・モンローが急性バルビツール中毒で自死したときで、彼女の死のあと、全米の自殺率は12パーセント上昇した。ガイアナ共和国の衝撃的なほど高い自殺率についての記事を読んだとき、(15) 私が強い印象を受けたのは、誰かが自殺するとそのまわりに群がるように後追い自殺の小さな「流行《アウトブレイク》」が起きている事実を、研究者らがどのようにとらえたかだ。その記事は、精神的疾患に関連する「思考の伝染」の流行について論じており、ネットワークの厄介な効果によって、一人の人物の行動をきっかけに、心を病む人々のあいだにドミノのように自殺が流行することが指摘されていた。この種のパターンはひとたび特定されればソーシャルメディアのデータの中にはっきり見定めることができるため、ソーシャルメディアを早期警戒の道具として利用することが可能であるはずだ。

異なるタイプの情報処理技術が今、二つの異なる目的のために並行して活用されつつある。まず一つは、ソーシャルメディアのプラットフォームや関連するソーシャルネットワーキング技術が、情報の配信や消費のありかたを劇的に変えつつあることだ。そしてもう一つは、高性能の顕微鏡や遺伝子配列やビッグデータや洗練された数学モデルなどのツールが、生物学の分野であれ社会学であれ物理学であれ、あらゆる種類の複雑なシステムを深く理解する手助けになってくれていることだ。これら二つの流れが合わさって、生物学と社会学を一つにしたような一種の反照的な二重性が生まれつつある。

私たちはおそらく、こうしたことにそれほど驚くべきではないのだろう。生態物理学者のフリッチョフ・カプラが主張している[16]「人間の社会システムは生命体に**似て**いるだけでなく、生命体**そのもの**なのだ」ということを、私たちはずっと前から知っていたはずだ。

だが、この反照性はさらにもっと深まる。私たちは、データがさし示すように、すぐれた頭脳をもつ人間という種だけがものごとを解釈する能力をもつという視点を教え込まれてきたが、そうした経験的情報は、私たちの体の外で独立した変数として存在しているわけではない。それは私たちを根本から変化させる可能性がある。特定の香りに恐怖を感じるように条件づけられたマウスを用いた実験からは[17]、そのマウスの子孫も生まれながらに同じ恐怖を抱くことが判明しており、トラウマがＤＮＡに組み込まれうる何かであることはすでにわかっている。おそらくそこからは、学習されたポジティブな反応も同じようにＤＮＡに組み込まれ、世代から世代へと受け渡される可能性が示唆されている。私たちは、自分たちの集合的意識にもっと多くの尊敬を払うべきだ。私たちに過去を思い出させるだけでなく私たちを前へと進ませ、成長を手助けさせるべきなのだ。

私たちの社会のコミュニケーション・システムと、ソーシャルメディアづけになった文化がともに、本書で論じたような加速度的な進化を経験しつつある今、人間という種の生物的な側面にはより高速な変化が訪れつつあるようだ。ウィスコンシン大学の人類学者ジョン・ホークスの調査によれば、[18]人間の進化の速度は文明の時代に入ってからスピードアップしており、５０００年前の人間と現代人との遺伝的差異は、５０００年前の人間とそれより３万５０００年も早く消滅したネアンデルタール人との差よりもずっと大きいという。ホークスは、環境や食事の変化や大規模な移動によって人間は環境への頻繁な適応を強制されてきたと主張する。そこからは次のようなことが言えるのではないだろうか？　ソーシャル・オーガニズムがこの先も、新しい、感情に訴えかけるような情報のソースにどんどん広くさらされていけば、私たちの肉体にも――あるいは少なくとも私たちの脳には、何か変化が起きるのではないだろうか？

ゼロから生物をつくる

それだけではない。バイオテクノロジーは今、情報処理の力を私たちのまさにこの肉体を再設計するために取り入れつつある。登山事故で両足の膝から下を失ったメディアラボのヒュー・ハーは、非常に洗練された義肢をつくりあげ、それは多くの人々から本物の人間の脚よりむしろすぐれていると思われている。たしかに義肢は本物の脚よりも長もちするし、簡単にアップグレードできる。そして分子レベルでも、合成生物学といういささか論争含みの分野が生まれている。最近では、遺伝子研究のパイオニアであるクレイグ・ヴェンター率いる科学者らのチームが、わずか437の遺伝子から成る単純なDNA構造をもつ微生物をつくり出した。[19]

これは、自然界に存在するどんな有機体よりもさらに単純な構造だ。研究者らはそれが何であるのか、今なおはっきりわかっていないが、まったく新しい医学的治療を開発するうえで有益なプラットフォームに——あるいはコードベースに——なる可能性があると発言している。もちろん、これが現実世界の「フランケンシュタイン博士」に恐ろしいチャンスを与えてしまったのではないかと危惧する人々もいる。ヴェンターらのチームは生き物のクローンをつくったのではなく、ゼロから生き物をつくり出してしまったのだから。

私の友人で未来学者のアンドリュー・ヘッセルはむろん、このラジカルで新しい分野は根本的な部分で人間の生態を書き換え、良い方向に向ける力になりうると考えている。有機体の細胞は情報処理の機能をもち、独自のプログラム言語であるDNAを用いてそれを行う。こうしたことを認識したうえで、ヘッセルや他の「バイオハッカー」たちは、3Dプリンティングなどのツールを用いてバクテリオファージファイX174などの生物学的作用物質の合成を行っている。バクテリオファージファイX174は大腸菌に感染して増殖する一種のウィルスだが、人体には良い効果をもたらす。

こうした技術がいつの日か生物学的兵器を生み出すのではないかと懸念する人々もいるが、ヘッセルらのアプローチはあくまで、人道主義的な使命に透明性という光と、オープンソース・コーディングという光をあてることにある。ヘッセルが創設した「ピンク・アーミー・コオペラティブ」は、同じ考えをもつ生物工学の専門家のオープンソースなコミュニティであり、コーディングと知識を駆使して、乳癌細胞を特定して破壊する腫瘍溶解性ウィルスを合成する努力を協同で行っている。切れ者から成るこうしたオープンソース・コミュニティは、特許主導の製薬会社が行うよりもはるかに多くの集団的処理能力を発揮できる。ヘッセルはこうしたウィルス製造の競争において、自分たちのコミュニティが価格でもスピードでも従来の製薬会社に打ち勝てると信じている。ヘッセルらが行っているのは癌の治療における「リナックス」を――いいかえれば、堅固で、徹底的にテストされていて、だれもが自由に複製したり適用したりできるパテントフリーの設計を——つくることだ。大手製薬会社は覚悟しなくてはなるまい。

「脳」もまた進化する

こうした先駆的かつ学際的な研究を概観して明らかになるのは、そこに三つの急速に進化しつつある力が収束していることだ。三つの力とは生物学とコンピュータ・ネットワーク、そしてもう一ついちばん重要なのが、人間の知識と文化的アウトプットの世界的共有がもたらす力だ。そこから示唆されるのは、たとえ世界がレイ・カーツワイルのいう素晴らしい／恐ろしい（どちらを選ぶかは読者に任せよう）シンギュラリティの瞬間に近づいているにしても、その構造は、ハリウッドが描きそうなものよりはるかに複雑でニュアンスに富んでいる可能性があるということだ。２０１５年の映画『エクス・マキナ』のようにアンドロイドが人間の心をコントロールすることに焦点をあてた作品からは、私たちが人間としての本質を失う危険が示唆されている。

だが私の考えでは、こうした物語には重要な部分が欠けている。機械の進化のいっぽうで、私たち人間の脳もまた地球規模で強烈な進化を遂げている。ここで私が言っているのは、個々人の脳に起きている変化のことではない（常時利用可能な検索機を手にしていることで、人間の脳の少なくとも一部が昔より退化するという議論は、これから出てくるだろう)。私がここで論じているのは、ソーシャルネットワークの技術によってプラグインし、起動した、たくさんの人々の心が結びついて生まれた無定形の「脳」だ。私たちの生活自体はすでに、システムと同じほど――いや、どんなコンピュータもかなわないほど、底知れぬ複雑さを備えている。そして人間の高度に進化した脳が創造的なミームやアイデアなどの巨大なプールに貢献している今、創造の世界におけるカンブリア爆発が進行しつつある。

だから、私たち人間が集合的マインドシェアとでもいうべき新しい分散化の概念に向かっているのは疑いないとして(それをシンギュラリティと呼ぶにせよ、別の名前をつけるにせよ)、その世界がコンピュータのみによって動かされていると表現するのはあまりに単純すぎると私は思う。

この新しいパラダイムには、多様性に富み、すばらしく予測不可能な、相互に結ばれた人間たちの層が含まれている。そこからはもちろんソーシャル・オーガニズムを次のように表現することもできる。複雑な自然の生態系から成る「生物的/物理的な層」を住みかとするソーシャル・オーガニズムは、地球規模でつながった人間の脳によって「コンピュータの層」に関与し、予測不可能でランダムな変化の待つ道へと私たちを歩み出させるのだ。

私はそれを、「ヒューマン・キャピタル(人的資源)」を解き放つ究極の行動だと見ている。これは経済学でよく使われる用語だが、ニューヨーク大学の経済学者ポール・ローマーに倣って考えてみると、さらに今日的な意味を帯びてくる。ローマーによれば、ヒューマン・キャピタルは「神経結合として脳の中に貯蔵」されている。[20]

そして現代の私たちには、そうして貯蔵されてきた豊かな資源の鍵を開けるという、過去には不可能だったことが可能になっている。ツイッターなどの企業の創設者であるビズ・ストーンが新しく立ち上げたスタートアップ「ジェリー」は、ソーシャルメディアで結ばれた何百万人もの人々に質問を投じることが可能なシステムで、この種の情報共有の劇的な拡大を意図的に加速させようとしている。ビズ・ストーンは言う。[21]「だれもが今は、人工知能を使って働いている。でも、知能だけを使ったっていいじゃないか？」この素晴らしいアイデアの出現は、わずか5年か10年後の世界がまるで違ったものになっているだろうことをほぼ保証している。だが、それがどのように変わっているかは予測不可能だ。今私にわかっているのは、情報の共有から人間が力を引き出せることを認識していれば、私たちはともにこの世界を、よりもっと持続可能な道へと向かわせられるということだ。

遺伝子の「暗号」への畏怖

これらをすべて鑑みたうえで、もう一度、私の友人であるバイオハッカーのアンドリュー・ヘッセルの話に戻ろう。彼は、ＡＩコンピュータを人間のようにするのではなく、人間の中に長いあいだ棲んでいた、すでにしてきわめて高性能なコンピュータに磨きをかけようとしている。「われわれは、新しい細胞生成物の形成を目の当たりにしている」[22]とヘッセルは言う。「その生成物は何十億もの知性ある心から形成されている。それを、たがいに作用しあう分子の集まりだと考えてみてほしい。こうした視点は過去には存在しなかった。そこから何が生まれてくるか、いったい誰にわかるだろう?」

アイデアの形成という、集合的で案内のない使命を引き受けるために、数十億の知性ある心は今、人間によって創造された「初めての本当にグローバルなコミュニケーション・スタンダード」であるインターネット・プロトコルの教えに従っているとヘッセルは言う。彼はさらにこう付け加える。「もう一つだけグローバル・スタンダードとして私が認識しているのは、遺伝暗号だ。植物についても人間についても、遺伝暗号の構造は、地球規模でずっと使われてきた唯一の基準だ」。

人類初の共通のプログラミング言語ともいうべき遺伝暗号の核は、今から35億年前に誕生した。アラン・チューリングが1930年代に人工コンピュータの時代を着想し、人間の脳の有限な計算能力が引き上げられるようになるはるか前のことだ。このDNAの標準暗号は長きにわたり、情報処理〝機〟の無限に複雑なネットワークの活動と連係し、共同で徐々に地球上に、多様でつねに進化しつつある生命をもたらしてきた。

この考え方は人を謙虚にさせる。政治家や未来のリーダーが日々メディアで垂れ流す不遜な言動を目の当たりにしている私たちにとって、こうした謙虚さは、この不可解な世界について驚きの気持ちをもって考える大事な場所になる。現在つくられているもっとも重要なツールや、もっとも重要な建物や乗り物やソフトウェアのアプリは、どれもみな、社会を形成する高度な複雑適応系の中で働くものであり、その複雑さを認識しているものでもある。

そうした姿勢は、巨大なエゴにはそぐわない。メディアラボのもう一人の天才ソフトウェア・デザイナーであるケヴィン・スラヴィンは(23)以前から、近年デザインの世界の最先端にいる人々は往々にして、一昔前と比べて謙虚な傾向があると言っていた。「複雑適応系に丹念に取り組む人は、その複雑さの前に謙虚にならざるをえないのではないか」。スラヴィンは最近の記事の中で、次のように仮定している。「システムと相互に作用するシステムをじっさいに設計する人は、おそらく定義やコントロールなどの不遜さではなく、その影響の複雑さへの恐れをもって、そうしたシステムに対峙するのではないか」。

生物の道しるべ

この世界は複雑だ――人間の理解が及ばないほどに。その複雑さをコントロールすることは、いかなる個人にも望めない。私たちに可能なのは、どうすればその複雑さと**ともに**働けるのかを、そしてどうすればその一部に対して、ある種の刺激にはこう反応しろと教えられるかをさぐることだ。だが、数十億の分子が相互に作用しあい、フィードバック・ループや反応に対する反応や半永久的な自己実現が生まれている包括的なシステムにおいては、それらの流れを管理するのは不可能に近い。数年前、ソーシャルメディアの絵画的メタファーを求めてモハーヴェ砂漠に行ったとき、私をとらえたのはまさにこのジレンマだった。それがあまりにも複雑すぎて、伝統的なフローチャートにまとめるなど不可能なことを、私は痛感した。その入り組んだ複雑さを十分にとらえることができるように思われるのは、生命そのものだけだった。

思考や希望や夢や不安のコミュニケートについての、この予想もつかない新しいモデルがいかに動いているかを見つけ出すうえで、ここには重要な教訓がある。それは、複雑さに直面したときは、謙虚にそれを受けとめよということだ。そうした姿勢は、私たちが集団として、そのシステムから最大の利益を受けとるのに役に立つはずだ。謙虚さには、万物への尊敬が含まれている。そこには共感や思いやりや、そして何より重要な、自分と異なるものへの寛容が含まれている。いかなる個人もただ一人の力では、この複雑なシステムを独裁的に管理することはできないが、その逆に、システムそれ自体は個人から力を得ている。システムをつくりあげている多様な数十億のノードから、システムは力を与えられているのだ。

ここでは、「ダイバーシティ（多様性）」と「コミュニティ」は同じコインの表と裏だ。それらはともに、ソーシャル・オーガニズムのホロニックな本質をとらえている。つまり、ソーシャル・オーガニズムの中の単位《ユニット》は、巨大で共同的な全体に永久に属するいっぽうで、本質的にはそれぞれが独立しているということだ。もし人々が自己表現の自由を許されなかったり、誰かの意に沿うようにふるまう必要などないはずなのに本来の自分でいる自由を奪われたりしたら、ソーシャル・オーガニズムの中にストレスがもち込まれてしまう。

だが、数十億余のノードが共有する多様な人間性を活用すれば、ソーシャル・オーガニズムはさらにもっと強くなるはずだ。強さとは、単一性から生まれるのではないことがわかっている。あるいは少なくとも、アイデアが「何かの遵守」や「予測可能なもの」として定義されているかぎり、強さは生まれてこない。強さとは多様性や変化やダイナミズムから、そして驚きを受け入れる能力から生まれる。豊かで異質な成分から成る遺伝子のプールがあれば、多様性からさらに変異が生まれる可能性は高まり、人間はより強い生き物へと進化していく。同様に、多様なアイデアがあれば、どんな問題に直面しても最善の解答を見つけ出せる可能性は高まるはずだ。

私たちがこうした可能性をみずから台無しにしないという保証はない。法的もしくは政治的な枠組みが貧弱に設計されていて、多様性や表現の自由を守ることができなかったら、私たちはおそらく、数千年ものあいだ文化の暗号《コード》の中にしみついてきたもっと破壊的な要素に――たとえば妬みや利己心や憎しみや不寛容など、近年その醜い頭をもたげ始めた病に――圧倒されてしまうかもしれない。ある種のきわめて有害な病原菌に対して免疫系統が十分強くなかったために、種全体が消滅した例のように、文化だとて、破壊される可能性がないとは言えない。ナチ政権下のドイツを生き抜いた人や、もっと最近なら北朝鮮で暮らしたことのある人に、聞いてみるがいい。

生物学的な世界、テクノロジーの世界、そして社会という世界の相互理解と相互作用がシステマティックに収束するという事態は、ちょうど今、きわめて性急に起こりつつある。インターネットが始まったころまでずっと社会に残っていたトップダウン式かつ中央集権的なコミュニケーション・モデルは、私たちの住む地球自体が今、生態学的災害の一歩手前まで来たことに大きな負の貢献をした。ソーシャル・オーガニズムの機能についての断片的な、悲しいほど拙い理解ゆえ、社会の統治構造はこれまで、いくつもの破壊的な決断を率先して行ってきてしまった。そうして気候の変化が起こり、石油を巡る争いはテロリストたちの活動を助長した。人間の移動や言論の自由やライフスタイルの選択に歯止めがかけられるようになり、それが人々の怒りや反社会的な反動を生んできた。

500年近いあいだ支配的な権力構造だった国民国家という考えそのものが今、持続可能性と対立しているとも言えるだろう（そしてそれでもイギリス人は、「ブレグジット」を選ばずにいられなかったのだ）。この地理的に定義されただけの政治的単位の単純性と硬直性は、ソーシャルメディアの無国境性や相互接続性および極度な複雑性などとはまっこうから対立する。ソーシャルメディアはこのわずか10年で、私たち人間のコミュニケーションを支配する国境を超えたシステムに成長した。私たちはこのソーシャル・オーガニズムのはたらきに、折り合いをつけなければならない。私たちのこの世界の存続が危機にさらされているのだから。

ソーシャル・オーガニズムはこの先もつねに流動的な状態にあり、そこにはいつも必ず緊張がある。だから、それを厳密に規定することはできない。でも私たちには、そのかわりに道しるべがある。ソーシャル・オーガニズムという有機体がどのように機能するかを示唆してくれる、生物の世界の七つの法則がそれだ。本質的には、それらの法則が私たちに求めるのは、アイデアに栄養を与えること、人々の感情の受容体に接し、刺激を与えること、そしてミーム的なコンテンツを他者と共有したり複製したりするよう促すことだ。本書を通じて語ってきた、こうした生物学から提供される道しるべは、私たちに一種の枠組みを与えてくれる。

それは単に、人生やビジネスにおいてソーシャルメディアをいかにうまく利用するかの理解を深めるためだけでなく、私たちがこれからよりよい社会を打ち立てていくための枠組みとしても役立つはずだ。私たちはもはや、ソーシャルメディアをつまらないものとして退けたり、混乱を引き起こす元凶として不安視したりするべきではない。それをソーシャル・オーガニズムという有機体として理解し、扱うことによって、新しい、より健康的な社会を培う唯一のチャンスを獲得できる。より包摂的で豊かで持続可能性の高い社会を築いていくチャンスを手にできるのだ。

謝辞

この本をつくり出した協力関係は、カリブ海の楽園での偶然の出会いから生まれた。リチャード・ブランソンが個人所有するネッカー島で開催された、起業家や仮想通貨の専門家らを集めたブロックチェーン・サミットで私たち二人は出会った。だから私たち著者がまず感謝の言葉を捧げたいのは、この会議の後援者である次の人々だ、ヴァレリー・ヴァヴィロフ。ビットフューリーのジョージ・キクヴァッズ、マイタイのビル・タイとスシィ・マイ、そしてもちろんサー・リチャード。彼らの存在がなかったら、私たち二人が出会うことはなかっただろう。

だがそれより少し前、著者の一人であるオリバーの心に本書の核となるアイデアを植えてくれたのはティム・サンダースだ。ジョシュア・ツリーの砂漠でのひらめきのあと、初期のソーシャル・オーガニズムにまつわるサンダースの発表をオリバーが耳にしたのがそのきっかけになった。どうもありがとう、ティム。21世紀のデジタルメディアを中心に仕事人生を送っていた私は、おかげで600年の歴史をもつ印刷というロングフォームの伝達手段を用いて、自分の考えをさらに推し進められることを確信できた。

エージェントのジリアン・マッケンジーには、著者両名から深い感謝を捧げる。これまでマイケルとは5冊の本で一緒に仕事をしてきたジリアンは、本書の重要性をいちばん初期から認識してくれていた。素晴らしい企画書をつくりあげ、それを勝利の方程式へと進化させ、そしてなにより、本書のユニークなスタイルの視点を考え出してくれた彼女に感謝する。

編集者であるポール・ウィットラッチにも感謝を捧げる。ソーシャルメディアに関する議論はこれまで、「社会を解放する力」もしくは「社会の害悪」というあまりにも単純で無益な二元論に終始していたが、そうした議論を転換させる力がこの本にあることを、ウィットラッチはすぐに気づいてくれた。私たち著者は本書で、この新しいコミュニケーション構造を読者が引き受けるのを手伝うと約束したが、その使命を果たせるよう、ウィットラッチは私たちの文章を巧みに刈り込み、焦点を明確にした。ミシェル・アイエッリとアシェット社の出版チーム、そして営業ディレクターのベッツィー・ハルスボッシュにも、その勤勉な仕事ぶりに感謝を捧げると同時に、販促についてのアイデアを私たちが実行に移す自由を与えてくれたことに感謝を述べたい。そして、ポールの助手であるローレン・フンメルと進行部長のメラニー・ゴールド、そしてもちろん、アシェット・ブックス社のマウロ・ディプレタの名もぜひこの場に挙げておきたい。

フィードバックを共有してくれたさまざまな人々、そして助言や知恵を私たちに与え、主題に対する私たちの理解が深まるのを助けたり、テキストを研ぎ澄ます手伝いをしてくれたりした人々はあまりに多すぎてすべての名前を挙げることはできないが、その中でも特にアンドリュー・ヘッセル、イーサン・ザッカーマン、セザー・ヒダルゴ、ポール・スタメッツ、ジョエル・ディーツ、パトリック・ディーガン、レイ・カーツワイル、ジェイソン・シルバ、ノーマン・リアには大きな感謝を送る。

ディーン・フリーロンおよび彼とともに『Beyond the Hashtags（ハッシュタグを越えて）』を著したチャールトン・D・マキルウェインとメレディス・D・クラークにも特に感謝の言葉を述べたい。彼らの共著は#BlackLivesMatterの市民運動についての素晴らしいレポートであり、同書に登場する図表の作成に用いられたデータを私たちも共有させてもらった。同様に、MITメディアラボのソーシャルマシン研究所のソロウシュ・ヴォスーギとデブ・ロイにも、ツイッターのデータについてのその他のプールにアクセスを許可してくれたことにお礼を申し上げる。

加えて、著者それぞれからの個人的な感謝の言葉を次に述べたい。

［オリバー］

子どものころの私に何かを見出し、リサ・K・ジェニングスとメラニー・ホワイトのラボで勉強するチャンスを与えてくれたアリス・フランチェスケッティ先生に感謝の言葉を。そして私のことを容認してくれたサム・B・ガーガスにもお礼を言いたい。私の母であるケイ・ターナーには、ユーモアの心とすぐれた感受性を与えてくれたことに感謝を述べる。父親のビル・ラケットからは、強烈な労働倫理と自分を信じることを教えてもらった。ホイットニー・ラケットには、その忠誠に感謝を。そしてパーク・ドッジにはその非凡な才能と優しさに感謝を送る。そして、私のことをこの長い年月支え続けてくれたロサンゼルスの家族に感謝する。ピーター・グラッスル、ネネット・ブロッカート、トロイ・アダムス、ミシェル・ヴァン・デュッェン、テレサ・ロペス、コーズィ・ン・ダン、コンチャ、イメルダ、ティム・ソヴェイ、デヴィン・リストン、そしてリサ・ディミトロフ。ニューヨークの家族であるステファニー・ルーレ、ステフ・コッツィ、ブランディ・ノートン、ケリー・コヴェル、ベン・パターソン、アデリン・ポロムスキ、フェラビ・フィリップス、そしてマイクとアンドレア・シュネアバートにもお礼の言葉を。さらに、いつも私たちのことを両手を広げて新しい奇妙な国に受け入れてくれるアイスランドの家族にも感謝を捧げる。ヘイダ・クリスティン（#BusinessWomanoftheYear）、ヨガ・ヨハンネスドッティル、フロスティ・グナール、ホグニ・オスカーソン、ユングンヌ・ベネディクツドッティル、ビルギル・ブレイズフォルズ、グンミ・ヨンソン、エイナル・オルンそしてペートゥル・マーテンソン。そして、レイキャビクにおける私たちの養子であるグードヨン、アントン、ロバート、クリストファーに感謝の言葉を。

元気あふれる最高の弁護士だったリサ・ボナールにも感謝する。

子豚コンビのケイトとモーガン。

ショーン、アレクサンドラ、そしてヴィクトリア。みんな、大好きだよ。

リビー・アンシュッツ、ボブ・アイガー、ケヴィン・マイヤー、ダナ・セトル、アリ・エマニュエル、ケイト・マクリーンには、人生におけるチャンスを与えてくれたことに感謝する。ロブ・メグレにはその素晴らしいパートナーシップに感謝を。ビョーク・グズムンズドッティルには感謝の心を教えてもらったことに、ジョン・グナールにはヒューマニズムを教えてもらったことに、ノーマン・リアには平等について教えてもらったことに、そして最後に夫であるスコット・グインには真の愛を教えてもらったことに、感謝を送りたい。

［マイケル］

まずは、ＭＩＴメディアラボの仮想通貨イニシアチブにおける同僚たちに感謝を送る。私はちょうど本書の企画が始まるのと時を同じくして、同イニシアチブに加わることになった。それゆえ、ブライアン・フォード、サイモン・ジョンソン、ネハ・ナルラ、チェルシー・バラバス、ジーナ・ヴァルガス、そしてメディアラボの所長である伊藤穰一氏に、私がジャーナリズムの世界に少し長めに足を踏み入れるのを許してくれたことに感謝する。おかげで私は、仮想通貨の研究に投資するはずのエネルギーの一部を本書に費やすことができた。

ペラムの人々にも大きな感謝を捧げる。彼らの協力がなかったら、家族のことで私の妻にかかる負担はさらに大きくなっただろう。ジェン・ローア、ダフネ・ジン、ジェーン・ロビンス、そのほかの多くの人々に感謝。

そして、飽くなき探究心とスポーツへの情熱、そして家族への愛を併せもつリアには、私の人生を光で満たしてくれることへの感謝を。49歳の大人がパターン認識の限界を打ち破る手伝いをしてくれたゾーイにも感謝を。彼女のおかげで私は、自我の探究がいかに流動的でダイナミックでありうるかを理解することができた。そして私の家族と家庭をつかさどり、私の頭がしばしば違うところに行っている事実に対処し、知的な洞察や賢明な助言、そして明確なモラルによっていつも私を啓発してくれるアリシアに感謝を。君がいなかったら、私は何もなしとげることができなかっただろう。

ソーシャルメディアの生態系

2019年7月11日発行

著　者――オリバー・ラケット／マイケル・ケーシー
訳　者――森内　薫
発行者――駒橋憲一
発行所――東洋経済新報社
〒103-8345　東京都中央区日本橋本石町1-2-1
電話＝東洋経済コールセンター　03(5605)7021
https://toyokeizai.net/

装　丁…………橋爪朋世
D T P…………アイランドコレクション
印刷・製本……丸井工文社
編集協力………パプリカ商店
編集担当………渡辺智顕

Printed in Japan　　ISBN 978-4-492-50308-9

本書のコピー、スキャン、デジタル化等の無断複製は、著作権法上での例外である私的利用を除き禁じられています。本書を代行業者等の第三者に依頼してコピー、スキャンやデジタル化することは、たとえ個人や家庭内での利用であっても一切認められておりません。

落丁・乱丁本はお取替えいたします。

著者紹介

オリバー・ラケット（Oliver Luckett）

テクノロジー・アントレプレナー。1974年生まれ。アート・コレクター。デジタル・マーケティングのプロ。ReviloPark社CEO。ウォルト・ディズニーのイノベーション部門のトップを務め、動画共有プラットフォームのRevver社の共同創設者でもある。Revver社は、動画に広告をつけてその収入の一部をビデオ制作者に還元するモデルをつくった最初の会社。数百人のセレブや、スター・ウォーズ、ザ・チェインスモーカーズ、スティーヴ・アオキなどのブランドのデジタル・ペルソナの管理を支援している。

マイケル・ケーシー（Michael J. Casey）

2015年より、MITメディアラボの新デジタル通貨イニシアティブのシニア・アドバイザーを務める。ジャーナリストとして20年のキャリアを持つベテランであり、これまでに3冊の本を執筆している。関心分野は経済、文化、情報技術。

訳者紹介

森内　薫（もりうち かおる）

英語・ドイツ語翻訳家。上智大学外国語学部フランス語学科卒業。主な訳書に、『続・善と悪の経済学 資本主義の精神分析』（共訳、東洋経済新報社）ブラックバーン＆エペル『細胞から若返る！ テロメア・エフェクト――健康長寿のための最強プログラム』、バーナム＆フェラン『いじわるな遺伝子――SEX、お金、食べ物の誘惑に勝てないわけ』（以上、NHK出版）、フォックス『脳科学は人格を変えられるか?』（文藝春秋）、ヴェルメシュ『帰ってきたヒトラー』（河出書房新社）ほか多数。

注

はじめに　180度の転換

1　Stone, B., *Things a Little Bird Told Me: Confessions of the Creative Mind* (Hachette, 2014), 124.（ビズ・ストーン『ツイッターで学んだいちばん大切なこと――共同創業者の「つぶやき」』石垣賀子訳、早川書房、2014年）

2　Vankin, D., "Tech Mogul Oliver Luckett Connects with Emerging Artists in a Big Way," *Los Angeles Times,* May 2, 2014, http://www.latimes.com/entertainment/arts/la-et-cm-ca-oliver-luckett-20140504-story.html.

プロローグ　生物と無生物の「動的平衡」――ソーシャルメディアの世界における七つの法則

1　このプロジェクトは『ディテールズ』誌2013年4月号のために行われ、ハフィントンポストにも掲載された。Brooks, K., "Draw the Future of Social Media: Details Magazine Challenges You to Be a Digital Maverick," *The Huffington Post,* March 27, 2013, http://www.huffingtonpost.com/entry/draw-the-future-of-social-media_n_2951114.

2　Dawkins, R., *The Selfish Gene: 30th Anniversary Edition* (Oxford University Press, 2006), 189–202.（リチャード・ドーキンス『利己的な遺伝子』日高敏隆・岸由二・羽田節子・垂水雄二訳、紀伊國屋書店、2018年）

3　Koestler, A., *The Ghost in the Machine* (Macmillan, 1976), 48.（アーサー・ケストラー『機械の中の幽霊』日高敏隆・長野敬訳、筑摩書房、1995年）

第1章　生命のアルゴリズム――いかにして私たちは情報を処理し、社会として進化するのか

1　Dennett, D., *Darwin's Dangerous Idea: Evolution and the Meanings of Life* (Simon & Schuster, 1995), 50.（ダニエル・C・デネット『ダーウィンの危険な思想――生命の意味と進化』山口泰司監訳、石川幹人ほか訳、青土社、2000年）

2　同上。

3　Gould, S. J., *Wonderful Life: The Burgess Shale and the Nature of History* (Norton, 1989), 30–36.（スティーヴン・ジェイ・グールド『ワンダフル・ライフ――バージェス頁岩と生物進化の物語』渡辺政隆訳、早川書房、2000年）

4　Hidalgo, C., *Why Information Grows: The Evolution of Order, from Atoms to Economies* (Basic Books, 2015), 35.（セザー・ヒダルゴ『情報と秩序――原子から経済までを動かす根本原理を求めて』千葉敏生訳、早川書房、2017年）

5 Andrews, N., "Young Grape Picker Gives Sanders a Cash Boost," *The Wall Street Journal,* October 1, 2015, http://www.wsj.com/articles/young-grape-picker-gives-sanders-a-cash-boost-1443742401.

第2章　プラットフォームの生存競争——メディアのダーウィン的行進

1 Sloan Wilson, D., *Darwin's Cathedral: Evolution, Religion, and the Nature of Society* (University of Chicago Press, 2002).

2 オヴァートンの窓については、マキノー公共政策センターのウェブサイトで議論されている。ジョゼフ・P・オヴァートンはこのセンターの副所長を、2003年に飛行機事故で亡くなるまでつとめた。"The Overton Window: A Model of Policy Change," Mackinac Center for Public Policy, http://www.mackinac.org/OvertonWindow.

3 "Buzz in the Blogosphere: Millions More Bloggers and Blog Readers," Nielsen, March 8, 2012, http://www.nielsen.com/us/en/insights/news/2012/buzz-in-the-blogosphere-millions-more-bloggers-and-blog-readers.html.

4 タンブラーの「about」ページは次を参照。https://www.tumblr.com/about.

5 Mitchell, A., and Page, D., "State of the News Media 2016," Pew Research Center, April 29, 2015, posted in http://www.journalism.org/2016/06/15/state-of-the-news-media-2016/.

6 Cleary, S., and Hanrahan, T., "College Site Publisher YouthStream to Buy Sixdegrees for $120 Million," *The Wall Street Journal,* December 15, 1999, http://www.wsj.com/articles/SB94526942 6653408644.

7 "Alloy Buys Youthstream Media Networks for $7 Million," *Chief Marketer*, August 6, 2002, http://www.chiefmarketer.com/alloy-buys-youthstream-media-networks-for-7-million/.

8 Gillette, F., "The Rise and Inglorious Fall of Myspace," *Bloomberg Businessweek*, June 22, 2011, http://www.bloomberg.com/bw/magazine/content/11_27/b4235053917570.htm.

9 Henshaw-Plath, E. (2015年9月24日にマサチューセッツ州ケンブリッジのMITメディアラボで行われた講演より)

10 Sims, A., "Instagram Admits Nipple Ban Is Because of Apple, CEO Kevin Systrom says," *The Independent*, October 1, 2015, http://www.independent.co.uk/life-style/gadgets-and-tech/news/instagram-ceo-kevin-systrom-says-apple-are-reason-app-bans-nipples-a6674706.html.

11 Alexander, E., "Grace Coddington Banned from Instagram for Posting Topless Line

Cartoon," *The Independent*, May 20, 2014, http://www.independent.co.uk/news/people/grace-coddington-banned-from-instagram-former-model-causes-upset-with-her-nude-cartoon-9401684.html.

12 Roesner, F., Gill, B. T., and Kohno, T., "Sex, Lies, or Kittens? Investigating the Use of Snapchat's Self-Destructing Messages," 2014, https://homes.cs.washington.edu/~yoshi/papers/snapchat-FC2014.pdf.

13 Spiegel, E., "Let's Chat," Snapchat-blog.com, May 9, 2012, http://snapchat-blog.com/post/22756675666/lets-chat.

14 Sparks & Honey's SlideShare page, "Meet Generation Z: Forget Everything You Learned about Millennials," June 17, 2014, http://www.slideshare.net/sparksandhoney/generation-z-final-june-17.

15 "Millennials Smile for Snapchat," eMarketer, April 8, 2015, http://www.emarketer.com/Article/Millennials-Smile-Snapchat/1012324.

16 Smith, C., "By the Numbers: 27 Amazing Vine Statistics," DMR blog, July 14, 2016, http://expandedramblings.com/index.php/vine-statistics/.

17 Lardinois, F., "Gmail Now Has More Than 1B Monthly Active Users," *TechCrunch*, February 1, 2016, https://techcrunch.com/2016/02/01/gmail-now-has-more-than-1b-monthly-active-users/.

18 "Smartphone OS Market Share, 2015 Q2," IDC Research, Inc., http://www.idc.com/prodserv/smartphone-os-market-share.jsp.

19 Bloom, H., *The Global Brain: The Evolution of Mass Mind from the Big Bang to the 21st Century* (Wiley, 2001).

20 Kurzweil, R., *The Singularity Is Near: When Humans Transcend Biology* (Penguin Books, 2006).（レイ・カーツワイル『シンギュラリティは近い――人類が生命を超越するとき』井上健監訳、小野木明恵・野中香方子・福田実共訳、NHK出版編、NHK出版、2016年）

第3章 つねにつながらなければならない――プラットフォーマー・インフルエンサー・フォロワー

1 Wright, D., Murphey, C., and Effron, L., "Meet the Vine Stars Who Turn 6 Seconds of Fame into Big Bucks," ABC News, Sept. 15, 2014, http://abcnews.go.com/Business/meet-vine-stars-turn-seconds-fame-big-bucks/story?id=25522189.

2 オリジナルのヴァイン動画とそれに対する反応については、次を参照。http://www.vineactivity.com/stealing-lele-pons-ritz-bacon-flavored-crackers-show-us-your-best-

baconbomb-tag-it-w-the-hashtag-you-could-hear-from-ur-fav-viner/.

3 Spangler, T., "King Bach: Vine's No. 1 Creator Brings Comedic Chops to Movies and TV," *Variety*, June 21, 2016, http://variety.com/2016/digital/news/king-bach-vine-the-babysitter-1201797370/.

4 Hampp, A., "Folk-Pop Duo Us Becomes Vine's First Major Label Signing," *Billboard*, March 24, 2014, http://www.billboard.com/articles/news/5944884/folk-pop-duo-us-becomes-vines-first-major-label-signing-exclusive.

5 Trust, G., "Shawn Mendes' 'Stitches' Hits No.1 on Adult Pop Songs Chart," *Billboard*, January 25, 2016, http://www.billboard.com/articles/columns/chart-beat/6851764/shawn-mendes-stitches-hits-no-1-adult-pop-songs-chart.

6 Disclosed in slideshow at TV Guide's online site, entitled "These 23 YouTube Stars Make More Than Most People on TV," TVGuide.com, http://www.tvguide.com/galleries/youtube-stars-make-more-1089689/.

7 Bruner, J., "Tweets Loud and Quiet," O'Reilly Radar, December 18, 2013, https://www.oreilly.com/ideas/tweets-loud-and-quiet.

8 Dunn, G., "Get Rich or Die Vlogging: The Sad Economics of Internet Fame," *Fusion*, December 14, 2015, http://fusion.net/story/244545/famous-and-broke-on-youtube-instagram-social-media/.

9 "Shout! - Promo Video," Vimeo video, 1:35, 投稿元は "Lupa Productora," https://vimeo.com/157641350.

10 いわゆる20対80の法則と、感染の効力に影響を及ぼすその他の要因や微妙な差異については、次で論じられている。Stein, R. A., "Super-spreaders in infectious diseases," *International Journal of Infectious Diseases* 15, no. 8 (August 2011), e510–e513.

11 Willett, M., "The Rise and Fall of Carter Reynolds," *Tech Insider*, July 31, 2015, http://www.techinsider.io/the-rise-and-fall-of-carter-reynolds-2015-7.

12 Bell, R., "Taylor Swift Makes 4-Year-Old's Dying Wish Come True," *Taste of Country*, March 3, 2015, http://tasteofcountry.com/taylor-swift-fan-jalene-dying-wish/.

13 Vokes-Dudgeon, S., "Taylor Swift Donates $50,000 to a Young Fan Battling Cancer, See the Little Girl's Reaction!" *US Weekly*, July 8, 2015, http://www.usmagazine.com/celebrity-news/news/taylor-swift-donates-50000-to-young-fan-battling-cancer-201587.

14 Norwin, A., "Taylor Swift Chokes Up In Concert Talking about Her Mother's Battle with Cancer," *Hollywood Life*, August 18, 2015, http://hollywoodlife.com/2015/

08/18/taylor-swift-mom-cancer-cries-ronan-arizona-concert/.

15 ケストラーの生涯については、次に述べられている。Scammell, M., *Koestler: The Indispensable Intellectual* (Faber & Faber, 2010).

16 Koestler, *Ghost in the Machine*, 57.

17 Funch, F., "Holarchies," フレミング・ファンチのウェブサイト、ワールド・トランスフォーメーションより February 4, 1995, http://www.worldtrans.org/essay/holarchies.html.

18 Ismail, S. et al., *Exponential Organizations: Why New Organizations Are Ten Times Better, Faster, and Cheaper Than Yours (and What to Do about It)* (Diversion Publishing, 2014).（サリム・イスマイルほか『シンギュラリティ大学が教える飛躍する方法――ビジネスを指数関数的に急成長させる』小林啓倫訳、日経BP社、2015年）

19 サリム・イスマイルほか、同上。

20 プロジェクトの詳細については次を参照。http://www.holacracy.org.

21 Sawyer, N., and Jarvis, R., "Why Zappos' CEO Lives in a Trailer, and 13 Other Things You Don't Know about Him," ABC News, August 12, 2015. 自社のウェブサイトでザッポスは、ホラクラシーを次のように説明している。http://www.zapposinsights.com/about/holacracy.

22 Wasserman. T., "Holacracy: The Hot Management Trend for 2014?" *Mashable*, January 3, 2014, http://mashable.com/2014/01/03/holacracy-zappos/#eFDs82AstEqi.

23 Ulieru, M., "Organic Governance Through the Logic of Holonic Systems" in *From Bitcoin to Burning Man and Beyond*, ed. Clippinger, J., and Bollier, D. (Off the Commons Books, 2014).

第4章　ミームの暗号を破る――アイデアはいかにしてウィルスのように広まるのか

1 https://en.wikipedia.org/wiki/List_of_scandals_with_"-gate"_suffix.

2 Dawkins, *The Selfish Gene*, 189–202.

3 Zarrella, D., "An Introduction To: Memes and Memetics For Marketers," *Dan Zarrella*（ブログ）, http://danzarrella.com/an-introduction-to-memes-and-memetics-for-marketers/.

4 Alterman, E., *Sound and Fury: the Making of the Punditocracy* (Cornell University Press, 1999), 79.

5 Indiana University, "Network Model for Tracking Twitter Memes Sheds Light on Information Spreading in the Brain," Newswise.com, June 17, 2015, http://www.

newswise.com/articles/network-model-for-tracking-twitter-memes-sheds-light-on-information-spreading-in-the-brain.

6 Johnson, S., "The Creative Apocalypse That Wasn't," *The New York Times Magazine*, August 19, 2015, http://www.nytimes.com/2015/08/23/magazine/the-creative-apocalypse-that-wasnt.html.

7 初音ミクの創作作品についての統計は、次を参照。http://www.crypton.co.jp/miku_eng.

8 Heylighen, F., "What Makes a Meme Successful? Selection Criteria for Cultural Evolution," in *Proc. 15th Int. Congress on Cybernetics* (Association Internat. de Cybernétique, Namur, 1999), 418–423.

9 同上、418–420頁。

10 Berger, J., and Milkman, K. L., "What Makes Online Content Viral," *Journal of American Marketing Research* (American Marketing Assoc., 2011), https://marketing.wharton.upenn.edu/files/?whdmsaction=public:main.file&fileID=3461.

11 Kliff, S., "Want to Increase Your Productivity? Study Says: Look at This Adorable Kitten," *The Washington Post*, October 1, 2012, https://www.washingtonpost.com/news/wonk/wp/2012/10/01/want-to-increase-your-productivity-study-says-look-at-this-adorable-kitten/.

12 Freelon, D., McIlwain, C. D., and Clark, M. D., *Beyond the Hashtags: #Ferguson, #BlackLivesMatter, and the Online Struggle for Offline Justice* (Center for Media & Social Impact, 2014).

第5章 「荒らし」にエサを与えてはいけない——有機体には最高級の有機質肥料「コンテンツ」を

1 Steiner, P., Image Caption: "On the Internet, nobody knows you're a dog," *The New Yorker*, July 5, 1993.

2 Harari, Y. N., *Sapiens: A Brief History of Humankind* (Harper, 2015).(ユヴァル・ノア・ハラリ『サピエンス全史——文明の構造と人類の幸福〈上・下〉』柴田裕之訳、河出書房新社、2016年)

3 "23 Weeks, 6 Days," Radiolab, *Radiolab.com*, Season 11, Episode 6, http://www.radiolab.org/story/288733-23-weeks-6-days/. 両親がこの経験について著した本も参照されたい。French, K., and T., *Juniper: The Girl Who Was Born Too Soon* (Little Brown, 2016).

4 Dunn, K., *Geek Love* (Knopf, 1989).(キャサリン・ダン『異形の愛』柳下毅一郎訳、河

出書房新社、2017年）

5　Goffman, E., *The Presentation of Self in Everyday Life* (Anchor, 1959).（アーヴィング・ゴッフマン『行為と演技―日常生活における自己呈示』石黒 毅訳、誠信書房、1974年）

6　テレビドラマ「ジ・オーシー」に特別出演したときのセリフ。詳細は次を参照。Wolff, J., "The Peculiar Endurance of the Physical Signature," *Slate*, June 28, 2016, http://www.slate.com/articles/technology/future_tense/2016/06/the_peculiar_endurance_of_the_physical _signature.html.

7　写真の拡散についてレイニー・グライナーが抱いた怒りから幸福への感情の変遷については、フリッカーのページへのオリジナル投稿と、それにつけられたコメントのストリームでたどることができる。https://www.flickr.com/photos/sammyjammy/1285612321/.

8　投稿されたインスタグラムはここで見ることができる。https://www.instagram.com/p/BAMH-mpObuf/.

9　クリス・モーカーベル監督のドキュメンタリー映画『Banksy Does New York』に描かれている。（『バンクシー・ダズ・ニューヨーク』日本公開2016年）

10　Vranica, S., and Terhune, C., "Mixing Diet Coke and Mentos Makes a Gusher of Publicity," *The Wall Street Journal*, June 12, 2006, http://www.wsj.com/articles/SB115007602216777497.

11　Greenhouse, E., "JPMorgan's Twitter Mistake," *The New Yorker*, November 16, 2013, www.newyorker.com/business/currency/jpmorgans-twitter-mistake.

第6章　アルゴリズムの犯した「罪と罰」――招かざる脅威にいかに対応するか

1　Thornton, L., "Ben Needham's Mum Hits Back at Madeleine McCann's Parents as They Shut Twitter Account Due to 'Trolls'," *Mirror*, October 6, 2015.

2　Barnett, E., "Madeleine McCann 'Twitter Troll' Death: Trolling Is Never a Victimless Crime," *The Telegraph*, October 6, 2014, http://www.telegraph.co.uk/women/womens-life/11144435/Madeleine-McCann-Twitter-troll-Brenda-Leyland-death-Trolling-is-never-a-victimless-crime.html.

3　"Blue Feed, Red Feed," at http://graphics.wsj.com/blue-feed-red-feed/.

4　CGP Grey, "This Video Will Make You Angry," https://www.youtube.com/watch?v=rE3j_RHkqJc.

5　Collman, A., and Nye, J., "Cecil the Lion Killer's $1million Florida Vacation Home Vandalized with Graffiti and Pigs Feet as He Remains in Hiding," *Daily Mail*,

August 4, 2015, http://www.dailymail.co.uk/news/article-3185082/Cecil-lion-killer-s-1million-Florida-vacation-home-vandalized-graffiti-pigs-feet.html#ixzz4FLJDZFrm.

6 次のレビュー・セクションに表示されている。http://www.yelp.com/biz/river-bluff-dental-bloomington.

7 "More than 42 Airlines Adopt Wildlife Trophy Bans after Cecil the Lion's Death," *Humane Society International*, August 27, 2015, http://www.hsi.org/news/press_releases/2015/08/42-airlines-adopt-wildlife-trophy-bans-082715.html?referrer=https://www.google.com/.

8 Ronson, J., *So You've Been Publicly Shamed* (Riverhead, 2015).(ジョン・ロンソン『ルポ ネットリンチで人生を壊された人たち』夏目大訳、光文社、2017年)

9 Mensch, L., "The Tim Hunt Debacle: Why Feminists Cleared a Nobel Prizewinner," in ルイーズ・メンチの個人のブログ。 December 15, 2015, https://medium.com/@LouiseMensch/the-tim-hunt-debacle-c914395d5e01#.swupk5p1b.

10 Zuckerman, E., *Rewire: Digital Cosmopolitans in the Age of Connection* (Norton, 2013).

11 リズ・ウッドワードのフェイスブック。https://www.facebook.com/LizWoodwardFirefighters/.

12 "Blindfolded Muslim man with sign 'Do you trust me?' hugs hundreds in Paris," November 16, 2015, https://www.youtube.com/watch?v=lRbbEQkraYg.

13 Topping A., "Caroline Criado-Perez Deletes Twitter Account After New Rape Threats," *The Guardian*, September 6, 2013, https://www.theguardian.com/technology/2013/sep/06/caroline-craido-perez-deletes-twitter-account.

第7章 「共感で」文化の免疫系統を強化する——病原体に立ち向かう

1 McGee, B., "Graffiti Artwork of Drowned Aylan Highlights Refugees' Plight," *Reuters*, March 11, 2016, http://uk.reuters.com/article/uk-europe-migrants-aylan-idUKKCN0WD15L.

2 *Daily Record*'s "We Have Room" campaign, posted at http://www.dailyrecord.co.uk/all-about/wehaveroom#fVl2bp73XlZSFzVG.97 からの記述。

3 Grohmann, K., "Bayern to Donate Funds, Set Up Migrants' Training Camp," *Reuters*, September 3, 2015, http://uk.reuters.com/article/uk-soccer-bayern-migrants-idUKKCN0R31G220150903.

4 ブラウンの経験についての詳細は次を参照。Engel, M., "Timothy Ray Brown: The Accidental AIDS Icon," *Fred Hutch News Service*, February 20, 2015, http://www.

fredhutch.org/en/news/center-news/2015/02/aids-icon-timothy-ray-brown.html.

5 Zimmer, K., "The Lurker: How a Virus Hid in Our Genome for Six Million Years," *National Geographic*, May 10, 2013, http://phenomena.nationalgeographic.com/2013/05/10/the-lurker-how-a-virus-hid-in-our-genome-for-six-million-years/.

6 司法統計局の被害分析ツールより。http://www.bjs.gov/index.cfm?ty=nvat.

7 "Changing Attitudes on Gay Marriage," Pew Research Center, May 12, 2016, http://www.pewforum.org/2016/05/12/changing-attitudes-on-gay-marriage/.

8 Wang, W. "The Rise of Intermarriage," Pew Research Center, February 16, 2012, http://www.pewsocialtrends.org/2012/02/16/the-rise-of-intermarriage/.

9 Tribou, A., and Collins, K., "This Is How Fast America Changes Its Mind," Bloomberg.com, June 26, 2015, http://www.bloomberg.com/graphics/2015-pace-of-social-change/.

10 ナイハンは自分のブログにツイートをまとめて掲載している。"How We Got Here on Trump: A Tweetstorm," Brendan-nyhan.com, March 14, 2016, http://www.brendan-nyhan.com/blog/2016/03/how-we-got-here-on-trump-a-tweetstorm.html.

11 Pinker, S., *The Better Angels of Our Nature: Why Violence Has Declined* (Viking, 2011).(スティーブン・ピンカー『暴力の人類史〈上・下〉』幾島幸子・塩原通緒訳、青土社、2015年)

12 "The Most Innovative Companies of 2016," posted at http://www.fastcompany.com/most-innovative-companies.

13 Griggs, B. et al. "The Disruptors," August 2015, CNN, http://www.cnn.com/interactive/2015/08/us/disruptors/.

14 Spivack, N., "The Human Menome Project," Nova Spivack's blog, August 5, 2003, http://novaspivack.typepad.com/nova_spivacks_weblog/2003/08/the_human_menom.html.

15 Details at "The Human Memome Project," Center for Human Emergence, http://www.humanemergence.org/humanMemome.html.

第8章 プラットフォーム「検閲」からの脱却——特権的階層構造と中立性

1 フェイスブックは開示情報を定期的に更新している。次を参照。https://govtrequests.facebook.com/.

2 Nye, J., "Family's Distress After Marine Documented His Suicide in Series of Grisly Pictures on Facebook...and the Social Networking Site Refused to Take Them Down," *Daily Mail*, May 8, 2014, http://www.dailymail.co.uk/news/article-2623950/

Familys-outrage-Marine-documented-suicide-series-grisly-pictures-Facebook-social-networking-site-refused-down.html#ixzz4FLSmC7nA.

3 Flock, E., "Coldplay Angers Fans by Telling Them to Check Out 'Freedom for Palestine' Video," *The Washington Post,* June 3, 2011, https://www.washingtonpost.com/blogs/blogpost/post/coldplay-angers-fans-by-telling-them-to-check-out-freedom-for-palestine-video/2011/06/03/AG50OvHH_blog.html.

4 詳細は、2016年3月23日の更新を参照。Onlinecensorship.org, https://onlinecensorship.org/news-and-analysis/march-23-2016-politics-and-patriarchy.

5 詳細は次を参照。http://dangerousspeech.org/.

6 シュナイアーの最初のコメントは、ゲルマン・Bによってレポートされた。"Facebook: You're Not the Customer, You're the Product," *Time*, October 15, 2010, http://techland.time.com/2010/10/15/facebook-youre-not-the-customer-youre-the-product/.

7 Cartes, P., "Announcing the Twitter Trust & Safety Council," Twitter's blog, February 9, 2016, https://blog.twitter.com/2016/announcing-the-twitter-trust-safety-council.

8 Mander, J., "Ad-Blocking Jumps by 10%," January 22, 2016, https://www.globalwebindex.net/blog/ad-blocking-jumps-by-10.

9 フェイスブックの有価証券報告書は以下で参照できる。http://investor.fb.com/secfiling.cfm?filingID=1326801-15-32.

10 Cheetham, N., "In 1704, the First Newspaper Advertisement, an Announcement," *Prezi*, June 30, 2014, https://prezi.com/mkgutf9_cyvg/in-1704-the-first-newspaper-advertisement-an-announcement/.

11 Howard, G., "Imogen Heap Gets Specific about Mycelia: A Fair Trade Music Business Inspired by Blockchain," *Forbes*, June 28, 2015, http://www.forbes.com/sites/georgehoward/2015/07/28/imogen-heap-gets-specific-about-mycelia-a-fair-trade-music-business-inspired-by-blockchain/#4124e05a62ff.

12 詳細は次を参照。http://open-music.org/#open-music-initiative-1.M.

13 Casey, M. J., "BitBeat: Social Network to Launch Own Coin; Gift Cards on the Blockchain," *The Wall Street Journal*, January 16, 2015, http://blogs.wsj.com/moneybeat/2015/06/16/bitbeat-social-network-to-launch-own-coin-gift-cards-on-the-blockchain/.

14 Casey, M. J., "BitBeat: Latin America Facebook Rival to Use Bitcoin to Pay for Content," *The Wall Street Journal*, April 21, 2015, http://blogs.wsj.com/moneybeat/2015/04/21/bitbeat-latin-america-facebook-rival-to-use-bitcoin-to-pay-for-

content/.

15 バングラデシュの「いいね！」産業については、ブラッドリー・ギャレットとM・スコィンガーのポッドキャストを聞いてみてほしい。"Where Do Facebook 'Likes' Come From? Often, It's Bangladesh," PRI.org, podcast audio, May 20, 2016, http://www.pri.org/stories/2016-05-20/where-do-facebook-likes-come-often-its-bangladesh.

16 Lessig, L., *Code: Version 2.0* (Perseus, 2016), 1.（ローレンス・レッシグ『CODE VERSION 2.0』山形浩生訳、翔泳社、2007年）

17 コモンズ・トランジションによるデ・フィリッピのインタビュー。"Commons Governance and Law with Primavera De Filippi," *Commons Transition*, July 31, 2015, http://commonstransition.org/commons-centric-law-and-governance-with-primavera-de-filippi/.

18 Spil Games, "State of Online Gaming Report 2013," http://auth-83051f68-ec6c-44e0-afe5-bd8902acff57.cdn.spilcloud.com/v1/archives/1384952861.25_State_of_Gaming_2013_US_FINAL.pdf.

19 Wagner, K., "How Many People Are Actually Playing Pokémon Go? Here's Our Best Guess So Far," *Recode*, July 13, 2016, http://www.recode.net/2016/7/13/12181614/pokemon-go-number-active-users.

20 詳細は次を参照。http://gamesforchange.org/festival/.

21 Lin, J., "Doing Something about the 'Impossible Problem' of Abuse in Online Games," *Recode*, July 7, 2015, http://www.recode.net/2015/7/7/11564110/doing-something-about-the-impossible-problem-of-abuse-in-online-games.

22 Dawkins, *The Selfish Gene*, 202–234.

第9章　巨大生物化するソーシャルメディア——「脳」もまた進化する

1 Adams, D., *The Hitchhiker's Guide to the Galaxy* (Del Rey, 1995), 39.（ダグラス・アダムス『銀河ヒッチハイク・ガイド』安原和見訳、河出書房新社、2005年）

2 Gelernter, D., "Machines That Will Think and Feel," *The Wall Street Journal,* March 18, 2016, http://www.wsj.com/articles/when-machines-think-and-feel-1458311760.

3 "Tay, Microsoft's AI Chatbot, Gets a Crash Course in Racism from Twitter," *The Guardian*, May 24, 2016, http://www.theguardian.com/technology/2016/mar/26/microsoft-deeply-sorry-for-offensive-tweets-by-ai-chatbot.

4 マイケル・ケーシーとのインタビュー。Michael J. Casey, Rotterdam, June 23, 2016.

5 詳細は次を参照。McChrystal, Gen. S. et al., *Team of Teams: New Rules of Engage-*

ment for a Complex World (Portfolio, 2015).

6 Ito, J., "Design and Science," *Journal of Design and Science*, January 30, 2016, http://jods.mitpress.mit.edu/pub/designandscience.

7 Oxman, N., "The Age of Entanglement," *Journal of Design and Science*, February 22, 2016, http://pubpub.media.mit.edu/pub/Age OfEntanglement.

8 背景となる有益な議論については次を参照。Forrester, J., "The Beginning of System Dynamics: Banquet Talk at the International Meeting of the System Dynamics Society Stuttgart, Germany," July 13, 1989, http://web.mit.edu/sysdyn/sd-intro/D-4165-1.pdf.

9 Lehrer, J., "A Physicist Solves the City," *The New York Times*, December 19, 2010, http://www.nytimes.com/2010/12/19/magazine/19Urban_West-t.html?_r=0.

10 Casey, M. J., "Move Over Economists, Time to Give Physicists a Turn," *The Wall Street Journal*, June 10, 2013, http://blogs.wsj.com/moneybeat/2013/07/10/fx-horizons-move-over-economists-time-to-give-physicists-a-turn/.

11 マイケル・ケーシーによるアーヴィンのインタビュー。New York, April 7, 2014.

12 Stamets, P., *Mycelium Running: How Mushrooms Can Help Save the World* (Ten Speed Press, 2005), 2.

13 Hutchins, G., "'Superorganisations'-Learning from Nature's Networks," August 15, 2012, ハッチンズの個人的なブログより。https://thenatureofbusiness.org/2012/08/15/superorganisations-learning-from-natures-networks/.

14 Chunara, R., Andrews, J. R., and Brownstein, J. S., "Social and News Media Enable Estimation of Epidemiological Patterns Early in the 2010 Haitian Cholera Outbreak," *The American Journal of Tropical Medicine and Hygiene*, 86 (1), 2012, 39–45, http://www.healthmap.org/documents/Chunara _AJTMH_2012.pdf.

15 Scutti, S., "Suicide Rates Highest in Guyana, May Be Explained by Clustering Effect," *Medical Daily*, October 14, 2014, http://www.medicaldaily.com/suicide-rates-highest-guyana-may-be-explained-clustering-effect-306982.

16 Capra, F., *The Hidden Connections: Integrating the Biological, Cognitive, and Social Dimensions of Life Into a Science of Sustainability* (Doubleday, 2002), 102.

17 Das, B. G., and Ressler, K. J., "Parental Olfactory Experience Influences Behavior and Neural Structure in Subsequent Generations," *Nature*, 17 (1), 2014, http://www.nature.com/neuro/journal/v17/n1/full/nn.3594.html.

18 Dunham, W., "Rapid Acceleration in Human Evolution Described," *Reuters*, December 10, 2007, http://www.reuters.com/article/2007/12/10/us-evolution-

human-idUSN1043228620071210.

19 Nield, D., "Biologists Have Just Created a New Species of Bacteria with Just 437 Genes," *Science Alert*, March 26, 2016, http://www.sciencealert.com/scientists-have-created-a-living-organism-with-the-smallest-genome-yet.

20 Romer, P., "Human Capital and Knowledge," ポール・ローマーの2015年10月7日のブログ。https://paulromer.net/human-capital-and-knowledge/.

21 Stone, B., "Introducing Jelly, a New Search Engine," *The Biz Stone Collection*（ブログ）, April 28, 2016, https://medium.com/the-biz-stone-collection/introducing-jelly-a-new-search-engine-47e2594ad3ff#.a3wnivhgf.

22 マイケル・ケーシーによるアンドリュー・ヘッセルのインタビュー。December 30, 2015.

23 Slavin, K., "Design as Participation," *Journal of Design and Science*, March 13, 2016, http://jods.mitpress.mit.edu/pub/design-as-participation.